中国存托凭证

投资者保护研究

Research on
Investor Protection
of China
Depository Receipts

武 晋 / 著

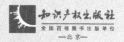
知识产权出版社
全国百佳图书出版单位
—北京—

图书在版编目（CIP）数据

中国存托凭证投资者保护研究 / 武晋著. — 北京 : 知识产权出版社, 2021.12
ISBN 978-7-5130-7892-4

Ⅰ.①中… Ⅱ.①武… Ⅲ.①证券投资 – 金融监管 – 研究 – 中国 Ⅳ.①F832.48

中国版本图书馆CIP数据核字（2021）第241485号

内容提要：

投资者保护是证券市场稳定发展的基石。推出中国存托凭证，丰富和拓展了我国境内投资者的投资选择，但相关配套法律制度尚不完善，隐含投资风险和市场风险，对存托凭证投资者的合法权益构成严重威胁。本书以保护存托凭证投资者为出发点，围绕投资者适当性、信息披露、公司治理与退出以及跨境监管展开系统研究，提出具体对策，以期为存托凭证法律制度完善及其监管优化提供智力支持，向广大存托凭证投资者提供权益保护的路径选择。

责任编辑：张 珑　　　　　　　　　　　　　责任印制：孙婷婷

中国存托凭证投资者保护研究
ZHONGGUO CUNTUOPINGZHENG TOUZIZHE BAOHU YANJIU

武 晋 著

出版发行：	知识产权出版社 有限责任公司	网　址：	http://www.ipph.cn
电　话：	010 – 82004826		http://www.laichushu.com
社　址：	北京市海淀区气象路50号院	邮　编：	100081
责编电话：	010 – 82000860转8574	责编邮箱：	laichushu@cnipr.com
发行电话：	010 – 82000860转8101	发行传真：	010 – 82000893
印　刷：	北京中献拓方科技发展有限公司	经　销：	各大网上书店、新华书店及相关专业书店
开　本：	720mm×1000mm　1/16	印　张：	12.75
版　次：	2021年12月第1版	印　次：	2021年12月第1次印刷
字　数：	215千字	定　价：	49.80元

ISBN 978 – 7 – 5130 – 7892 – 4

出版权专有　侵权必究

如有印装质量问题，本社负责调换。

序

初识这本书的作者，业已五年有余。遥想当年，在我的研究生课堂上，这本书的作者仍是一名略显青涩的硕士研究生，而他数次在课堂演讲环节的表现可圈可点，令我印象颇深。旋即来到2016年9月，他作为他们班上的学霸成功考取了博士研究生，而我也有缘成为他的博士研究生导师，师生之谊就此启航。三年的博士研究生培养和指导过程中，他展现出非常活跃的研究思维和严谨踏实的学术态度，并且热爱研究具有一定前沿性、实践性的商事法律问题，这本书的选题正是来源于我曾经主持完成的一项法学会的课题"双重上市法律制度研究"。他作为课题参研人员，对企业跨境融资思考良多，从而他将博士学位论文选题锁定于存托凭证投资者保护。经过我们之间的反复讨论、修改和打磨，最终顺利他以此为题完成了博士学位论文创作，后经修改完善，转而形成书稿。如今，这本书的作者已褪去青涩，成为一名青年法学教师，当我收到书稿再来品读，从中切实感受到了他的成长与进步，如此应邀作序。

加强投资者保护是中国证券市场持续稳定发展的基石。近年来，我国证券法律制度不断完善，已然针对投资者保护做出诸多适应我国国情的重大探索和制度创新，极大改善了证券市场生态，充分体现了证券市场投资者保护的中国特色以及具有创新意义、时代意义的制度优势。同时，随着我国证券市场对外开放不断深化，跨境投资渠道得到持续优化和拓展，跨境投资产品不断丰富。

"乱花渐欲迷人眼"，以存托凭证为代表的跨境投资产品逐步推向市场，对于大多数仍处于成长成熟阶段的证券投资者，难免会对一系列新型证券投资产品存在认知盲区，其中隐含巨大的投资风险、市场风险。这本书以此为出发点，以极具代表性的"存托凭证"为研究对象，聚焦存托凭证投资者保护的现实痛点和制度不足，从投资者适当性、信息披露、跨境监管等方面进行系统研究，内容丰富务实、观点独到深入。纵览这本书，作者匠心独运。这本书结构编排严谨，逻辑层层递进，充分展现了作者对相关知识的掌握已非常纯熟。如今,有关存托凭证法律制度的学术研究成果仍相对匮乏,故这本书无论是从选题立意抑或是内容创新性与可读性方面,都值得关注。

从教二十余载,我的学生们大都已立身成才,读罢本书,更深感欣慰。学术研究道路漫漫,当"衣带渐宽终不悔,为伊消得人憔悴",谨愿这本书的作者不忘初心,砥砺前行,再取佳绩。

李 燕

西南政法大学教授

2021年11月26日于重庆

前　言

对于中国证券市场,存托凭证属于一种新型证券。推出中国存托凭证,能够丰富和拓展我国境内投资者的投资选择,提升我国资本市场对外开放的质量与水平。但是,目前我国存托凭证的相关法律制度尚不完善,针对存托凭证发行和交易等环节出台的各类规范性文件仍存在诸多不足。显然,单纯依靠市场调节无法实现对存托凭证的有效规范,其中隐含巨大的投资风险和市场风险,并对存托凭证投资者的合法权益构成严重威胁。投资者是证券市场存在和发展的根本,投资者保护是证券法律制度不断完善的出发点和落脚点。因此,本书围绕存托凭证投资者保护的核心目标,立足于我国的市场实践与制度现状,从具体五项制度内容展开研究,五项制度既彼此独立、各具功能,又彼此影响、相互配合。

本书共分六章。第一章为存托凭证与投资者保护的基础理论,旨在系统阐述存托凭证投资者保护的相关基础理论。第二章为存托凭证的投资者适当性制度,通过契合存托凭证特点的投资者适当性制度为投资者提供"事前"与"事中"保护。第三章为存托凭证投资者保护中的信息披露制度,重点论述存托凭证作为跨境证券融资活动的一种重要方式,其信息披露要求与其他证券存在显著不同,以此为基础提出相关规范完善建议。第四章为存托凭证投资者对公司治理参与的实现与保障,重点分析存托凭证投资者"用手投票"参与相关公司治理的合理方式与保障措施。第五章为存托凭证投资者的退出路径及其制度保障,重点提出存托凭证投资者退出的特殊要求以及"用脚投票"维护自身合法权益的有效路径。第六章为存托凭证的跨境监管与投资者救济,基于存托凭证的资本跨境属性,对跨境监管协同与跨境权益救济的策略选择进行针对性分析。

本书具有以下主要特点:一是体系完整,本书内容既包括存托凭证投资者保护的基础理论,也涵盖具体制度规范的针对性分析及其对策建议;二是创新性较强,本书是我国存托凭证相关法律制度的最新研究成果,通过崭新的研究视角与研究思路,提出诸多创新性的理论观点;三是应用性较强,我国存托凭证法律制度亟待完善,本书研究内容注重理论与实践相结合,直击存托凭证投资者保护的现实痛点,为相关法律制度的完善提供智力支持。

目　录

引　言

一、研究缘起

1927年，英国相关法律为保护其国内资本市场的既得利益，禁止本国公司在海外登记上市。英国公司为获取国际资本，在实践中创造并应用存托凭证这一金融工具，实现英国公司在美国证券市场上市融资。伴随着经济全球化的历史进程，各国资本市场的对外开放程度愈发深入，本国公司能够在境外证券市场直接上市融资已经成为常态。然而，存托凭证依旧借助独特优势成为公司间接实现境外上市的一种重要方式，并在双重上市领域发挥着不可替代的作用。从另一角度看，允许境外公司在本国证券市场发行存托凭证，已经成为一国证券市场吸引境外优质企业并提升国际化水平的重要举措。

党的十九大报告指出，经过长期努力，中国特色社会主义进入了新时代，这是我国发展新的历史方位。资本市场作为我国经济高质量发展的助推器，持续深入推进改革开放同样是其新时代发展的基本要求。近年来，我国资本市场改革开放蹄疾步稳，一项项改革举措相继落地。其中，吸引优质境外公司在我国境内上市成为扩大资本市场对外开放的重要举措之一。扩大资本市场对外开放不可一蹴而就，确保我国金融安全、防范系统性金融风险以及保障我国社会经济平稳运行是必须考虑的重要因素。对此，率先允许优质境外公司在我国证券市场以发行存托凭证方式实现上市，成为一种较为适宜的策略选择。此外，随着我国经济发展处于转型升级的特殊历史阶段，创新型经济的不断涌现和迅猛发展已经成为我国经济发展的重要特征。特别是以互联网技术为代表的各类创新型企业如雨后春笋般出现，以科技创新为强大驱动，逐渐成为我国经济发展与科技进步的中坚力量。在此过程中，囿于我国证券市场发展水平、市场结构状况以及相关政策等原因，不少创新型企业选择前往境外市场上市融资，其中部分企业通过复杂的公司结构设计而成为"红筹企业"。由此，直接导致一系列优质企业无缘参与我国资本市场，我国境内投资者也丧失了直接投资相应优质企业的宝贵机会。然而，随着新时代我国资本市场对外开放水平与质量的不断提升,存托凭证为此类企业回归我国境内市场提供了便利途径,也为日后真正意义上的国外公司在我国境内市场上市奠定了制度基础。因此,中国存托凭证的推出,具有深刻的时代背景与深厚的现实需求。

基于此,2018年3月30日,国务院办公厅转发中国证券监督管理委员会(以下简称"中国证监会")的《关于开展创新企业境内发行股票或存托凭证试点的若干意见》,其中明确了我国存托凭证发行的一系列原则性规定,标志着讨论多年的中国存托凭证将正式落地推行,揭开了我国资本市场对外开放新的一页。2018年6月6日,为深入贯彻党的十九大精神并落实中央经济工作会议和全国金融工作会议精神,增强金融服务实体经济能力,扩大资本市场对外开放,中国证监会正式公布《存托凭证发行与交易管理办法(试行)》《试点创新企业境内发行股票或存托凭证并上市监管工作实施办法》《试点红筹企业公开发行存托凭证并上市申请文件》等7项部门规章,此外还配套修改并公布了《首次公开发行股票并上市管理办法》《首次公开发行股票并在创业板上市管理办法》。2018年6月14日,为强化市场监管,规范存托凭证有关协议的起草制定,保护投资者合法权益,中国证监会公布了《创新企业境内发行股票或存托凭证上市后持续监管实施办法(试行)》与《存托凭证存托协议内容与格式指引(试行)》。2018年6月15日,中国证监会公布了《关于商业银行担任存托凭证试点存托人有关事项规定》,对我国境内存托人的资格条件以及职责范围等进行初步规范。以上规范性文件的密集发布,既在功能层面明确了存托凭证的法律适用和基本监管原则,也在价值层面显示出监管层对于推出中国存托凭证的迫切需求。截至2019年3月7日,中国证监会受理首发及发行存托凭证企业277家,其中已过会企业17家,未过会企业260家。未过会企业中正常待审企业244家,中止审查企业16家。2020年9月21日,中国证监会正式批复同意九号有限公司公开发信存托凭证注册,这也标志着A股市场上的CDR(Chinese Depository Receipt,中国存托凭证)第一股即将面世。可见,符合条件的相关企业对于发行存托凭证抱有极大热情,存托凭证具有相当规模的市场需求。社会主义市场经济的发展离不开法治保障,证券市场的相关活动同样也不例外,存托凭证的发行与交易必须在相关法律制度的规范和引导之下进行。

然而,存托凭证在我国市场环境中属于一种新型证券,目前出台的相关制度规范仍存在诸多不足,处于逐步探索并持续完善阶段。总体来看,多数规定偏向原则性,更注重市场宏观风险的防范,无法对直接威胁投资者合法权益的各类微观风险进行有效规制。由此,存托凭证投资者保护问题相当棘手。毋庸置疑,保护市场投资者始终是各国证券法律制度的核心目标,一国证券法律制度对于市场投资者的保护力度甚至可能直接决定市场发展水平的高低,能否对存托凭证投资者提供有效保护也将在很大程度上决定我国存托凭证推行的成败。换言之,假若相关法律制度无法对存托凭证投资者提供有效保护,存托凭证最终很可能将无法摆脱被投资者抛弃和被市场淘汰的命运。因此,本书围绕我国存托凭证投资者保护的核心目标,基于存托凭证投资者保护的制度预期与现实困境,深入分析存托凭证的风险特性,从不同的法律制度层面和角度展开分析论证并提出对策建议,以期为我国存托凭证法律制度的完善提高有益参考,维护我国证券市场秩序的健康与稳定。

二、研究意义

(一)理论意义

(1)提升存托凭证法律制度理论研究的广度和深度,弥补存托凭证投资者保护相关学术研究空白。结合我国存托凭证发行和交易实践,重点破解我国存托凭证投资者保护的理论与现实难题,形成观点创新。

(2)为其他新型证券的相关法律问题提供理论借鉴。采用从一般到特殊的研究方法,既针对特定证券的具象问题进行研究并提出解决方法,也能够抽象出对证券投资者保护具有普遍适用意义的研究方法或思路。

(二)现实意义

(1)有助于解决存托凭证投资者保护的现实难题,为我国境内投资者的权益保障提供切实可行的法治化路径,优化我国证券市场投资环境,提升我国证券市场的投资吸引力。

(2)健全金融法治,防控金融风险,保障我国存托凭证发行和交易活动健康有序,维护证券市场投资者合法权益以及市场秩序,为我国证券市场对外开放进程提供法治保障。

三、研究综述

目前,国内外关于存托凭证及其投资者保护问题的学术研究成果总体较少,以法学视角并运用法学理论开展相关研究同样寥寥无几。通过文献梳理,现有学术研究成果主要集中在以下几个方面。

(一)域外存托凭证相关制度研究

关于存托凭证相关法律制度研究,由于其最初在境外证券市场实践中逐步产生和发展的历史渊源,境外主要证券市场中对于存托凭证的相关法律规范都相对更为完善,具有可借鉴性和研究价值。其中,绝大多数学术研究都以美国存托凭证为研究对象,这是市场实践和制度现实所决定的。江艺、瞿宝忠描述了美国存托凭证在全球资本市场中不断拓展和发展的历史过程,深入分析了美国存托凭证的区域性特征,而且进一步阐述了美国存托凭证发行和交易的相关法律制度,最后落脚于我国企业利用美国存托凭证在境外市场上市融资的现实状况。[1]谢永添主要介绍了美国存托凭证的运行机制,具体包括了美国存托凭证创建、发行和注销的相关程序,同时也评估了我国存托凭证推行的市场环境,突出我国存托凭证应有的"中国特色"。[2]陶京伟是从我国企业采用美国存托凭证在境外上市融资的实证方面进行分析,分别从采用存托凭证方式上市融资的动机、利弊以及对企业资本成本的影响等,对中国企业的美国存托凭证融资途径进行了全面评价。[3]孙翠娟阐释了美国存托凭证的概念和法律关系,以此为基础介绍了美国存托凭证对投资者权利的保护机制,最后提出美国存托凭证制度对发行中国存托凭证的启示。[4]陈文婷通过检验在纽约证券交易所上市的中国以及意大利公司发行的美国存托凭证报酬、波动的影响因素,研究在存托凭证发行语境下基础市场与美国证券市场之间的互动情况。[5]

---

[1] 江艺,瞿宝忠.ADR的全球拓展与中国企业的选择[J].证券市场导报,2002(7):24-28.

[2] 谢永添.从美国存托凭证(ADR)到中国存托凭证(CDR)——运作机制与中国特色[J].武汉金融,2003(10):38-40.

[3] 陶京伟.中国企业利用ADR融资研究[D].成都:西南财经大学,2007.

[4] 孙翠娟.美国存托凭证的法律问题研究[D].大连:大连海事大学,2011.

[5] 陈文婷.美国存托凭证ADR报酬和波动的影响因素——中国和意大利ADR[D].上海:复旦大学,2011.

(二)存托凭证的法律关系问题

宋彦妍认为存托凭证是基于一般信托制度演变而成,存托银行和托管银行作为共同受托人,外国发行公司作为委托人,存托凭证持有人作为受益人。❶仇书勇对美国存托凭证的法律关系进行了梳理,以此为基础对我国存托凭证的法律关系展开分析,认为发行公司与存托机构之间的法律关系主要通过存托协议确定,存托协议应当定性为民法上的委托合同,存托机构与保管机构签订的保管协议应认定为民法上的保管合同,但其并未对投资者与存托机构之间的法律关系进行明确界定和分析,仅是从双方的权利义务角度进行了表述。❷与此相类似,付甜甜对存托凭证法律关系进行了拆分式的理解和分析,其观点是发行公司与存托机构之间是信托法律关系,主要由存托协议确定;存托机构与托管机构之间是保管法律关系,主要由保管合同确定;境内投资者与存托机构之间则是信托法律关系。❸谢贵春、吴瑕通过大陆法系和英美法系对于存托协议的性质认识不同,分析了其各自对存托凭证法律关系观点的差异,其认为在实务中更倾向于将存托协议定性为英美法系中的信托关系。❹

(三)我国存托凭证推行的障碍或风险

国内学者对我国存托凭证发行和交易过程中可能产生的各种风险进行了研究,但基本上均以观点列举为主要形式,并未对相应风险进行深入分析和论证,也没有将其与存托凭证投资者保护进行有效关联。陈慰星、刘志骅指出我国存托凭证推行过程中的四种风险,即市场准入风险、异地上市的外汇流通风险、间接做市交易风险、红筹资质认定和法律适用风险。❺王刚、虞磊珉在对我国存托凭证发行和交易过程中产生的风险进行研究时,着重提出存托凭证持有人利益主张的法律风险,主要从存托机构的法律地位角度论述了基础财产的安全性问题。❻李臻朋在

❶ 宋彦妍.存托凭证的法律问题研究[D].北京:对外经济贸易大学,2003.

❷ 仇书勇.中国存托凭证法律问题研究[D].北京:北方工业大学,2004.

❸ 付甜甜.中国存托凭证法制保障研究[D].上海:华东政法大学,2013.

❹ 谢贵春,吴瑕.存托凭证持有人保护机制比较研究[J].证券市场,2018(7):1-7.

❺ 陈慰星,刘志骅.CDR:风险不能承受之重[J].银行家,2002(8):136-137.

❻ 王刚,虞磊珉.我国资本市场CDR制度选择与现行证券法律体系的挑战[J].重庆工商大学学报:社会科学版,2004((4):111-114.

对我国存托凭证的创新缺陷研究中同样提出了四项风险,包括发行主体资格认证、上市公司资格鉴定的汇率风险、发行主体资格法律适用风险、发行主体的资产指标汇率风险。[1]杨行翀、李郁明通过分析我国存托凭证创立、发行的障碍,其认为我国存托凭证不仅存在法律制度的障碍,而且存在人民币资本项目下不可完全自由兑换障碍以及存托银行的能力与信誉问题。[2]杨琨、杨宗杭主要从我国存托凭证的发行定价、发行人企业的新经济特点、存托凭证的转换机制以及存托凭证跨境特性等方面对我国存托凭证蕴含的风险进行了概括性描述。[3]

(四)我国存托凭证的投资者保护问题

万勇、张莉主要是从信托法角度对存托凭证持有人的权利保护进行研究,其主要从存托证券独立性、存托证券信托公示以及善良管理人义务三个方面分别论述了如何对存托凭证持有人提供权益保护机制。[4]宋彦妍在对存托凭证投资者保护研究方面主要针对信息披露制度,包括存托凭证信息披露的必要性和违反相关义务的民事责任制度。[5]仇书勇主要针对存托凭证发行机制在投资者保护方面的不足展开研究,同时介绍了美国的相关制度,提出应当依循信托法的保护思路对存托凭证投资者提供制度保护,最后也提出投资者权益的诉讼法保护,包括存托凭证案件的诉讼特点、管辖权冲突和管辖权的连接因素以及法律适用问题。[6]涂艳艳、曹立村则是聚焦于存托凭证持有人表决权行使的权利保护问题,首先对传统投票制度进行了评析,继而对不同的投票表决方式在存托凭证中的应用进行了分析。[7]付甜甜主要从存托凭证的发行监管、信息披露以及基础财产保护三个方面对从投资投资者保护进行研究,提出对存托凭证发行人公司严格审查,限制发行数量并进行联合监管,信息披露方面则着重解决信息披露的法律冲突问题,对于基础财产的保护则利用信托原理强调信托财产独立性。[8]谢贵春、吴瑕指出存托凭证发行和交易

❶ 李臻朋. CDR 的创新缺陷及解决方案探讨[J]. 商业文化(学术版),2007(12):26-27.

❷ 杨行翀,李郁明. 创立、发行中国存托凭证的若干构想[J]. 财会月刊,2010(14):29-30.

❸ 杨琨,杨宗杭. 中国存托凭证试点的意义和风险[J]. 证券市场导报,2018(4):43-46.

❹ 万勇,张莉. 存托凭证持有人的权利保护——信托法上的思考[J]. 证券市场导报,2002(1):35-40.

❺ 宋彦妍. 存托凭证的法律问题研究[D]. 北京:对外经济贸易大学,2003.

❻ 仇书勇. 中国存托凭证法律问题研究[D]. 北京:北方工业大学,2004.

❼ 涂艳艳,曹立村. 存托凭证持有人的权利行使——投票制度创新[J]. 特区经济,2005(5):16-21.

❽ 付甜甜. 中国存托凭证法制保障研究[D]. 上海:华东政法大学,2013.

过程中对于投资者存在的信息劣势、交易机制复杂和管辖权分割等因素,并提出完善持有人保护机制不仅需要强化投资者的风险认知、做好投资者的适当性管理,更重要的是明确托管银行、存托机构等中介机构对投资者所负职责和义务。❶李珊珊对我国存托凭证投资者保护机制进行探究,论证了存托凭证投资者保护的正当性基础,而且从信息披露和公平求偿机制两方面为投资者提供制度保护。❷

四、研究思路

本书大体上遵循由总到分的结构和思路展开研究并行文。全书立足于存托凭证和投资者保护的基础理论,先解决存托凭证是什么的问题,从其法律属性、法律关系、制度价值等多个角度认知和厘清存托凭证是什么,继而从存托凭证和投资者保护的关系论证来回答为什么强调存托凭证的投资者保护。围绕存托凭证投资者保护这一核心目标,本书从不同角度、不同功能以及不同侧重点等方面选取对于存托凭证投资者保护至关重要的五项制度内容,并分为五章展开分析和论述。这五项制度既彼此独立、各具独特的功能和价值,同时又能够相互配合、彼此影响,在存托凭证投资者保护的目标指引之下形成合力。此后的研究思路如下:首先从涉及存托凭证投资者准入的投资者适当性制度展开,关注存托凭证投资者的事前保护。而后,聚焦于存托凭证的信息披露制度,以证券市场信息公开为重点向存托凭证投资者提供保护。再从存托凭证投资者的基本权利行使方面展开研究,包括"用手投票"和"用脚投票"两种主要路径,即存托凭证投资者参与公司治理和投资退出的制度保护。最后,落脚于存托凭证的跨境监管并以此为前提向投资者提供有效的跨境救济,从而形成相对系统且完整的存托凭证在投资者保护制度体系。

五、研究方法与研究创新

(一)研究方法

1. 规范分析方法

以存托凭证投资者保护为研究目标,立足于现有关于存托凭证投资者保护的

---

❶ 谢贵春,吴瑕. 存托凭证持有人保护机制比较研究[J]. 证券市场,2018(7):1-7.

❷ 李珊珊. A股、美股走势冰火两重天究竟出于什么原因[EB/OL]. https://usstock.cngold.org/c/2018-07-19/c5863364_3.html(2018-7-19).

一系列法律规范,对相关制度规范进行宏观梳理和微观分析。探寻存托凭证投资者保护的规范不足或制度缺陷,结合法学理论与现实需求,提出具体完善建议,为存托凭证投资者提供切实可行的制度保护。

2.历史分析方法

通过对存托凭证产生和发展的历史脉络进行梳理,从中透视存托凭证的基本特征以及与其相关的市场行为动因,准确提炼和把握存托凭证投资者可能面临的独特风险,直击存托凭证投资者保护的痛点与难点,为存托凭证投资者保护的制度设计奠定理论基础。

3.比较分析方法

注重对世界各国相关制度经验进行归纳与总结,分析不同市场环境之下相应制度的优劣得失。聚焦于我国存托凭证投资者保护面临的实际困境,对有益的域外经验进行适度借鉴或转化,遵循从一般到特殊的研究进路并充分体现具体问题具体分析。

4.跨学科分析方法

存托凭证投资者保护是一项综合性制度工程,牵涉不同领域、不同层次的理论或实践问题。以法学作为核心理论和视角展开研究,围绕存托凭证投资者保护的目标尽可能完善相关法律制度,但在具体分析和论证过程中同样注重采用诸如经济学、金融学、社会学等学科理论,揭示投资者保护问题的实质,贴近市场、特近现实。

(二)研究创新

(1)以投资者保护为核心目标,从整体性视角对我国存托凭证投资者保护问题进行系统研究,力图规避目前法学领域对于存托凭证法律制度研究的碎片化、浅显化问题,弥补现有关于存托凭证投资者保护专项研究的缺失。

(2)采用理论推演和实证分析相结合的方法针对我国存托凭证投资者保护问题展开分析论证。系统梳理并厘清存托凭证的有关基础理论,立足于我国证券市场发展的现实背景,深入结合我国存托凭证推行与发展的实践状况。遵循从一般到特殊的研究规律,围绕投资者保护的研究目标,既解决存托凭证的一般现实问题,又解决我国存托凭证在特定阶段所特有的相关问题。

(3)充分利用多元学科的交叉研究方法,尽可能借助经济学与金融学相关理论对存托凭证投资者保护问题进行深度分析,揭示存托凭证投资者保护的问题根源与解决难点,回归市场本质对存托凭证投资者面临的风险进行科学判断和系统研究,采用法学思维对存托凭证投资者保护相关法律制度进行科学构建与完善。

(4)力求实现研究观点有所创新。立足于准确把握存托凭证的基本特征,深入分析存托凭证与其他证券品种的实质差异。以此为基础凸显存托凭证投资者保护在法律规范或制度方面的特殊需求,通过具有针对性和富有创新性的观点建议来实现投资者保护目标,例如结合信托理论分析存托凭证法律关系,解决存托凭证投资者适当性义务和特殊信息披露义务等问题,再如引入证券支持诉讼制度以优化存托凭证投资者救济方式等。

第一章　存托凭证投资者保护的基础理论

第一节　存托凭证的界定

诞生于20世纪初期的存托凭证（Depository Receipt, DR）经过数十年的市场演化与发展，已经在国外资本市场逐步发展成为一种较为成熟的证券投资品种。通常，对依托于市场创新实践产生并具有结构复杂性的金融产品较难进行概念界定，这主要是由于金融领域的迭代创新速度较快，金融创新产品的理论积淀相对薄弱，所以较难对其进行准确且深入的理论阐释。然而，围绕存托凭证投资者保护这一核心问题，仍有必要对存托凭证进行明确界定。立足于明确的概念和内涵，才能够有效分析并解决相关投资者保护问题。例如，存托凭证的法律属性如何；不同类型存托凭证所蕴含的投资者保护重点是否有所差异；存托凭证当事人之间的法律关系如何确定；其对应的法律保护路径是否存在区别。

一、存托凭证的概念与分类

（一）存托凭证的概念

目前，我国学界对存托凭证概念的表述可谓五花八门，尚无定论。总体来看，不同学者的观点各异，但都略有不足。随着我国存托凭证的正式推出，各项配套制度也逐步落地，相关规范率先对存托凭证是什么进行了回应。

中国证监会于2018年6月6日发布的《存托凭证发行与交易管理办法（试行）》（以下简称《管理办法（试行）》）第2条将存托凭证表述为："本办法所称存托凭证是指由存托人签发、以境外证券为基础在中国境内发行、代表境外基础证券权益的证券。"《管理办法（试行）》对存托凭证进行界定的亮点在于紧扣中国特色，根据我国存托凭证发行和交易的特点并结合实践操作流程进行了科学归纳与总结，具有重要参考价值。

基于各类学术观点和相关规范,综合其优点,本书对存托凭证的概念进行如下界定:存托凭证是指一国境内的存托人接受境外发行人的委托而签发,并在一国境内证券市场发行和流通,以境外证券为基础且代表境外基础证券权益的证券。

(二)存托凭证的分类

存托凭证作为一种金融衍生证券,在证券市场的实践活动中不断调整或变化,从而满足不同情境或主体的金融需求,这也是存托凭证产生数十年来仍能够保持市场生命力的重要原因之一。在不断调整或变化的过程中,存托凭证也衍生出各种不同类型,不同类型的存托凭证对应着不同的市场功能或法律规制路径。

1. 股东参与型存托凭证和公司参与型存托凭证

根据在存托凭证发行过程中是否有基础证券的发行方公司参与,可以将其划分为股东参与型存托凭证和公司参与型存托凭证。这两种类型也常被称为有担保存托凭证(Sponsored DR)和无担保存托凭证(Unsponsored DR),或者有保荐存托凭证和无保荐存托凭证。

1)股东参与型存托凭证

股东参与型存托凭证的发行人主体是公司股东,而非存托凭证所对应的基础证券的发行方公司。关于具体操作,是由持有基础证券的公司股东以个人名义委托境外存托机构签发存托凭证,其所持有基础证券也将会以个人名义存入托管机构。[1]通常来说,股东参与型存托凭证的基础证券是股票,而且股东个人发行存托凭证的目的并非单纯为了获取资金(股东完全可以在公司上市所在地证券市场卖出所持有的股票来获取资金)。因此,股东个人在境外市场发行存托凭证的原因通常较为复杂,例如可能是为了利用境内外市场的证券估值差异套取更多差额利益,也可能是为境外特定主体提供间接持股机会,也可能是通过境外持股架构达到特定商业目的等。

由于没有基础证券发行公司的参与,股东参与型存托凭证的发行程序相对简便,原则上只需要相应公司出具无异议文件即可,目的在于表明该股东所持有的基础证券不存在所有权争议或其他权利瑕疵。在发行成本方面,股东参与型存托凭证的各项发行成本对于发行人而言相对较高,大部分发行和交易环节的费用也会

---

❶ 马忠智.美国证券市场筹资必读[M].北京:中国经济出版社,1995:59-60.

由存托凭证持有人最终负担,例如注销存托凭证的费用和将股利转化为本国货币的费用等。❶此外,股东参与型存托凭证在发行审核、注册和信息披露等方面的要求一般比较宽松,这会在一定程度上导致监管困难和投资者风险放大。对于美国存托凭证,美国证券交易委员会(SEC)对公司参与型存托凭证的基础证券不做登记要求,而是只要求对存托凭证进行简要登记。通常情况下,存托机构会要求发行者向证券交易委员会提供必要信息,但发行者有权拒绝。❷因此,美国纽约证券交易所、纳斯达克证券交易所和美国证券交易所均规定股东参与型存托凭证不能在其交易所上市交易。总的来看,股东参与型存托凭证在市场中并不普遍,绝大多数都是20世纪七八十年代发行,进入90年代就已经极少出现。❸

2)公司参与型存托凭证

在存托凭证市场中,最为普遍和典型的应当是公司参与型存托凭证,它是由境外公司和存托机构签订存托协议,而且其中的境外公司通常都是已上市公司,然后根据存托协议约定与发行规则开展相关发行活动。

相较于股东参与型存托凭证,公司作为发行人参与存托凭证发行将承担更多义务。这一方面体现在信息披露义务的严格履行,在存托凭证发行和上市的审查阶段,无论形式审查或实质审查,发行人均需要全面配合存托机构向发行所在地证券监管部门和交易所提供所需材料。特别是对于选择新兴资本市场发行存托凭证的情形,这种审查标准只会更加严苛,这显然不同于股东参与型存托凭证相对宽松的待遇。在持续信息披露阶段,发行人也同样需要真实、准确、完整且及时向存托机构和投资者予以披露,发行人一旦违反相应地信息披露义务,就必须承担相应责任。此外,存托凭证发行人也必须及时向存托机构送达必要的文件或材料,例如召开股东大会需要审议的议题材料,这直接关系到存托凭证持有者行使权利的效果,对存托凭证投资者保护意义重大。相比之下,公司参与型存托凭证的相关法律制度会更加严格和完善,所以对存托凭证投资者的保护力度也会更强,更能够吸引发行地市场投资者的投资行为。

---

❶ Borgeest W E, Ryan J. Director and Office Liability Arising from Trading in American Depository Receipts [J]. International Company and Commercial Law Review,1997,8(4):374.

❷ 张劲松,董立. 存托凭证法律论析[J]. 现代法学,2001(2):135.

❸ 江艺,瞿宝忠. ADR的全球拓展与中国企业的选择[J]. 证券市场导报,2002(7):24-28.

2.融资型存托凭证和非融资型存托凭证

1)融资型存托凭证

开展融资活动是公司扩大经营、推进发展的重要举措,发行存托凭证虽然与传统IPO不能完全等同,但其同样具备为公司筹集资金的功能。而且,借助存托凭证的跨国、跨市场特性,公司的融资范围会扩展至境外资本市场,从而为公司提供更广阔的融资空间和更多融资选择。以公司股票作为基础证券,在融资型存托凭证的发行过程中发行方公司都要实施新股发行活动,通过发行新股实质上扩张公司股本并将新股委托给存托机构。存托机构正是依据新发股份的多少,按照存托协议约定并根据一定比例换算来签发固定数量的存托凭证,所以存托凭证的发行数量和额度也并非可以随意确定。从上市公司增发股份进行融资的角度看,公司之所以不直接在已上市所在地市场增资扩股,而选择存托凭证方式进行境外市场融资,很大程度上就是为了利用境外市场融资附带的各种正面效应。但无论是为了充分利用境外市场的高估值特点,还是接受市场约束,提高信息披露水平、扩大公司影响力等,其直接目的仍然是为了实现更优的市场融资效果,最大限度助推公司发展。

2)非融资型存托凭证

非融资型存托凭证的特点在于发行存托凭证时并不伴随新证券的发行,其基础证券来源于已经发行的证券。仍以典型的公司股票为例,由于不涉及发行新股,发行非融资型存托凭证通常有赖于公司回购股份或基于公司库存股制度。

其一是公司通过回购本公司股份来作为基础证券发行存托凭证,虽然公司原则上不得收购本公司股份,但通常存在例外情形。例如,《中华人民共和国公司法》(以下简称《公司法》)第142条就规定了回购本公司股份的特殊情形。但是,该法条并未直接规定公司可以回购股份用于发行存托凭证,而是公司减资、将股份用于转换上市公司发行的可转换为股票的公司债券以及上市公司为维护公司价值及股东权益所必需等六种股份回购情形。其二则是公司利用库存股来发行存托凭证,而库存股制度在我国《公司法》尚不存在。库存股是指对于已经发行,但由发行公司通过回购、赠予或其他方式重新获得并长期存续持有,可供再行交易或注销的股票。当然,其不应包含本公司股东向公司交存的、作为质押权标的的股票。❶库存

---

❶ 穆维超.库存股相关问题研究[J].会计师,2017(12):77.

股一般不能行使表决权、股息分配请求权、剩余资产分配请求权及新股认购权等股东权利。库存股与回购注销的区别,就在于前者有较长时间的存续期。❶可见,无论是公司回购股份还是利用库存股发行存托凭证,都不具有筹集资金的直接功能。所以,发行非融资型存托凭证的动因通常较为复杂,可能是为了实现公司特定的战略经营目标或营造公司价值。

3. 可转换存托凭证、不可转换存托凭证与限制性转换存托凭证

存托凭证和基础证券进行转换是其发挥跨境资本流动以及保护中小投资者利益功能的重要机制,也是存托凭证区别于其他证券的重要特征之一。因此,根据存托凭证转换机制方面的差异,可以将其划分为可转换存托凭证、不可转换存托凭证与限制性转换存托凭证。

可转换存托凭证,是指存托凭证和境外基础证券能够按照一定比例相互进行兑换,这也被称为双向可转换存托凭证。对于存托凭证投资者而言,可以随时选择将其持有的存托凭证转换为境外基础证券并卖出,这通常会在基础证券和存托凭证存在价格差的情况下出现,即利用存托凭证的跨境证券属性获取溢价收益。与其相对,不可转换存托凭证是指该类型的存托凭证不具备转换功能,存托凭证和境外基础证券不能进行自由兑换,即切断了存托凭证和基础证券之间的流动性关系,直接导致存托凭证发行地和基础证券发行地市场相互独立与隔离。对于此种情形,存托凭证和基础证券虽然实质上相互关联,但只能在各自证券市场内进行流通。然而,设计和推行不可转换存托凭证并不是一种随意的考虑,禁止存托凭证和基础证券进行自由转换通常是综合考量存托凭证上市所在地的市场监管能力、市场发展水平以及外汇管理政策等因素的结果,而且也是在引入和推行存托凭证之初较为常见的过渡阶段。

限制性转换存托凭证是指在转换机制方面受到一定限制的存托凭证,它能够和境外基础证券进行转换,但在转换的形式或条件方面会受到限制,存托凭证投资者想要实施转换行为就必须遵从相应规则。这主要表现在对转换方向的限定或转换额度的限制两个方面,即单向可转换存托凭证和额度内可转换存托凭证。第一,单向可转换存托凭证是指只能将存托凭证兑换为基础证券或只能由基础证券转兑换存托凭证的一种存托凭证类型,这种存托凭证类型显然对应于双向可转换存托

---

❶ 熊锦秋.建立库存股制度是个系统工程[N].上海证券报,2018-9-12(7).

凭证。不可否认,存托凭证不能绝对且完全脱离基础证券而存在,且通常各国的证券上市规则都会对上市公司上市流通的股份数额做出最低规定,如果低于一定数额则会面临退市风险。因此,单向可转换存托凭证通常都是仅允许存托凭证转换为基础证券。第二,额度内可转换存托凭证则是指对存托凭证和基础证券之间的转换设置额度标准,即定额转换。在额度标准以内可以进行转换,超出额度则会被禁止。对于定额的具体规则,包括定时和定量两个维度,定时主要涉及对外汇额度管制,例如每天、每周或每月经转换的存托凭证所达到的外汇额度,如果超出规定数额,就会自动停止存托凭证与基础证券之间的转换。当然,这其中同时也包含了对具体量即外汇额度的限定,体现了定时与定量的集合。定量则是对存托凭证和基础证券之间转换量的控制,尤其是对于基础证券向存托凭证进行转换。例如,存托凭证所对应的基础证券股份数额不能超过相关公司总股本的固定量,如果达到规定的限制性标准数额,将会自动停止基础证券向存托凭证的转换。需要注意的是,额度内可转换的存托凭证与前述的可转换存托凭证、单向可转换存托凭证可能存在重叠关系,即双向可转换存托凭证也可能存在相应转换定额的限制。同理,单向可转换存托凭证也可能在其单向的转换规则上存在定额限制。因此,从细化分类的角度看,可以总结为双向可转换、单向可转换、双向定额转换、单向定额转换以及不可转换四种类型,其中单向可转换、双向定额转换、单向定额转换都属于限制性转换存托凭证的范畴。

4.其他存托凭证分类或类型

1)其他类型划分

除上述分类之外,根据存托凭证发行所在地不同,在实践中也会对其有不同划分,如中国存托凭证(CDR)、美国存托凭证(ADR)、新加坡存托凭证(SDR)、英国存托凭证(EDR)等。根据存托凭证发行所在地不同进行分类的学理价值在于研究不同市场环境对存托凭证发行和交易的影响以及不同市场当中的"个性化"问题。此外,存托凭证也可以根据是否面向不特定市场投资者展开发行,划分为公募型存托凭证和私募型存托凭证,私募型存托凭证是面向特定存托凭证投资者所进行的非公开发行。非公开发行是与公开发行相对应的概念,是一种向特定对象、采取特定方式、接受特定制度规范约束的融资方式。[1]非公开发行作为上市公司新建项目、并购重组及补充流动资金的主要融资途径之一,已经成为资本市场实现资源配置和服务实体经济的有效手段。[2]但是,在目前存托凭证的发行实践中,仍以公开发行为主。当然,在一定条件下也存在向特定市场投资者进行战略配售,例如最新修订的《证券发行与承销管理办法》第十四条第一款规定:"首次公开发行股票数量在4亿股以上的,或者在境内发行存托凭证的,可以向战略投资者配售"。

2)美国存托凭证的分级制度

世界范围内,美国证券市场上的存托凭证发行量最多,各项制度也相对最为完善和成熟,所以美国存托凭证的分类具有一定参考价值。美国对存托凭证的划分采取分级制,根据存托凭证的发行和交易规则不同主要分为三级[3](见表1)。

表1　美国存托凭证分级制

功能及要求	第一级 ADR	第二级 ADR	第三级 ADR	144A 规则
筹资功能	无	无	有	有
上市交易	否,场外柜台市场	是,全国性证券交易所	是,全国性证券交易所	否,美国私募市场
信息披露与文件要求	依 12g3-2(b) 豁免	依 Form 20-F 履行披露义务	依 Form 20-F 履行披露义务	依 12g 3-2(b) 豁免
注册要求	有	有	有	无
公开发行	否	否	是	否

第一级存托凭证属于非融资型存托凭证,不通过发行新证券对应存托凭证以进行融资,而且这类存托凭证也不在证券交易所上市交易,而是在场外柜台市场(over the counter market)进行交易,所以也被称为场外存托凭证。由于第一级存托凭证不涉及新证券发行,也不在证券交易所上市交易。所以对于这类存托凭证的

❶ 杨树林.完善我国上市公司非公开发行股票法律制度研究——以美国私募证券法律制度为借鉴[D].上海:上海社会科学院,2018:5.

❷ 湛晶心,孙即,洪卫青.非公开发行股票定价机制与发行价差研究——兼评非公开发行新规[J].金融监管研究,2017(3):73.

❸ 徐宇鑫.存托凭证特点综述[J].求知导刊,2015(11):55.

发行审查以及监管就非常宽松，发行人只需要向美国证券交易委员会履行简单的注册手续，而且也无需完全履行相应的持续信息披露要求。第二级存托凭证和第一级存托凭证的区别就在于它可以在全国性证券交易所上市交易，所以发行和上市标准就相对严格，不仅需要满足美国证券交易委员会的常规注册、申报以及持续信息披露要求，还要遵守相应证券交易所关于存托凭证的各项上市规则。第三级存托凭证则属于融资型存托凭证，这类存托凭证不仅伴随新证券的发行，而且可以在全国性证券交易所上市交易，所以需要满足最为全面且严格的审查和监管要求。除了上述三级主要的存托凭证划分之外，为了进一步降低外国公司在美国市场的融资门槛，美国证券交易委员在1990年4月新增实施144A规则。根据该规则，发行私募型存托凭证将豁免大量发行注册要求，其信息披露要求也相对宽松，但这类存托凭证只能在美国私募市场进行交易，其发行对象一般为美国实力雄厚的机构投资者。

二、存托凭证的法律关系与运作模式

商事法律关系是指因商行为的实施而发生的权利义务关系，依托证券发行和交易活动产生的存托凭证法律关系也属于商事法律关系范畴。作为商法调整对象的商事法律关系的具体内容并非一成不变，而是随着经济的发展变化，随着社会关系，尤其是社会关系的丰富而不断变化与发展。最初的商行为仅仅为物的交易和生产经营，后来发展为票据、证券等的交易。❶基于此，存托凭证法律关系是指因存托凭证发行、存托、托管和交易等活动而发生的权利义务关系。不同类型的证券具有不同的法律关系构造，由此引申出法律关系主体参与方式及其权利义务规范的不同。

（一）存托凭证的法律关系主体

1. 存托凭证的发行人

存托凭证的发行人是指发行存托凭证的境外公司，发行人与发行所在地存托机构签订存托协议，根据协议约定将基础证券委托给存托机构并转换签发存托凭证。对于存托凭证发行地市场，存托凭证发行人属于境外公司，所以主要问题是对

---

❶ 范建，王建文.商法学[M].北京：法律出版社，2015：248.

存托凭证发行人的资格筛选,这直接关系到存托凭证的投资价值和质量水准,也同存托凭证投资者保护密切相关。聚焦我国存托凭证,根据《关于开展创新企业境内发行股票或存托凭证试点的若干意见》(以下简称《若干意见》)的政策意见,我国存托凭证发行人原则上面向创新型企业并以试点形式逐步推进。当然,考虑到我国证券市场的发展水平,避免存托凭证试点可能给我国境内市场稳定带来的冲击,存托凭证发行的试点将会稳妥推进,首先需要制定相关规则,使存托凭证的发行和交易活动有法可依。此外,根据证券法律制度的核心目标,于存托凭证发行和交易的各个环节贯彻投资者保护的价值取向。从规则层面考察,《若干意见》的具体要求为:"已在境外上市且市值不低于2000亿元人民币的红筹企业;尚未在境外上市,最近一年营业收入不低于30亿元人民币且估值不低于200亿元人民币,或收入快速增长,拥有自主研发、国际领先的技术,同行业竞争中处于相对优势地位的红筹企业和境内企业。"

在发行人的基本义务方面,发行人必须根据存托凭证发行国的法律、监管规则以及证券交易所的要求向证券监督机构、交易所以及投资者进行信息披露。同时也必须向存托机构提供有关股息红利、公司重大行为等信息,对于重要公司会议或决策也必须及时通知存托机构,以便存托凭证投资者知悉并行使相应权利。

2. 存托凭证的存托人

存托凭证的存托人也被称为存托机构,在存托凭证的运作过程中,存托人是必不可少的参与主体。存托机构与境外基础证券发行人签署存托协议,并根据存托协议约定协助完成存托凭证的发行与上市活动。在境外市场,存托机构一般是由商业银行或信托机构担任。在我国,根据《存托凭证发行与交易管理办法(试行)》的规定,存托人可以由中国证券登记结算有限责任公司及其子公司、经国务院银行业监督管理机构批准的商业银行或证券公司担任。存托机构必须履行相应职能,对已发行的存托凭证实施管理。根据存托机构履行相应职能所面向的对象不同,主要可以分为三个方面。

其一,面向境外存托凭证发行人,存托机构首要职责在于协助发行人完成存托凭证的发行和上市申请,同时存托机构需要持续作为境外发行人和存托凭证持有人之间的信息传导中介,向发行人持续提供和存托凭证相关的运行信息,如存托凭证的交易价格、转换状况、存托凭证持有者的基本情况等。❶其二,对于存托凭证的日常管理,存托机构首先负责安排存放基础证券,这需要委托具备相应业务资质和能力的托管人托管基础证券并督促其履行托管职责。此外,存托机构需建立并维护存托凭证持有人名册,掌握存托凭证持有人的基本情况。存托机构也需要和发行人在发行所在地设立的证券事务机构,共同处理有关存托凭证的特殊事务,如配合证券监管部门的监管活动。其三,面向存托凭证持有人,存托机构需要按照存托协议或有关规定及时向存托凭证持有人发送通知等文件,使存托凭证持有人及时了解境外发行人公司的经营状况。存托机构也负责向存托凭证持有人派发股息、红利等权益,并根据存托凭证持有人的意愿代为行使表决权等权利。当然,以上只是存托机构应当履行的基本职责,在相关规定允许的范围之内,存托机构的职责应当可以根据存托协议的约定不同而有所变化,这也是存托凭证法律关系的特点之一。

3. 存托凭证的托管人

托管人是接受存托人委托托管基础证券,并按照托管协议约定协助处理存托凭证运行事务的重要参与者,它们一般是境外金融机构,所以也被称为托管机构。托管人本身并不具备决策能力,其行为主要源于存托机构的指示。托管人除了托管职能以外,还包括信息传递和代行权利的职能。第一,托管人根据存托人指示从发行人处取得基础证券、股息红利等基础财产,而且会开设专门账户加以保管。当然,因基础证券产生的股息和红利会通过存托机构向存托凭证持有人及时分派。第二,托管机构由于市场条件的便利,将负责掌握和了解发行人公司的经营管理信息和基础证券的市场信息,并将相应信息及时向存托人传递,实现信息的透明和及时披露,减少市场分割带来的信息盲区或迟延。第三,托管人也能够依据托管协议约定,根据存托人指示代为行使相应的股东权利,如参加股东大会进行表决、股利分配请求权等。实践中,保管机构由存托机构任命,通常是存托机构在发行人所在国的分支机构或者商业代表。但正因如此,就会存在一定的勾结和串联风险,也无法实现存托人和托管人之间的有效监督。因此,在存托凭证投资者保护的视角下,如何在存托人和托管人的法律关系结构中设计适当的监督机制值得进一步思考。

---

❶ Velli J. American Depositary Receipts: An Overview[J]. Fordham University School of Law, 1994, 17(1): 246.

4. 存托凭证的持有人

存托凭证持有人即存托凭证投资者,投资者通过购买境外公司在境内市场发行的存托凭证,从而享有存托凭证所对应的基础证券的相关权益。但是,这种权益的享有具有间接性。以基础证券是公司股票的存托凭证为代表,在发行人公司股东名册上记载的公司股东是存托机构,而非存托凭证持有人。因此,存托机构才是形式上的公司股东,享有相应的股东权利。但是,通过存托协议约定和存托凭证法律关系,基础证券所代表的各项权益(包括股东权利)已经转化为一种受益权,存托凭证作为一种受益权凭证使其持有人能够实际享有基础证券所对应的权益。股东权特指股东基于股东资格而享有的、从公司获取收益并参与公司经营管理的权利。[1]股东从公司获取财产利益的一系列权利属于股东的自益权,主要包括分配股息红利的请求权和分配公司剩余财产的请求权等。对于典型的公司股东取得股息红利,在存托凭证中是由托管人代为收取并让存托人向存托凭证持有人派发。对于股东参与公司经营决策以及各项管理的权利,虽然是由存托人行使,但存托人原则上必须根据存托凭证持有人意愿行使相应权利。

5. 存托凭证运作过程中的其他主体

对于存托凭证本身而言,存托凭证的发行人、存托人、托管人和持有人已经共同构成完整的存托凭证法律关系。换言之,存托凭证中的发行人、存托人、托管人和持有人是创设存托凭证以及存托凭证交易过程中最基本的主体要素。但是,存托凭证并非是一种静态的资产类型,在发行或交易的过程中,仍然需要借助相应的市场中介服务或技术支持才能顺利完成。在这一点上,存托凭证和其他类型的证券并无不同。所以,在存托凭证的发行和交易活动中也需要证券承销商、经纪商和证券登记结算机构等市场主体的共同参与。

简而言之,证券承销商是在证券发行阶段担任承销工作,将发行人发行的证券卖到投资者手中,起到中介作用。在证券发行之后,相应证券会在二级市场流通,证券经纪商又为投资者买卖证券,从事经纪工作并从中获取佣金。[2]证券登记结算机构则是为证券交易提供结算服务的中介机构,其本身并不参与证券交易。在实际的证券交易活动中,证券投资者都是透过证券经纪商(证券公司)和登记结算机

---

[1] 范建,王建文.公司法[M].北京:法律出版社,2018:241.

[2] 朱锦清.证券法学(第3版)[M].北京:北京大学出版社,2011:71-72.

构进行结算。通过证券登记结算机构可以就同一家证券公司对同一种证券买卖的委托互相抵消,从而实现差额结算,这就提高了证券交易和结算的效率,这就是登记结算机构的技术价值。显然,在现代证券市场及其活动过程中,存托凭证同样离不开这些具有辅助性和技术性主体的参与。

(二)存托凭证法律关系的结构与性质

在存托凭证的法律关系中,存托凭证发行人、存托人、托管人以及持有人各自履行不同职能并发挥不同功能,这源于它们在法律关系中的角色定位以及由此衍生的权利义务设计。更深一层思考,存托凭证法律关系的性质决定了相应的法律关系主体处于何种地位,应当享有何种权利并承担何种义务,这对于研究存托凭证的投资者保护至关重要。在当前关于存托凭证法律关系的研究中,一种方式是将各个主体之间的法律关系进行拆分式研究,例如分别将存托凭证发行人和存托人之间界定为信托法律关系,而存托人和托管人之间则界定为保管合同性质的法律关系等。另一种则是从更为宏观和完整的角度审视存托凭证的法律关系性质,将各个法律关系主体置于相对统一的信托法律关系框架之中并据此展开分析。对此,本书更倾向于第二种研究角度或分析方法,目的在于避免碎片化理解不同法律关系主体之间的权利义务关系,防止在一些存托凭证的具体制度问题的研究上产生矛盾或缺陷。因此,本书认为应当将存托凭证法律关系在本质上定义为信托关系,充分借助信托原理来分析和解决涉及存托凭证投资者保护的一些具体问题。

目前,学界普遍认为信托肇始于英国的用益权制度。英国之用益权制度乃在13世纪至15世纪时期,人民为规避当时封建制度下之土地政策所发展出来,其后亦为英国衡平法院所承认,而在衡平法发展下,逐渐孕育形成完整之信托法制。❶由信托之起源可发现信托产品最初系为"规避法律"而设,本不为普通法院承认。至衡平法院为达个案衡平加以承认,信托法制乃逐渐推翻现制"革命"成功。信托这种游走于法律边缘,企图自我反应自当时社经政策之法律束缚及负担下挣脱的特质,一直存在于信托基本概念及架构之中。❷诚然如有学者所言,存托凭证产生的根本原因也是为了规避当时的法律限制,这与信托的特质相符合,因此利用信托

---

❶ 王志诚.信托法之基本法理[M].台北:元照出版公司,2005:3-5.

❷ 方嘉麟.信托法之理论与实务[M].北京:中国政法大学出版社,2004:19.

的规避法律之特质可以实现这家英国上市公司境外融资这个目的。❶但是,单纯从"规避"这一起源动机角度将存托凭证和信托紧密联系,似乎说服力略显不足,这就需要从存托凭证的产品结构入手探寻其法律关系与信托的内在关联。

信托的基本要素包括委托人、受托人、受益人、信托财产和信托目的。信托的委托人将信托财产转移给受托人,受托人根据信托契约确定的信托目的对信托财产进行管理和处分,受益人则依据信托契约享有相应的受益权。对应存托凭证的发行和交易过程,存托凭证的发行人和存托人签订存托协议并将基础证券作为信托财产转移给存托人,存托人依据存托协议约定发行存托凭证并履行相应管理职能。以信托关系为基础来理解存托凭证,存托凭证的发行人是委托人,存托人是受托人,包括基础证券在内的基础财产都属于信托财产❷,市场投资者通过购买存托凭证加入信托关系并成为信托关系中的受益人。值得注意的是,存托凭证的发行人在与存托人订立存托协议时,毫无疑问发行人属于信托关系中的委托人,委托的信托财产正是存托凭证所对应的基础证券,这也是目前学界的主流观点。但是,如果将存托凭证的发行人始终放置于信托关系中委托人的地位,将无法圆满解释信托财产的所有者到底是谁。在此,暂且不考虑英美法系与大陆法系对于信托财产归属的具体制度差异,单从信托的实质原理和功能角度而言,假若存托凭证的发行人始终作为委托人,那相应的信托财产即基础证券的实际所有人应当是存托凭证的发行人,名义所有人则是存托凭证中的存托人。发行人保留基础证券的实际所有权却能依此发行存托凭证给投资者进行融资,这显然缺乏合理性。而且,存托凭证特有的转换机制赋予了存托凭证持有人将存托凭证转换为基础证券的权利,且转换之后还能够对基础证券进行自由处分。如果存托凭证的持有人仅仅是享有单纯的信托受益权,那显然在对信托财产的处分权能进行解释时将缺乏更为有力的理论根据。

本书认为,在存托人签发存托凭证给投资者,即存托凭证被市场投资者初始取得之前,信托关系中的委托人确是存托凭证的发行人无疑。然而,一旦基础证券所对应的存托凭证被投资者取得,相应投资者就将自动取得委托人地位,这在信托理论中被称为"委托人的地位转移"。在日本的信托法研究中,起初有一种观点认为

---

❶ 姜楠. 中国存托凭证法律制度构建[D]. 北京:中国政法大学,2011:12-13.

❷ 基础财产是指存托凭证的基础证券及其衍生权益,如包括股息红利。

受益证券并不是委托人的地位标章,所以仅因转让受益证券,原本委托人的地位并不转移。但是,由于受益人发生了变化,却把委托人的地位保留于受益证券的转让人,这种做法并不恰当。[1]因此,对于特定信托类型(如贷款信托),就承认了受益证券的取得人自然承继委托人地位,在这种意义上可以理解为委托人地位和受益证券融为一体。[2]根据这一信托原理,存托凭证的信托关系中委托人地位将会随着存托凭证(受益证券)的交易不断变动,投资者实际取得存托凭证就会自动获得委托人的地位。当然,存托凭证发行人丧失委托人地位并不意味着完全退出了存托凭证法律关系,而这种牵连性主要源自两个方面:一是作为存托协议约定中的一方当事人,发行人还将依据约定履行其他职责,这是合同义务履行的必要,不因信托关系中委托人身份的丧失而完全脱离;二是由于其证券发行人的特殊身份,将被相关证券法律法规强制性赋予一系列的证券发行人义务,如信息披露义务,这使其无法在存托凭证的法律关系中"全身而退"。此外,将存托凭证持有人确认为信托关系中的委托人,强化了其对于基础证券的(实际)所有者地位,有利于进一步探讨对存托人、托管人等相关当事人的监督制衡机制,显然有利于对存托凭证投资者实施更为有力的保护。

除上述问题之外,对于存托凭证中的托管人应当处于何种地位,学界有所争议。有学者主张存托凭证是以存托机构与保管机构为共同受托人,并以存托凭证持有人为受益人的他益信托。[3]对此,可能有所偏颇。基于信托原理,共同受托人也被称为复数受托人,设置多个受托人的基本目的在于消除单个受托人在信托事务处理上的独断危险。此外,对信托财产的管理处分以及其他处理信托事务的行为,都以"共同"进行为原则。[4]没有以共同受托人全体名义所进行的行为,对信托财产将不产生约束力。[5]但是,存托凭证中的托管人并不具备对基础财产进行管理和处分的独立决策能力,更不必说需要存托人和托管人达成内部意见一致才能处理信托事务。因此,显然不能将存托凭证的托管人作为信托关系中的共同受托人,那其在信托法律关系中地位又如何?对此,现代信托在对信托财产的管理方面已

[1] 能见善久.现代信托法[M]//赵廉慧,译.北京:中国法制出版社,2011:227.

[2] 四宫和夫.信托法[M].东京:有斐阁,1989:344.

[3] 姜楠.中国存托凭证法律制度构建[M].北京:中国政法大学出版社,2011:19-21.

[4] 同[1]:170.

[5] 同[2]:244.

经存在托管人的角色。信托关系中的托管人,与一般性的具有裁量权限的受托人相区别,其作用是辅助信托受托人处理信托事务,仅是信托财产的管理人,其在信托关系中也被称为"履行辅助人"。实践中,信托财产的托管人通常运用于投资海外有价证券的情形,这恰好契合存托凭证的跨境融资证券属性。在投资海外有价证券时,若投资目标国存在信托受托人的分支机构,通常是由该分支机构担任信托财产的托管人,这也可以认为是受托人自己在进行保管,且不会违背信托受托人原则上的自己执行义务。❶

综上所述,存托凭证法律关系在构造上能够契合信托关系。除此之外,更重要的契合点在于信托原理能够符合存托凭证的一些制度设计要求,或者说通过信托原理才能有效解释存托凭证的一些规则设计,这恰是相辅相成或者说相互印证。基于信托原理能够恰当地理解为何存托人作为基础证券的"所有者",但基础证券所代表的各项权益确却是由存托凭证持有人享有。有观点将存托人和存托凭证持有人看作公司名义股东和实际股东关系,但纯粹以名义股东和实际股东的关系看待存托凭证,也很难圆满地解释诸如存托凭证基础财产独立性的根据,这正是存托凭证投资者保护的重要制度设计。因此,信托关系赋予了基础财产以独立性地位,符合存托凭证法律制度对于投资者保护的基本要求。在存托凭证中,存托人应当为存托凭证基础财产单独立户,将存托凭证基础财产与其自有财产有效隔离、分别管理,目的在于防止存托人随意侵占或挪用存托凭证基础财产,从而保护存托凭证投资者的利益。存托凭证基础财产的严格管理要求源于信托财产的独立性特征,当存托人破产或被追索债务,存托凭证的基础财产将获得财产隔离效果,免于被作为破产财产或自有财产用于清偿债务。而且,基于信托原理中的受托人义务,能够明确存托机构的行为边界和责任划分,从而避免不当履职行为,更为全面地保护存托凭证投资者利益。

三、存托凭证的价值证成及其理论支撑

在存托凭证的有关基础理论中,无论是对其概念进行明确界定,抑或是对其法律关系和运作模式进行的分析,其综合目的在于使研究者清晰认知存托凭证"是什

---

❶公野靖史.信托内部受托人和其履行辅助人的义务和责任——以托管人的适用关系为中心[J].东京大学法学院政治学研究所——专修课程研究年报,1999:185.

么"。但是,一项学术研究显然不能止步于"是什么",进一步清楚"为什么"也是深入研究具体制度问题的动力和基础,这就涉及存托凭证存在、发展和研究的意义,需要通过其自身价值的证成得以解答。

在现有研究成果中,关于存托凭证的价值思考主要体现在历史渊源研究方面,主要是以历史渊源的追溯和描述为主,观点集中在金融产品创新和规避金融管制政策两个方面。但是,仅仅通过考察历史渊源所得出的观点显然缺少扎实的理论支撑,特别是随着诸多历史原因的弱化或消逝,存托凭证的价值性在新的市场环境之下可能会遭受质疑。其中一种质疑就表现为是否需要或适合推行存托凭证,这在早期关于我国存托凭证的研究中时常出现,如我国有学者曾认为中美两国各项制度与市场环境存在重大差异,存托凭证的推行条件尚不成熟[1]。诚然,当前我国存托凭证已经进入实质性推行阶段,关于是否应当引入的质疑自然消散,但是,作为深入研究的基础,在存托凭证的价值证成中探寻坚实的理论支撑,一方面能够使存托凭证的基础理论不再显得单薄无依,另一方面也有利于从中提炼存托凭证当事人的行为动因,从而为存托凭证投资者保护的法律制度完善提供理论分析工具。

(一)市场分割理论

早在20世纪70年代,就有国外学者率先提出市场分割假说(Market Segmentation Hypothesis),该理论最初用于研究以双重上市方式克服或避免分割型市场的种种缺陷,从而分散投资风险和降低企业融资成本等问题。[2]市场分割理论认为,由于存在政治、文化、法律制度等因素的影响,资本不可能完全无成本、无阻碍地在不同市场之间自由流动。在全世界尚未形成统一资本市场的条件下,一国国内的投资者由于市场范围有限,所以承担了几乎全部的投资风险,从而客观上提高了企业的融资成本。如果能够给予国外投资者同样的投资便利,打破不同市场之间存在的有形或无形壁垒,就能够实现投资风险的分散和提高企业融资效率。这就促使公司不断寻求克服或避免市场分割负面效应的方法。存托凭证作为间接实现公司双重上市的重要方式,相较于直接前往境外市场上市,具有成本低、程序简、周期短、灵活性高等优势。存托凭证的发行和交易活动不仅深受市场分割效应的影响,同

---

[1] 何敏. 质疑中国存托凭证[J]. 华东经济管理,2005(3):139.

[2] Brennan M,Stapleton R C,Subrahmanyam M G. Market Imperfections,Capital Market Equilibrium and Corporation Finance[J]. Journal of Finance,1977,32(2):307-319.

时也逐步成为公司尽可能克服市场分割的优选策略。

市场分割理论展开分析的切入点主要包括两个方面：其一是国际间的投资壁垒，通过资本流动的障碍来研究市场分割带来的多重影响；其二是双重上市之后不同市场环境中证券价格波动的状态和影响。从存托凭证的角度看，即通过在境外市场发行存托凭证打破资本流动壁垒，在不同市场之间建立资本流动的渠道和机制，此外也透过存托凭证和基础证券在不同市场环境下的价格表现，实现市场之间和投资者之间的互动交融。20世纪80年代，有学者通过建立市场分割状态下的均衡定价模型来解释双重上市对投资者的预期收益，即公司权益资本成本的影响。换言之，境内投资者可以通过投资双重上市公司的相应证券来分散投资组合风险，使得超额风险溢价减少或消失，这从一个侧面解释了为什么境内投资者会对境外上市公司的证券青睐有加。

（二）流动性理论

流动性理论是市场分割理论的延伸与发展，其强调了公司证券流动性和公司价值之间的联系。以公司股票为代表，股票的流动性和权益资本成本之间存在负相关关系，股票流动性的提高可以降低公司的权益资本成本，同时也降低流动性风险溢价和投资者预期报酬，从而增加公司价值。

如前所述，借助于发行存托凭证能够使公司股票间接在不同证券市场展开交易，这无疑会促使公司股票信息或价值在不同市场之间展开流动，其流动性发挥作用的范围和效果得以扩展。此外，不同市场之间存在着流动性水平高低的差异，这与存托凭证的转换机制发挥密切相关。理论上而言，在流动性更高的证券市场上市后，市场能够以更低的买卖价差进行交易，从而提高整体的股票流动性水平。同时，这种市场结构的变化提高了市场之间的竞争程度，由于存在着流动性水平更高的市场，所以能够在整体上降低其他市场的交易成本，产生更多的市场需求和更低的收益率。简而言之，伴随着不同市场之间资本的不断流动，将会正面促使存托凭证和基础证券的价值发现，而且在市场的不断调节和完善之下，二者的价值表现也将最终一致，从而弥合不同市场之间流动性差异带来的价值鸿沟。伴随流动性理论的提出，也有学者开始对世界范围内主要证券市场的流动性水平进行研究，如美国纳斯达克证券交易所和英国伦敦证券交易所，从而进一步说明公司在境外市场进行第二上市和公司价值之间的联系。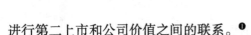

(三)市场择时理论

对于绝大多数公司,发行存托凭证的直接目的在于进行境外市场融资。毋庸置疑,公司在相关证券价格被高估时倾向于进行融资,在证券价格价被抑制时倾向于回购或放弃发行,这一现象被称为市场择时行为。市场择时理论主要对公司作出融资决策的动机与影响因素进行考察,特别是同一时期内不同资本市场环境下对公司相关证券价格等因素的影响。证券发行的市场择时行为很早就被发现和证实,该理论最初多用于本国范围内的公司证券发行研究。伴随着国际资本市场的迅速发展,跨国领域的市场择时影响在存托凭证发行活动中表现得更加突出。也有国外学者通过实证数据研究表明,在市场活跃、交易机会更佳的时期,发行权益证券的公司数量很明显增多。然而,随着市场择时理论的发展,人们越来越发现"择时"的表述也许并不准确,因为同一时期不同市场对证券估值的影响很难判断为是归结为时间因素还是地点因素,抑或说市场本身客观差异所产生的影响更大,毕竟随着时间的变化,客观现实也会随之变化。

市场择时理论对公司发行存托凭证的影响主要体现在两个方面:一是公司利用境内和境外市场之间的估值差异,选择在高估值市场发行存托凭证;二是公司在发行存托凭证的过程中抓住高估值机会进行权益融资。可见,市场择时理论依赖于公司价值在不同资本市场上的差异化表现。但造成这种差异的原因却非常复杂,其中可能包括实质性因素的影响,如成熟的资本市场更能够"慧眼识珠",真实发现优质公司的实际价值,但也很可能与公司本身的价值无关,如新兴市场对于存托凭证这种新型证券品种的过分"新鲜",从而盲目推高了存托凭证的市场价格。尤其对于首批采用存托凭证回归境内市场的红筹企业,这种影响将更为明显。有学者指出由于中国公司在国际资本市场中属于新兴市场范畴,境外机构投资者在评估中国公司价值时设定的资本成本相对较高。此外,目前仍有大部分中国公司的产品或业务尚未完全拓展至境外,境外资本市场对中国公司了解程度尚不深入,所以境外资本市场对中国公司的价值评估通常相对保守。因此,一系列因素综合

---

❶ Stephen R, Foerster G, Karolyi A. The Effects of Market Segmentation and Illiquidity on Asset Prices: Evidence from Foreign Stocks Listing in the US[J]. Journal of Finance, 1999, 54(3):981-1013.

导致中国公司在境外资本市场上的估值水平长期低于发达资本市场的平均水平。与此不同,随着我国经济的不断发展,当前我国境内资本市场愈发活跃并趋向成熟,市场体量逐步扩大,我国境内 A 股市场上的股票估值更趋于合理。长期以来,中国公司在境外资本市场的估值与在境内市场存在显著差异已是不争的事实。在这种情况下,在中国境外上市的公司必然具有强烈的择时动机重返境内市场,通过发行存托凭证在境内市场进行高效融资也就成为境外红筹公司的首选。

(四)融资约束理论

融资约束理论强调了发行存托凭证的直接目的,即融资。但要顺利实现融资,则需要向投资者充分展示公司内部治理和外部业绩的优良状态,尤其是能够对中小投资者提供有效保护,从而吸引境外投资者购买存托凭证。"约束假说理论"认为,选择监管环境更严格和披露标准更高的市场发行存托凭证可以直接并有效加强对中小投资者的保护力度,并降低控股大股东的代理成本,从而顺利实现融资目标。

有学者认为,在现代公司组织结构和治理模式下,公司的控股股东或大股东很可能会因私利而实施损害公司或中小股东利益的行为,此类行为最终造成损害的严重程度取决于国家对中小股东利益的保护力度。而在影响公司融资难度的诸多因素中,法律制度和法制环境的差异化效果最为显著。当国家的相关法律制度更完善、法制环境更优良,公司控股股东或大股东的不法行为就会受到明显约束,公司投资者的合法权益也相应受到更全面的保障。❶当然,这其中隐含着公司控股股东或大股东的控制权私利、公司潜在增值利益以及中小股东利益之间的博弈。成功发行存托凭证能够带来公司价值的增长,而公司控股股东或大股东能够在价值增长中获取一定收益,当这种潜在收益大于其控制权私利时,控股股东或大股东就很可能放弃控制权私利转而选择严格监管环境下的市场。此时,存托凭证的发行和上市活动本身就产生了一种约束机制,这也被称为"法律绑定"或"市场绑定"理论。❷例如,美国证券交易委员会的强制执行力、集体诉讼法律制度、派生诉讼法律

❶ La Porta R, Lopez-De-Silanes F, Shleifer A, et al. Investor protection and corporate valuation[J]. Journal of Finance,2002,57(3):1147-1170.

❷ John C C Jr. The future as history:The prospects for global convergence in corporate governance and its implications[J]. Northwestern Law Review,1999,93(3):641-707.

制度以及严格的会计准则,都是论证绑定假说的重要素材。

除此之外,处于相对薄弱的监管或法制环境下的优质公司可以通过到披露标准和法律执行要求更严格的市场发行存托凭证,主动向外界展现公司价值,获取市场积极评价和投资者关注,进一步推高存托凭证价格并实现高效融资。这一点与"信号假说"非常类似,如果某公司敢于到监管更为严格、法制更为完善的市场进行上市,就表明该公司的股东和管理层对公司未来的发展充满信心,从而向市场和投资者传递出该公司品质优良的"信号"。

与融资约束理论相对应的是监管规避假说,即一些公司更倾向于前往相对薄弱的监管或法制环境下的市场发行存托凭证,从而规避在法制完善、监管严格的市场环境下所要面临的约束压力。目前,除了控制权私利所引发的监管规避现象外,一些国家或地区的证券监管机构和证券交易所为吸引更多公司前来上市,可能会主动采取放松监管或降低信息披露要求等"朝底竞争"的方式,从而助推监管规避现象的产生。理论上而言,监管规避行为本身并不具有正面或负面的价值判断属性,它只是公司经营活动中的一种决策选择,出现监管规避并不意味着必然会出现有损公司或中小股东利益的情形。但是,在当前不同国家和地区资本市场竞争愈发激烈的情形下,监管标准降低的底线或边界在哪里,中小投资者利益保护的限度是什么,如何防止形成国际间的恶性竞争,这无疑对我国存托凭证制度推行过程中维持市场平衡、保护投资者利益具有重要意义。

(五)投资者认知理论

伴随着经济全球化的深入发展,世界范围内的投资和贸易壁垒逐步减少,不同国家或地区之间的市场分割状况得到大幅改善。然而,选择在境外市场发行存托凭证的公司并没有因此大幅减少,所以单纯依靠市场分割理论已经不能充分解释存托凭证的制度价值和发展动因。因此,有学者进一步在信息非对称性的基础上提出了投资者认知理论。

该理论认为,首先在境外市场发行存托凭证能够显著提高公司的信息披露水平和标准,最起码是能维持与原本上市所在地一致的标准。公司信息披露水平和标准的提高能够降低投资者搜集相关信息的成本,从而扩大投资者基础、提高对企业股票的需求量、降低权益资本融资成本。❶投资者认知程度的高低主要依靠公司投资者的数量多少进行衡量，并呈现正相关关系。通过发行存托凭证，扩展境外投资者群体，这能够有效降低公司的权益资本成本并提升公司价值。除此之外，在境外市场成功发行存托凭证能够有效提高公司知名度，从而使公司获得投资者的青睐并产生一种"关注效应"，由此带来关注公司的证券分析师人数增多和分析师进行分析预测的准确度提高。有学者进一步指出，单纯的知名度提升只能产生扩大公司投资者基础的作用，分析师之所以能够进行更准确的分析预测，其原因在于公司境外上市之后信息披露水平的提高，这与境外上市所在地的监管环境和信息披露标准等因素紧密相关。❷因此，发行存托凭证又会在客观上增强公司信息向更广泛投资者进行传递的能力，使投资者能够对公司产生更高或更明确的投资期待，从而有助于提升公司价值。❸

不可否认，无论是市场分割理论，还是市场择时理论，抑或其他理论，其并非基于存托凭证而产生，它们是属于具有广泛适用性的金融理论，主要是在宏观上对跨国证券发行的活动价值以及行为动因的解释论。在这一层面，根据存托凭证的特征与实践，它们完全可以作为分析存托凭证相关问题的理论工具。此外，这些理论观点并非孤立存在，它们之间具有一定程度的理论内涵相似性或递进性。显然，单一运用某项理论可能都不足以全面揭示存托凭证存在和发展的价值，也不能准确认识存托凭证当事人的行为动因。因此，结合相关理论，关于存托凭证的价值论证，本书认为有以下几项要点可以归纳：(1)通过引入或发行存托凭证，能够加强境内外资本市场的双向联系，提升金融合作水平，逐步消减不同市场之间的金融壁垒或制度差异，有利于创造更优投资环境和金融平台；(2)通过存托凭证的交易与转换机制，可以有效提高公司证券流动性，降低公司的权益资本成本与流动性风险溢价，提升公司价值；(3)利用存托凭证优势特点，便于融资者抓准时机在高估值市场实现上市融资，获取更优的融资效果；(4)在境外市场发行存托凭证可以提高公司

---

❶ Merton R C. A Simple Model of Capital Market Equilibrium with Incomplete Information[J]. Journal of Finance,1987,42(3):483-510.

❷ Litvak K. Sarbanes-Oxley and the Cross-Listing Premium[J]. Michigan Law Review,2007,105(8):1857-1898.

❸ Kent B H, Nofsinger J R, Daniel G. Weaver. International cross-listings and visibility[J]. Journal of Financial and Quantitative Analysis,2002,37(3):495-521.

信息披露水平和标准,提升公司知名度,从而降低投资者的信息获取成本,扩大投资者基础、降低融资成本;(5)借助境外公司在本国市场发行存托凭证,能够丰富本国证券投资品种,扩大境内投资者的投资选择、分散投资风险、提升投资水平,共享优质境外企业经营收益。

第二节　存托凭证投资者保护的法律逻辑与现实关联

在证券市场中,参与证券活动的市场主体多种多样,它们发挥各自不同的作用,共同推动市场发展。毋庸置疑,投资者是证券市场中必不可少的参与者,投资者的参与程度能够直接反映证券市场的活跃程度,它们构成了证券市场发展的根本动力。因此,保护市场投资者就成为各国证券法律制度的核心目标,证券法的基本原理就是通过公开手段达到保护投资者的目的。[1]

以投资者的法律保护作为核心概念的法与金融研究,正是从投资者保护的出发点探讨法律体系与金融市场发展的因果关系,并提出应加强法律体系建设以保护投资者权益的政策建议。[2]新的证券设计、计算机和通信技术的发展以及金融理论的进步给金融市场与机构的结构带来了革命性变化。[3]但是,万变不离其宗,无论外部形势如何变化,投资者保护依然是证券法律制度的永恒主题。证券市场中无论是新的证券品种出现抑或是技术进步,往往都会给投资者保护带来新的难题,这在近年互联网金融领域体现尤为明显。对于我国证券市场和广大市场投资者,存托凭证是一种新的证券类型和投资标的,在充分利用存托凭证的有益功能时,其隐含的种种风险更应引起重视。存托凭证作为一种跨境证券投资产品和金融衍生工具,其隐含的风险是多方面的,如市场风险、信用风险、法律风险、监管与合规风险等,这些风险不仅不利于市场稳定和金融安全,而且归根结底大部分还是由投资者"买单"。因此,存托凭证法律制度同样应当以投资者保护为核心目标。

---

[1] 朱锦清. 证券法学[M]. 北京:北京大学出版社,2011:79.

[2] 张枉新. 法律、投资者保护和金融体系的发展[J]. 经济评论,2004(3):87.

[3] Merton R C. Financial Innovation and the management and Regulation of Financial Institution[J]. Journal of Banking and Finance,1995,19(3):461-481.

一、基于证券交易原则与市场交易特质的逻辑推演

在证券市场中,市场投资者的基本活动就是开展证券交易。对于证券交易行为,"买者自负"已经成为一项基本的证券交易原则。"买者自负"是指买者在市场交易时应对交易标的及其缺陷予以充分注意,自行判断商品质量及其用途,自己负担交易风险。❶因此,投资者在购买某种证券实施投资行为时就默认投资风险自负。证券投资是一项具有高风险性的商事活动,投资者应当具备相当理性的思维能力和专业的投资知识,尽可能规避投资风险,而任何一项法律制度都不会具备确保投资者能够获利或者帮助其规避一切投资风险的功能。

目前,"买者自负"已经融入各国证券法律制度并被广泛接受,这不仅在我国证券法律制度中有充分体现,而且在我国目前关于存托凭证的有关规定中也可寻见。例如,《中华人民共和国证券法》(以下简称《证券法》)第二十五条规定:"股票依法发行后,发行人经营与收益的变化,由发行人自行负责;由此变化引致的投资风险,由投资者自行负责。"此外,《试点创新企业境内发行股票或存托凭证并上市监管工作实施办法》第四条也规定:"投资者应自主判断试点企业的投资价值,自主作出投资决策,自行承担投资风险。中国证监会对试点企业公开发行股票或存托凭证的核准,不表明其对试点企业的盈利能力、投资价值或者投资者的收益作出实质性判断或保证。"可见,政府并不会为正常的商业和投资风险买单,自主决策、自负盈亏仍然是不可动摇的商业活动原则,这一点即使是在风险性和专业性都极强的证券投资领域也不例外。

不可否认,"买者自负"原则能够在一定程度上激发市场主体更加谨慎对待投资交易行为的判断和选择,从而提升其理性决策的各项能力。但是,这种逆向激发的现实效果往往并不显著,而且如果单纯强调"买者自负",甚至会造成市场秩序混乱和市场主体间利益失衡。当然,这种负面效应和市场本身的特质密切相关,具体来说是市场缺陷和投资者特点共同作用形成。市场调节具有自发性,在市场经济中追逐经济利益的目标驱动下,每一个市场主体都很可能丧失理智的判断或自律能力。此外,证券投资行为通常都并非随意为之,其中会伴随着投资者复杂的内心决策过程。而且,绝大多数市场投资者在进行证券投资的内心决策时并非都可以

---

❶ 何颖.金融交易的适合性原则研究[J].证券市场导报,2010(2):13.

保持绝对理性,其会受到各种主观或客观因素的影响。正因如此,极易导致投资者仅根据个人主观偏好做出投资决策,这些决策可能是符合客观的市场状况的,也可能是背离于客观的市场状况的,从而出现投资获利或投资亏损的结果。但是,是否会受制于各种客观或主观因素影响,也决定于相应市场主体的"能力",如市场信息的获取和分析能力,从而形成不同市场主体间的力量差异。毋庸置疑,相较于专业化的金融机构,数量占据多数的个体投资者天然处于弱势,即使不断学习专业知识、提高判断能力,始终也无法与金融机构的组织能力、判断能力以及运营能力相比。其中,最突出的表现就是信息不对称。简单来说,在信息不对称的博弈中,信息优势一方具有更多机会和手段诱骗个人投资者形成认知偏差而盲目实施投资行为,并借此获取不正当利益。因此,在市场调节存在缺陷、广大投资者存在天然劣势的客观情况之下单一强调"买者自负",很可能就会成为相应市场主体实施违法违规行为的避风港。

充分尊重商业规律、遵循"买者自负"的前提应当是通过各种方式为市场投资者提供良好的投资环境,尽力防范和避免"能力"优势一方的不正当市场行为。当然,市场的天然缺陷无法绝对克服,但这恰好彰显了构建和完善投资者保护制度的必要。因此,当保护投资者的各项制度相对完善,足以使广大投资者在充分且健康的市场环境中自主判断和决策,相关风险才能够真正当得起"买者自负"。

二、存托凭证特有属性与投资者保护的关联分析

投资者保护是证券法律制度的核心目标,但是不同类型证券所隐含的风险因素各异,这就致使投资者将面对不同的受侵害可能,进而对相关证券的投资者保护也会提出不同要求。因此,有必要根据存托凭证的风险特性并结合投资者保护的目标,从二者相互关联的关系角度进行针对性分析。

(一)存托凭证作为金融衍生工具蕴含的风险特性

金融衍生工具由于内涵和外延的广泛性、复杂性而难以形成统一的定义,目前国际上还没有统一的关于金融衍生工具的定义。[1]简单概括,金融衍生品是以债

---

[1] 相天东,严明义.我国股票市场金融衍生工具实践研究[J].河南社会科学,2016(12):69.

券、股票、利率、汇率以及商品合约等原生资产为基础派生出来的金融工具。[1]在国际金融市场上，先后出现了利率调期类、指数期货类、汇率套期类、货币融资类四大类金融衍生品。[2]

在证券领域，股票和债券是原生性金融产品，以此为基础派生的各种金融工具也被称为金融衍生品。对于存托凭证，其发行和交易都离不开一定数量基础证券的支持，这是存托凭证区别于其他证券类型的重要特征之一。从实践角度看，只有境外发行人将一定数量基础证券委托给境内存托人，存托人才能根据预先设计的存托凭证和基础证券的兑换比例签发存托凭证。换言之，存托凭证是依托于境外基础证券签发，它虽是一种独立的证券类型，但却不能脱离基础证券单独存在。从广义上理解，存托凭证在学界也被认可为是一种金融衍生工具或者证券衍生产品。

金融衍生品产生的初衷是为市场投资者提供更多的投资选择并成为有效的风险管理工具，但从近些年全球金融危机的引发和投资者利益受侵害的实例来看，金融衍生品已经异化成为各国金融市场的"风险暴发点"和"财富掠夺者"。究其原因，主要是由于金融衍生品的设计通常较为复杂，而且其"创新"速度越来越快，投资者难以直接对相应产品的实质进行洞察，许多垃圾资产经过精巧包装就成为优质投资标的。此外，市场投机氛围的加重使资本杠杆的使用更加频繁和过度，这无疑更容易使投资者陷入危机。显然，我国存托凭证同样具备上述风险特征，甚至在某些方面更加突出。存托凭证作为一种新的证券衍生投资产品，加之发行人主体带来的市场影响，如高新技术企业、"独角兽"企业、境外上市公司等背景信息渲染，都会在客观上助长投资者的投机心理。所以，我国存托凭证在发行上市之初很可能会出现"奇货可居"的现象，投资者保护的难度也在无形中被加大。

(二)法律关系复杂造成风险认知与识别困难

对比传统证券，存托凭证具有相对复杂的法律关系构造、产品结构以及运作机制。风险意味着不确定性，当证券投资产品的结构和运作机制越复杂，这种不确定性也会越大。由于存托凭证的发行人必须在发行所在地寻求适合的金融机构担任存托人，并由其负责存托凭证的境内签发、管理以及协调等职能。而且存托人同样

---

[1] 窦鹏娟.金融衍生品投资者保护法律制度研究[D].武汉:武汉大学,2014:23-26.

[2] 吴志攀.华尔街金融危机中的法律问题[J].法学,2008(12):29.

需要在发行人上市所在地找寻托管人以实际占有并托管基础证券。对于存托凭证投资人，在购买存托凭证时上述法律关系结构就已经通过存托协议和托管协议予以确定，持有存托凭证原则上等于默认接受了相应的权利义务安排。而且，存托协议作为一种信托合同，原则上已经给当事人留有较大的自治空间，协议当事人在遵循相关法律法规的前提下，可以通过自主约定来使存托凭证法律关系更加复杂，如约定引入第三方来承担监督存托凭证运作的职责。

当然，复杂的产品结构或运作机制并非凭空臆造。在资本市场中，每一种投资产品的设计和推出必然包含大量专业知识、技术工具乃至营销技巧的运用。显然，绝大多数的普通投资者并不完全具备相应的能力去掌握这些知识或技能。甚至可以大胆猜想，目前国内多数普通投资者可能认为购买了境外某公司发行的存托凭证就等同于购买了该公司的股票，这种认识反映了当前市场投资者对于存托凭证存在投资误区或认知不足，其中隐含巨大的投资风险。

(三)存托凭证转换机制引发投机风险放大

存托凭证不能完全脱离基础证券而存在，这也是存托凭证与其他证券的重要区别。从实践操作角度看，只有境外发行人将一定数量基础证券委托给境内存托人，存托人才能根据预先设计的存托凭证和基础证券的兑换比例签发存托凭证。而且，基础证券和存托凭证之间并非一成不变的静态关系，而是动态关联、可相互转换的。

毋容置疑，基于存托凭证和基础证券的密切关联，境外基础证券的价格会对相应存托凭证的价格发现和价格现产生重大影响。存托凭证作为代表境外基础证券权益的证券，其实际价值理论上应当和境外基础证券一致，所以其市场价格的表现也应当一致。但是，存托凭证和基础证券是分别在两个不同证券市场发行和流通，其市场价格趋于一致的结果并非能够自然产生。证券的市场价格是基于其市场供求关系不断调整的结果，而存托凭证的供求关系不仅体现在其发行所在地市场，同时也叠加了基础证券市场。只有破除市场分割带来的各种负面影响或壁垒，使不同市场共同参与资源配置，才能够在相对完整的市场环境中实现交易有序和资源优化。存托凭证正是通过特有的转换机制实现不同市场间资本的流动和供需调整，进而反映到证券价格之上的。

简而言之,这种转换机制是指存托凭证和基础证券可以按照既定比例相互转换。随着市场对资源配置的均衡和调整,存托凭证和基础证券的价格必然会通过市场供需关系的持续变化而趋于一致。然而,受制于不同国家或市场各项制度的不同,并不是所有类型的存托凭证都能够与基础证券实现自由转换,实践中也确实存在不可转换或限制性转换存托凭证的类型。根据《存托凭证发行与交易管理办法(试行)》,我国存托凭证初期并不允许同基础证券进行自由转换,这是考虑到我国外汇管理制度以及资本市场稳定的稳妥做法。但是,不具备转换机制的存托凭证客观上会弱化资本流动性,也缺少了利用境内外市场供求关系不断调整存托凭证和基础证券价格差异的渠道,这必然加重存托凭证的投机氛围。一方面,在我国证券市场总体市盈率偏高的情况下,存托凭证在初期容易成为市场炒作的目标,这会让市场投资者丧失投资理性;另一方面,少数大股东极有可能利用自身便利,利用存托凭证和基础证券的巨大价差在不同市场实施双重套利,这显然会对投资者造成更严重的损害。

(四)跨国属性造成信息传递和获取障碍

从存托凭证的产生和发展历史看,存托凭证自始至终都在客观上具备加强不同国家资本市场之间资本流动和投资交流的功能。在金融全球化背景下,许多国家尝试以更开放的姿态面向世界,但鉴于市场发展阶段以及监管水平的差异,不同市场在开放过程中将面临不同程度的金融风险。因此,作为一种境外公司间接上市以及境内投资者间接实现境外投资的方式,存托凭证依靠发行成本相对较低、程序相对简易等优势在全球资本流动过程中脱颖而出。存托凭证的跨国性在产生以上正面作用的同时也会带来投资者保护的难题,这主要体现在两个方面:市场信息传递和获取的相对困难。

大体来看,由于存托凭证的法律关系相对复杂,主体间的结构层次也较多,导致不同主体之间信息传递的链条相对较长,容易出现信息迟滞的现象。资本市场瞬息万变,任何一个信息的提前或延后知悉都可能会对投资决策和结构产生重大影响。而且,信息传导链条的加长也加大了信息失真的可能,同一信息在不同主体之间的多次传递极易产生个别信息点的遗漏或扭曲,这对于市场信息获取的终端(投资者)相当不利。此外,我国存托凭证最初以境外红筹公司作为试点对象,采用存托凭证的优势之一恰好是相应企业无须拆除复杂的红筹架构即可在内地市场实现上市。众所周知,红筹企业为了规避境外市场限制或出于合理避税等考虑,通常以集团公司形式设计了极为复杂的公司架构,不同公司主体之间的层级关系和资本关联错综复杂,即使是监管部门也难以绝对有效且及时应对相关问题。因此,仅是要求普通投资者能够透过复杂的公司架构来及时获悉公司实际经营管理状况,显然都难以实现。从市场监管角度看,目前全球范围内证券市场的跨境监管合作显然滞后于证券市场开放进程。由于存托凭证的发行人属于境外公司,托管人也属于境外金融机构,所以当涉及证券违法违规行为的监管和处罚时,境内外市场监管和相关法律制度的差异与冲突就会凸显。此外,对于我国存托凭证投资者受到利益侵害后的救济,可能不仅是发行人在境内简单设置证券事务处理机构就能得到顺利解决的,全面且可执行的监管合作机制才是保护两个市场中投资者权益的重要基础。

第三节　存托凭证投资者保护的制度预期及其困境

任何法律制度被制定之后都会存在一定的制度预期或者说是对于法律效果的预期,这反映了立法者期望通过相应法律制度所要实现的法律目标。在证券法律制度领域,投资者保护也是制度的集合,具有综合性和关联性特征,它需要一系列具体制度相互配合来共同实现。

一、存托凭证投资者保护的制度预期

(一)存托凭证投资者适当性制度

在强化存托凭证投资者的风险识别和承担能力方面,投资者适当性制度是最基本且必要的保护性机制。适当性制度是投资者权益保护的基石,具体是指中介机构应向适当的客户提供匹配的金融产品或服务。❶当代社会的金融活动是一种整体性经济活动,它不是由一个或几个主体能够独立完成的,金融机构不仅是整个社会的货币流通中,也是整个社会的货币融通中心,它们的每项业务都与整个社会

---

❶ 徐阳,尹苑生,张艳峰.法律视角下投资者适当性研究——国外经验及借鉴[J].金融理论与实践,2018(2):68.

具有直接或间接的联系。❶因此,保护投资者利益就和作为存托人和市场中介的金融机构自身利益的维护找到了一定的共同点。投资者的利益不再是纯粹的个人利益,对投资者的整体保护关系到整个市场的繁荣和健康程度。

通过投资者适当性制度的有效实施,以强化投资者的风险识别和承担能力为目标,产生的预期效果主要有两点:其一是弥补投资者对证券投资产品的信息获取劣势,尽可能减轻信息不对称带来的负面影响,其二是促使投资者尽可能做出理性的投资决策,使投资行为和风险负担能力相匹配,最大化保障投资者的利益,实现真正意义上的风险"买者自负"。具体来说,作为存托人和市场中介的金融机构相较于投资者通常是处于信息优势一方。通过严格履行投资者适当性制度,金融机构向投资者真实、准确且完整地阐明关于存托凭证投资的一切信息。当然,在投资者适当的语境下,这些信息均是围绕存托凭证产品本身,例如存托凭证和股票及其他传统证券的区别、风险和收益状况等。虽然具备充分信息作为投资决策的参考依据,但是投资决策和行为的做出仍是主观思维能力运用的结果,客观的外界信息只是主观思维分析和判断的素材。简而言之,不同主观能力的投资者面对同样的市场信息仍可能做出完全不同的投资决策。投资者的理性决策也应当是法律制度追求的目标,因此,对投资者理性瑕疵的矫正就成为必要。❷当然,矫正一个重要基础就是对广泛的市场投资者进行科学合理的评估、筛选以及分类,这就是对应相关证券产品的合格投资者。进行合格投资者的筛选,充分考量投资者的知识结构、社会背景、投资经验、经济能力等信息指标,对不同水平的投资者进行分类,将有着理性瑕疵的投资者"拒之门外",从而最终留下具备相应证券风险识别能力和风险负担能力的投资者。因此,投资者适当性制度就是从市场整体风险防范、投资者个人风险控制以及金融机构行为规制三个方面共同到达保护投资者和维护市场秩序的目标。

(二)存托凭证的信息披露制度

信息披露属于证券法律制度的核心内容,也是保障投资者合法权益以及实现市场有效监管的基础路径。通过有效的信息披露制度将判断企业经营能力的资料

---

❶ 刘少军.金融法学[M].北京:中国政法大学出版社,2016:23.

❷ 李东方,冯睿.投资者适当性管理制度的经济和法律分析[J].财经法学,2018(4):26.

向一般社会公众公开,是投资人能够做出正确合理的投资决策,从而达到保护市场投资者的目标。❶

目前,信息披露伴随着证券法律制度的完善也在不断发展,这在我国证券立法实践中已有明显体现。❷美国证券法律制度中的信息披露义务已经从以发行人为主扩展至任何在市场上具有信息优势地位的主体,信息披露的对象也不再局限于和证券投资决策相关的领域。❸信息披露的直接效果是降低证券市场上的信息不对称,强化一般市场投资者对市场和产品风险的判断能力。通过信息披露制度的良好运行使市场透明度大大提升,市场中广泛的信息需求者在全面知悉相关投资信息和知情权获得充分保障基础之上能够最大限度进行理性投资,从而降低投资风险并形成良好的市场秩序。此外,信息披露也可以逆向对市场主体的行为进行矫正或调整。典型表现就是通过信息披露来对公司治理结构或机制产生影响,例如企业会主动强化内部风险控制机制,设立风险评估或控制委员会,从而在向社会公众进行相关信息披露时能够充分展示公司治理的优良和企业运行的健康。

无可否认,在存托凭证的发行和交易过程中,信息披露制度同样至关重要。在发行环节,发行人严格履行信息披露义务来向监管者和市场全方位展示公司经营管理状况,市场投资者据此作出相应存托凭证投资价值和风险大小的理性判断。在存托凭证的销售环节,市场中介机构和存托人也将向合格投资者全面阐释存托凭证的产品特性,使其真正认识到存托凭证和股票投资的差异所在,而且通过接收风险揭示和合理的投资建议信息能够在更专业的角度做出理性投资决策。在存托凭证持有阶段,发行人和存托人、托管人都将及时向存托凭证持有人披露有关基础证券和发行人经营管理相关的重要信息,这些对基础证券、存托凭证、发行人经营管理以及其他对投资者作出投资决策有影响的信息内容都是通过外界披露和传递使其获悉,这些信息内容的及时获取充分体现了存托凭证持有人的知情权,使其在瞬息万变的市场环境中尽可能做出理性的投资决策。

(三)存托凭证投资者的公司治理参与和退出制度

存托凭证是承载相应基础证券一系列权利的权益证券,基础证券是公司股票

---

❶ 陈春山.证券交易法论[M].台北:五南图书出版公司,1998:48.

❷ 2020年3月1日起施行的新《证券法》设专章规定信息披露制度,系统完善了信息披露制度。

❸ 原凯.美国证券交易中介行为规制研究与借鉴[M].北京:中国商务出版社,2012:69.

时,投资者购买存托凭证实质上就是对存托凭证发行人公司进行投资。所以,存托凭证持有人维护自身利益最重要的途径就在于能够充分行使或实现存托凭证所承载的各项权利,其中最重要的包含经济性权利和参与性权利。当然,存托凭证承载的经济性权利即对应公司股票的股息分红是存托凭证持有人应当取得的一项重要收益。但是,相较于存托凭证在市场交易过程中的溢价收益,股息分红很可能就会显得微不足道。因此,影响存托凭证市场价格的因素都将是存托凭证投资者关注的重点,其中存托凭证发行人公司经营管理的状况就直接决定了存托凭证的内在价值和市场价格表现。存托凭证持有人享有存托凭证所承载的相应基础证券的参与性权利,这种参与性权利主要体现在公司股东对公司经营管理活动的监督或介入。存托凭证持有人对公司治理活动的积极参与,不仅能够直接表达自己的利益诉求,而且能够对公司管理层形成有效的约束力量,避免产生侵害公司利益或投资者利益的行为,这对于保护存托凭证持有人的利益大有助益。

存托凭证持有人除了可以积极参与公司治理,即"用手投票"来维护自身权益,另一种重要的方式则是"用脚投票",也就是具有退出存托凭证投资的权利。存托凭证投资者退出一般意味着存托凭证持有人卖出所持有的存托凭证,这是存托凭证持有人获取存托凭证价格增值所带来的收益的根本途径。存托凭证持有人可以根据存托凭证市场价格的变化,随时决定是否卖出所持有的存托凭证。对此,可能不仅是为了获取溢价收益,也可能单纯是为了规避风险,即提前卖出存托凭证以避免因市场价格下跌而遭受损失。此外,存托凭证投资者退出能够获得有效保障,也意味着当存托凭证出现特殊交易和上市状况时也能够有效维护自身权益,如存托凭证终止上市。借助完善的存托凭证退出制度,存托凭证持有人即使在遇到存托凭证终止上市,甚至是相关基础证券终止上市的情况下,也能够以公平合理的方式顺利退出。

(四)存托凭证的跨境监管与投资者救济制度

证券监管,是指证券监管机构对证券市场上的参与主体及证券的发行、交易等活动,依照法律规定进行监督和管理,保障证券市场合法有序运行。[1]当前经济全球化进程不断加深,各国的经济开放已逐步扩展到资本市场。当然,资本市场对外

---

[1] 王春阁.内地公司香港上市及两地监管合作研究[M].北京:北京大学出版社,2005:7.

开放始终都会伴随着经济或金融风险的可能,保护本国市场经济稳定和防范系统性金融风险也就成为重要目标。要在证券市场实现上述目标,就必须重视跨境证券监管,打击跨境证券违法犯罪活动,这也成为各国证券监管机构共同关注的问题。

相对于平等市场主体之间的协商和沟通,跨境证券监管合作能够在更高层次给跨境证券活动提供解决问题的有效路径。此外,有效的证券监管合作,有利于在国际上树立积极正面的市场形象,间接为本国证券交易活动提供更广阔的的市场平台,提升国际影响力和竞争力。而且,市场国际化带来的竞争压力也会反向促使本国证券法治的完善和市场发展。例如,尽可能减少信息不对称和不完全的现象,为本国投资者提供更及时全面的境外市场信息,克服因为跨境因素导致信息获取的障碍。不仅如此,通过有效的跨境证券监管合作,合作方之间的证券法律制度差异在一定程度上将会逐渐缩小。例如,证券法律制度相对不完善的一方会向对方不断学习借鉴乃至趋同,在监管合作过程中互相借鉴、共同进步,客观上有利于对市场投资者提供更有力的制度性保护。

当然,形成有效的市场监管并不是最终目的,其目的在于减少市场中的违法违规行为,维护良好的市场秩序并保护市场投资者合法权益。当然,这并不能从根本上完全消除或杜绝侵害投资者合法权益或扰乱市场的现象产生,所以当存托凭证投资者仍然在存托凭证的发行和交易过程中遭受利益侵害,法律制度应当为其提供有效的救济渠道,这是投资者获得应有保护的最后一道防线。而且,切实可行的救济机制也包含了对实施了违法违规行为的市场主体的否定性评价和惩罚性措施,可以对存托凭证发行和交易参与各方的市场主体产生法律约束效应和震慑效果。

二、存托凭证投资者保护的现实困境

总体来看,目前我国存托凭证法律制度尚不完善,与存托凭证投资者保护密切相关的一系列规范也不同程度存在疏漏,这就给存托凭证投资者保护造成了诸多现实困境。而且,随着实践的发展和变化,一项法律制度很可能会在实施过程中出现不同于预期的效果,例如法律漏洞逐渐显现,甚至法律效果出现异化,这也产生了需要及时对相应法律规范进行修正或完善的必要。

(一)存托凭证投资者适当性制度的缺失

投资者适当性制度最早是作为监管规则或自律规范出现的，其出发点是保护投资者的合法权益，规范证券从业机构的产品推荐及服务行为。❶每每论及投资者适当性制度，合格投资者和投资者适当性之间的关系都是不可避免的论题。在实践中，我国现行投资者适当性制度的诸多规则确实以合格投资者为主，或者围绕合格投资者展开。合格投资者的规定一般规定在投资者适当性制度的法律文件中，表面上属于投资者适当性制度。

目前，尚无专门针对存托凭证的投资者适当性规范。如前所述，存托凭证的基础证券是境外公司股票，对于投资者个体来说，购买存托凭证和购买相应股票投资境外企业并无不同，那么对于存托凭证是否需要如证券期货买卖一样设置细致的合格投资者规则就值得探讨。此外，投资者适当性的义务主体是传统的证券公司，但是在存托凭的运作过程中，介于存托凭证投资者和券商中介之间的是存托人。其中，困惑在于存托人是否应当承担投资者适当性的义务，如果出于加强投资者保护的目的给出的是肯定答案，然而目前并未给予存托人以清晰的规则指引。换言之，根据合格投资者制度的内涵考察似乎更像是针对特定市场主体的行为规制。在存托凭证法律关系中，其可适用主体应当是哪些，对合格投资者主体资格的审查是否应当有存托人参与，诸如此类的具体问题尚不明确。最后，根据当前的市场实践来看，投资者适当性制度并没有得到良好的运行。这可能是源于义务主体和市场投资者之间的利益冲突，制定完善且执行严格的投资者适当性制度必然会致使相应证券产品投资者数量的精简，这直接影响了相关金融机构的利益。而且，在违反投资者适当性时，相关责任人的责任追究和投资者救济的机制似乎也没有得到很好体现——通常是采用证券欺诈行为的惩处体现责任追究，但这对于投资者利益的保护显然远远不够。

(二)信息披露制度存在缺漏与不足

信息披露是维护证券市场秩序和保护市场投资者的重要制度，但在当前的市场环境中，信息披露制度并没有达到预期的最佳效果。如前所述，存托凭证法律关系具有复杂性，多方市场主体共同参与存托凭证的运作，存托凭证信息披露的义务

---

❶ 曾洋.投资者适当性制度:解读、比较与评析[J].南京大学学报(哲学人文科学社会科学),2012(2):80.

主体理论上应当加以扩展。但在此基础之上,由于存托凭证发行人的境外法人主体特性,给信息的传递造成了效率性和真实性风险。越长的信息传导链条就越容易使信息披露发生迟滞或失真,这是存托凭证投资者保护必须面对和解决问题。从规范层面看,虽然《存托凭证发行与交易管理办法(试行)》第四章规定了信息披露制度,大体上要求存托凭证发行、交易和运作环节需要遵守的信息披露规则。但是,针对存托凭证的一些独有特点和我国境内投资者保护的特殊需求,相关规定显然还不够细致或明确,这给保护存托凭证投资者埋下了隐患。根据目前出台的相关规定,我国对于境内存托凭证投资者保护的基本态度是就高不就低,即对境内存托凭证投资者权益的保护总体上不低于我国法律法规以及证监会的规定要求。但是,对于存托凭证的信息披露,当大量信息披露规则准用股票相关规定,虽然在一定程度上有利于提高信息披露和证券监管的效率,但是也可能在相当程度上忽视存托凭证独特的信息披露需求。例如,披露内容的特殊性以及披露方式、披露时间等方面也要充分考虑境内外市场的差异性。

此外,存托凭证的发行通常涉及境内外双重上市,境内外市场在信息披露方面的差异化规定不可避免。因此,对相关差异进行说明就成为存托凭证发行人必须附加履行的一项义务。显然,这对投资者提出了更高的"能力"要求,需要投资者能够对相对陌生市场的差异化信息进行有效分析和判断,尽可能做出理性的投资决策。在这一过程中,投资者真正需要的信息是什么,哪些信息对于投资者保护真正具有价值,如何避免通过设置一揽子的"高标准"将全部市场信息都抛给投资者,境内外市场披露的相关信息对于投资者有无接收差别,是应当认真思考的问题。

(三)公司治理参与和投资退出渠道不畅

如前所述,存托凭证投资者参与发行人公司治理原则上是其一项重要的基本权利,这无论对于公司治理的优化提升,还是存托凭证投资者自身权益的维护都具有积极影响。当然,我们可以合理推测大多数投资者购买存托凭证的目的并不是希望亲自参与发行人公司的治理活动,这甚至可能是一种短期的投机行为。但是,存托凭证投资者是否愿意参与公司治理和是否具备参与公司治理的有效路径以及制度保障,这两者并不是非此即彼的关系。即使只有少部分存托凭证的投资者愿意参与发行人公司的治理活动,相关法律制度也应当维护其基本权利的行使,为其提供可行且合理的公司治理参与渠道。然而,按照当前的制度规定,存托凭证投资者参与公司治理的方式并不明确。换言之,虽然存托凭证投资者享有依据存托凭证所载的参与性权利,但是如何行使以及如何解决权利行使过程中遇到的困难,这是当前规范存在的不足。因此,如果只是表明享有某项权利,却不知应当如何行使或行使过程中遇到障碍却无法克服,那么这项权利就将形同虚设,无法落到实处,更枉谈达到保护权利主体的目标。

与之对应,存托凭证投资者的退出制度也面临着类似窘境。一方面,目前推行的中国存托凭证并不具备转换机制,一定程度上已经限缩了我国存托凭证投资者退出的渠道。当然,这只是一种过渡性的策略选择。存托凭证与基础证券的自由转换是促进跨国资本流动并维持存托凭证与基础证券价格均衡的重要机制,对于稳定存托凭证市场和维护存托凭证发行地投资者的利益具有重要作用。因此,我国存托凭证发展的方向仍然是具备完整的可转换功能。另一方面,应当关注在特殊情况之下投资者退出的权益保障问题,例如当存托凭证遭遇流通障碍,投资者如何妥善退出、基本权利如何获得保障。证券的发行和交易都需要相应证券具备市场流通性,存托凭证的投资者无论采用何种方式退出,其都需要依赖于存托凭证的可流通性,尤其是借助存托凭证上市这种极为强化和提升存托凭证流通性的方式,这也是存托凭证投资者选择这一标的进行投资的原因之一。因此,当存托凭证出现流通障碍,特别是无法在公开市场上进行交易时,存托凭证投资者的利益必然受损,此时合理的规则和适当的救济非常重要,现有制度规范仍存在盲区。

(四)跨境监管和投资者救济制度不完善

对于我国长期以来相对封闭的资本市场环境而言,允许境外公司在我国境内证券市场上市融资,可谓机会与挑战并存,特别是对证券市场监管提出了诸多新的挑战。例如,面对跨境融资活动,监管理念和监管强度如何确定,以金融安全、国家利益以及境内投资者保护名义进行严格监管,必定会在一定程度上降低我国证券市场对境外公司的吸引力,不仅使境内投资者丧失投资组合多样化的机会,也使融资地承担和收益不相匹配的高昂成本。在当前世界范围内愈发激烈的资本市场竞争中,各国资本市场都在不同层面进行革新,其中一个重要目的就是吸引世界范围内的优质公司及其投资者进驻本国市场。但是,如果放松监管也将无形中放大风险,面对世界范围的风险冲击是否有足够能力予以应对,这是必须考虑的因素。可见,单纯在理念层面强调"平衡"并不能有效应对现实的跨境监管挑战,如何落实于规则才是当前亟待解决的问题。但是,在资本市场刚刚起步的国家境内,证券市场的国家化更被赋予保障国家地位崛起的功能。❶由于证券市场的国际融合是在各主权国家并立的背景下展开的,而各主要资本市场均对证券发行和交易施加了相应的法律义务,跨国证券融资面临严重的法律冲突问题。对此,存托凭证在当前我国各类证券中所面临的跨境融资法律问题显然更为突出。当然,对于证券融资方面的法律冲突,当事人可以约定适用的法律❷,但这种约定也不能排除利益相关国家法律法规的适用❸。此时,证券监管的跨境合作与协调就更显重要,这也关系到存托凭证投资者如何寻求有效的司法救济,不同市场之间的法律制度差异对此具有直接影响,使存托凭证投资者的救济路径和跨境监管产生了密切联系。然而,不仅目前存托凭证的跨境监管并没有形成有效的合作机制,而且我国存托凭证投资者的法律救济制度也并不完善,如果只是准用国内法的证券投资者诉讼救济制度,显然无法满足存托凭证投资者救济的实际需求。

❶ 吴爱雯.上海,未来的国际金融中心[J].国际市场,2009(6):8.

❷ 当事人的约定或基于合同关系或基于侵权关系,如有的法律体系(如比利时和法国)将发行人对投资者错误披露视为违约行为,有的法律体系(如英国)将发行人对投资者的错误披露视为侵权行为。理论上,不管其法律性质如何,当事人均可约定适用的法律。Oditah F. The Future for the Global Securities Market:Legal and Regulatory Aspects[M]. Oxford:Clarendon Press,1996:378.

❸ 彭岳.跨境证券融资的法律规制——以境外公司在境内上市的监管为视角[M].北京:法律出版社,2011:152-153.

第二章　存托凭证投资者适当性制度

第一节　存托凭证投资者适当性的制度基础

投资者适当性制度已经是当前世界范围内普遍存在和确立的一项旨在保护证券市场投资者的重要制度。例如,美国证券经纪商协会和纽约证券交易所均在其自律性规范中对投资者适当制度做出规定,美国证券法律和证券诉讼也对投资者适当性制度进行确认。此外,欧盟在其《欧盟金融工具市场指令》中对投资者适当性制度进行了规定,日本则是在其《金融商品贩卖法》和《金融商品交易法》中规定该项制度。在国际金融和证券监管方面,巴塞尔银行监管委员会、国际证券监管组织和国际保险监管组织联合发布《金融产品和服务零售领域的客户适当性》。因此,有必要根据存托凭证的特质,设计存托凭证投资者适当性制度,满足存托凭证投资者保护的基本要求。

一、投资者适当性制度的理论根基

（一）投资者适当性制度的内涵与性质

1. 投资者适当性制度的内涵

投资者适当性制度目前并没有统一的概念,甚至在制度称谓的表述上也形色各异,如有投资者适当性原则、投资者适当性规则、投资者适当性管理、适当性义务等。当然,出现不同称谓的原因一方面在于对投资者适当性制度进行比较法研究时的翻译差别,另一方面则是具体研究语境或研究角度的差别。例如,当侧重于从金融监管角度对投资者适当性进行研究,并突出在投资者适当性制度中投资者和经营机构之间的管理关系时,有学者将其表述为投资者适当性管理制度。因此,单纯从制度称谓的表述上很难直接对投资者适当性制度进行较为全面的界定。

投资者适当性制度是在美国证券市场中产生和出现,其最初仅仅是一种自律性规范[1]，但通过长久的证券市场监管实践和司法判例确认，投资者适当性制度逐步成为一项保护市场投资者和维护证券市场秩序的重要制度。在美国，学者和业界对投资者适当性制度的理解也各不相同，但从不同的概念表述中能看到许多共同点，这有助于从不同侧面认识投资者适当性制度，把握其共性特点和个性差别。例如，有学者认为投资者适当性制度是"证券经纪商应向投资者推荐基于合理根据而适当相应投资者的证券"。与之类似，有学者认为投资者适当性制度是"向市场投资者推荐特定适合的证券的一种义务"。所以，无论是否强调对"义务"属性的表达，对于市场投资者而言的"适合"或者说适当性就成为投资者适当性制度的重点之一。换言之，什么是适当的推荐以及对于投资者的适合标准如何界定，都属于投资者适当性制度内涵的应有之义。对此，《金融产品和服务零售领域的客户适当性》中列举了几项判断投资者适当性的要素，包括投资者的财务状况、投资目标、风险承受水平以及相关知识与经验。而在国内相关研究中，也有根据国际证监会组织发布的《关于复杂金融产品销售的适当性要求》（最终报告），对投资者适当性制度进行综合性界定，即金融中介机构所提供的的金融产品或服务与客户的财务状况、投资目标、知识和经验以及风险承受能力直接的契合程度。也有学者认为，投资者适当管理制度是在充分考虑投资者和金融产品契合度基础上，引导其进行理性投资。[2]

可见，投资者适当性制度内涵其实也相当丰富，单从某一个方面进行界定都可能导致以偏概全。总体来看，投资者适当性制度并不仅仅涵盖或涉及确定投资者"适合"的具体标准。因此，显然不能简单地只从规制证券经营机构的推荐证券行为来理解投资者适当性制度，也不能只是对投资者的"适合"标准进行简单概括，它应当是一项以保护市场投资者为目标，以投资者主体资格和相关机构主体义务为主要内容的综合性保障制度。因此，可以从三个主要方面来理解投资者适当性制度的概念：其一，相关证券经营机构在向市场投资者提供特定证券服务时，应当对特定证券具有充分和全面的认识，使其自身能够对相应证券的风险和收益做出客观判断和评价，从而无论是向投资者推荐相应证券抑或是提供其他证券服务，都能够保持客观和理性的角度帮助投资者规避风险，这是投资者适当性制度的重要内

---

[1] 投资者适当性原则源于美国，首次规定于美国全国证券交易商协会的自律规范中。

[2] 刘学华. 我国投资者适当性管理制度构建浅析[J]. 中国证券期货，2011(9)：188.

容之一,即"了解证券"。其二,不同的市场投资者存在着显著的差异化表现,其中包括主观差异和客观差异。主观差异,诸如投资者个人的投资目标、投资偏好等;客观差异,诸如投资者的财务状况、知识结构和投资经验等。正是多种主观和客观因素的综合影响,使不同投资者在面对同一证券时会呈现出不同的保护需求。例如,投资经验丰富或对证券专业知识掌握得更全面的投资者在证券投资方面必然具有相对更高的风险识别和规避能力,在这种情况下如果仍然对证券经营机构设定严苛的投资者适当性义务,显然并不恰当。所以,这就要求对市场投资者进行全面的了解和掌握,也被称为"了解客户",此外,该问题也涉及投资者适当性制度的传统争论,即机构投资者和一般投资者的差异化保护。其三,投资者适当性制度不仅是具体证券特性和投资者个体情况之间的对照匹配,还包括针对投资者证券交易适当性的要求,这主要是为了防范或制止投资者过度不合理的投资行为如整体超过自身风险负担能力的频繁交易,对此也可以称为"交易适当"。一般而言,对投资者具体投资行为的适当性要求需要建立在证券经纪商对投资者相应账户的控制之上,当然这种控制并不一定是基于投资者的全权委托,可能其他能够达到一定控制程度的因素也会符合这种情况。而且,对于适当交易的判断也是投资者适当性制度的重要内容。

2.投资者适当性制度的性质争议

如前所言,投资者适当性制度的内涵较为丰富,涉及多方市场主体,主要包括投资者、证券经营机构和证券监管机构。简单来看,投资者适当性制度的运作过程表现于证券监管机构设定投资者适当性制度的具体规范并监督相关主体的践行情况,证券经营机构被赋予投资者适当性义务并按规定履行该项义务,投资者则是自觉遵守投资者适当性制度设定的合格投资者规则,从而保障和维护自身合法权益。因此,投资者、证券经营机构和证券监管机构共同组成了投资者适当性制度运行的主体基础,并且形成一个不同阶段和层次但又围绕投资者适当的共同目标而运行的法律制度。但也正是由于不同主体之间法律关系的互动,关于制度性质产生了争议,并直接影响投资者适当性制度构建的基础。大体来看,对于投资者适当性制度性质的争议主要围绕公法属性和私法属性展开,而不同法律性质主要对应了投资者适当性制度中不同主体之间的法律关系。正如有学者从"法域"的视角对投资者适当性制度的机构进行了划分,其认为"投资者适当性管理制度也呈现二元结构:(1)调整监管者与经营机构之间的监管关系;(2)调整经营机构与投资者之间的金融交易关系"❶。本书认为,如果以类似的结构划分角度分析投资者适当性制度,应当在前述基础之上增加一项以示全面,即证券监管机构和证券经营机构之间的监管关系、证券监管机构和投资者之间的管理关系、证券经营机构和投资者之间的证券交易关系。

其一,证券监管机构和证券经营机构之间的监管关系显然属于非平等主体之间的社会关系,对于证券监管机构无论是证监会这种行政监管机构,抑或是证券交易所这种自律性管理组织,调整它们之间的法律规范具有典型的公法属性。假若证券经营机构未能有效履行投资者适当性义务,就将可能会承担相应的法律责任,如遭受行政处罚。这种公法性的法律关系调整在投资者适当性中具体表现在证券监管机构赋予证券经营机构相应义务,这种法定义务的负担是证券监管机构行使公权力的结果。此外,证券监管机构也会对证券经营机构是否全面有效履行了投资者适当性义务进行日常监督,这直接引出对投资者和证券经营机构关于相关义务履行纠纷的调查和处理,这也是行政权力在维护市场秩序和维护投资者合法权益方面的重要体现。其二,证券监管机构和投资者之间体现出市场管理关系,这同样属于非平等主体之间的社会关系,所以当证券监管机构设定投资者分类标准并划定合格投资者时,就已充分体现了公权对私权的介入和调整,这也是证券经营机构履行投资者适当性义务的重要基础。其三,证券经营机构和投资者之间的证券交易关系,由于证券经营机构履行一种法定义务,其义务履行带有一定的强制性色彩,所以证券经营机构和投资者在投资者适当性层面产生的证券交易关系通常也会被认为是一种公法关系。但是,诚如王保树指出,"公法规范均具有强制性,但它的根本特征不在于强制性,而在于调整的社会关系至少有一方参加者是公权力者或被授予公权力者参加"。在私法中也存在任意性规范和强制性规范的分类,标准在于"行为人能否以其意志排除适用"❷。对此,王保树的观点更为合理:"既非任意性规范,也非上述的监管性公法规范,而是私法中的强制性规范"。❸

---

❶ 李东方,冯睿.投资者适当性管理制度的经济和法律分析[J].财经法学,2018(4):33.

❷ 朱庆育.民法总论[M].北京:北京大学出版社,2016:46.

❸ 王保树.金融法二元规范结构的协调与发展趋势——完善金融法体系的一个观点[J].广东社会科学,2009(1):179.

但是,也有学者针对证券经营机构和投资者之间的法律关系属性明确表达了否定看法,观点是"其本质上是代表社会公共利益的公权力介入投资者与经营机构之金融交易这一私法领域而形成的具有普遍约束力的行为规则"。进而认为"投资者适当性制度本质上具备经济法的属性,属于经济法中的市场规制法范畴"。对此,可能略有偏颇。假若从投资者适当性制度划分不同主体间结构层次的角度来看,投资者和证券经营机构属于私法调整的交易关系,证券监管机构和证券经营机构以及投资者之间的监督管理则是典型的公法性。但是,一项法律制度的性质也需要从整体上宏观考察。投资者适当性制度属于商法范畴之下的证券法律制度内容,不能简单以其带有一定的公法色彩就割裂或否定其本质属性。商法具有复合性的特征,这也被称为商法的兼容性,其主要表现就在于作为私法的商法兼具某些公法性质。这一特征的历史根源在于自由资本主义向垄断资本主义过渡,为了遏制极端个人主义、利己主义思潮给社会带来的危害,消除生产和竞争的无政府状态,为了通过分配公平合理调整社会各阶层的利益关系,国家不仅加强对经济关系的直接干预,也加强对私权的干预,商法就被输入了一些行政法、社会法等与经济活动有关的强制性规范,当事人的自由意志也受到限制,所以商法也同时呈现出显著的公法特征。❶基于此,作为证券法重要内容的投资者适当性制度具有复合性特征并无不妥,恰与商事法律制度的特征相契合。

证券法是关于证券募集、发行、交易、服务以及对证券市场进行监督管理的法律规范的总和,以上活动所产生的各种社会经济关系可以统称为证券关系,证券关系经法律调整就上升为证券法律关系❷,而证券关系具有明显的复杂性和多样性特征。大体来看,对证券市场实施法律控制,目标在于发挥证券市场的积极功能,保护证券市场投资者和维护证券市场秩序。正是由于证券市场结构复杂、主体广泛、专业性强以及经济利益驱动等特性,所以存在着引发投机欺诈、扰乱金融秩序、加剧经济波动等风险。因此,证券法调整的证券关系是相当复杂的社会经济关系,为了实现法律调整和规制的目标,既包括平等主体之间的经济关系,也包括不平等主体之间的行政管理和监督关系,甚至还包括刑事司法机关运用强制力对证券犯罪

❶ 赵万一.商法[M].北京:中国人民大学出版社,2012:3-4.

❷ 范健.商法[M].北京:北京大学出版社,2011:374.

进行处罚的刑事制裁关系。❶因此,投资者适当性作为证券法律制度中的一项制度内容,其中包含的证券监管机构和证券经营者的监管关系、证券监管机构和投资者的市场管理关系,它们具有公法性实属正常,证券法律关系的复杂性决定了法律调整方法的多样性,这是证券法实现法律调整目标及其价值的必然要求。从整体上考察,投资者适当性在证券法律制度框架内仍然属于私法范畴,准确说是渗透着公法因素的私法规范。

(二)投资者适当性制度与合格投资者制度

长久以来,关于投资者适当性制度与合格投资者制度的关系讨论从未停息。大体上来看,"我国现行投资者适当性制度的诸多规则确实以合格投资者制度为主,或者围绕合格投资者制度展开"❷。的确,合格投资者通常规定在投资者适当性制度的法律文件之中,表面上属于投资者适当性制度的一种。❸但是,无论是从语义表达或是具体内涵,投资者适当性与合格投资者不应当被完全等同,它们是具有密切联系但又内涵迥异的两项制度。投资者适当性制度与合格投资者制度都是以保护市场投资者为目标,尽可能降低投资风险、保障投资者合法权益并维持证券市场的整体稳定,而且均表达出让适当的投资者购买到合适的证券投资产品的意涵。

但是,合格投资者制度是一种对市场投资者依据一定要素标准进行科学分类,以及基于分类来设定相应证券投资领域的主体资格或准入门槛的制度;而投资者适当性制度更偏向于证券经营机构基于对特定证券和投资者的全面了解,履行审慎推荐、谨慎服务或警示等义务。上述概念直观反映了二者的区别,但也隐约透射出二者确实存在着千丝万缕的联系:首先,当证券监管机构针对特定证券设置了投资准入门槛,投资者只有先符合相应的条件成为相应证券的"合格"投资者才能进入市场,如果投资者不符合投资准入的条件,也就谈不上在面对证券经营机构时投资者适当性义务的适用。其次,投资者适当性制度中的一项重要内容就是需要"了解客户",即了解投资者。但是,出于效率和可操作的考量,对投资者相关情况的了解和掌握最终也要落脚于对投资者进行科学分类,而这种分类是证券经营机构根据相关信息所做的细化分类,通常需要建立在证券监管机构对全体市场投资者进

---

❶ 范健. 商法[M]. 北京:北京大学出版社,2011:381.

❷ 张付标. 证券投资者适当性制度研究[M]. 上海:上海三联书店,2015:21.

❸ 李东方,冯睿. 投资者适当性管理制度的经济和法律分析[J]. 财经法学,2018(4):39.

行一般分类的基础之上。在针对特定证券适用投资者适当性时,需要从不同类别投资者中筛选出"合格"投资者,只有首先确定了投资者的类型,才能选择适合他们的证券投资产品以及判断他们的投资者行为是否"适当",以此作为确定义务履行内容和程度的基础。在这一意义之上,合格投资者是投资者适当性制度的重要组成部分,甚至说是投资者适当性制度的适用基础。

实践中,投资者适当性制度和合格投资者制度也确实经常出现在同一法律文件之中。《证券期货投资者适当性管理办法》是规定我国证券投资者适当性制度的主要文件,其中不仅以证券经营机构和投资者为中心规定了经营机构应当履行投资者适当义务的具体内容,符合且对应投资者适当性制度的三层逻辑结构,而且同时也涉及合格投资者制度的有关内容。《证券期货投资者适当性管理办法》第7条至第12条规定了专业投资者和普通投资者的划分方法以及相互转换的条件,虽然这种投资者类型划分较为粗略,而且是立足于证券市场整体状况进行的一般分类,但这已经充分体现了合格投资者制度的内容。此外,《证券期货投资者适当性管理办法》第9条和第10条明确展示了投资者适当性制度与合格投资者制度之间的联系。具体来看,经营机构可以根据专业投资者的业务资格、投资实力、投资经历等因素,对专业投资者进行细化分类和管理。此外,经营机构应当按照有效维护投资者合法权益的要求,综合考虑收入来源、资产状况、债务、投资知识和经验、风险偏好、诚信状况等因素,确定普通投资者的风险承受能力,对其进行细化分类和管理。而证券经营机构的细化分类和管理,正是基于合格投资者的一般分类,而且是实现"了解客户"的前提条件,也是准确履行投资者适当性义务的前提。因此,除非是对合格投资者制度或投资者适当性制度分别进行针对性研究,在多数情况之下,完全可以将合格投资者融入于投资者适当性制度一并进行讨论。

二、存托凭证对投资者适当性制度的需求基础

在保护市场投资者方面,投资者适当性具有独特的制度功能。针对存托凭证,投资者适当性制度根据存托凭证特质进行"定制化"的规则设计,以满足存托凭证投资者保护的基本要求,这不仅是制度设计的应然,实则也有着坚实的需求基础。

(一)制度需求基础的一般理论

证券交易和服务既是典型的商事活动,同样也属于市场经济活动的范畴。因此,无论是从商事活动的基本属性,还是市场经济的客观要求,交易自由都是市场经济主体的一项原则性权利。如果从契约角度考察,市场主体之间进行某种交易时,可以将其看成是基于某种交易性的契约关系实施。因此,交易自由在契约领域的体现就是根据市场主体自由意志所延伸出的契约自由。简单来说,这种契约自由意味着市场主体有充分的权利自主选择是否交易及其交易对象,并能够对交易对价进行自主协商和约定,这种"天然"的权利不受任何限制或约束。但显然,投资者适当性制度就是对证券经营机构和市场投资者参与证券交易和展开证券服务的自由进行了干涉,而且这种干涉具有强制性。不仅如此,这种强制性的干涉或限制还附带有责任机制,当相应主体未能履行投资者适当性制度赋予的特定义务时,就可能遭受行政甚至刑事制裁,而投资者未能遵守主体资格管理的制度规定也可能会面临各种处罚措施。因此,有学者对投资者适当性制度的正当性产生质疑,对投资者的投资主体资格进行限制和向证券经营机构施加适当性义务是否违背了契约自由精神,是否对是政府权力对市场交易活动的过度介入。此外,也有学者认为投资者适当性这样一种制度安排"剥夺了部分投资者的投资机会",因而对于这部分投资者而言足"不公平的"。❶

在相当漫长的历史岁月中,契约自由原则一直是民商法领域中非常重要的法律精神和原则指引,契约自由充分尊重和崇尚当事人之间依据自由意志而订立的契约,这种自由缔约的权利不可为他人所侵犯。根据法国经济学家阿尔芒·多萨波利的观点,契约精神的内涵其实非常丰富,其中包括了诸如平等、公平、自由等价值。但在多元价值的集合中,自由才是契约的核心价值,甚至被认为是契约的生命力所在。但是,充分的契约自由在现实生活中并没有带来完全正面的结果。虽然当事人之间的自由意志被充分体现,但随之而来的就是借助自由之名所产生的各

---

❶ 曾洋.投资者适当性制度:解读、比较与评析[J].南京大学学报(哲学人文科学社会科学),2012(2):84-85.

种不公和压迫,这也是市场失灵的重要体现。❶著名经济学家萨缪尔森也曾指出市场失灵是"价格体系中存在的不完美,它阻碍了资源的有效配置",这对社会公共利益的满足造成负面影响。❷

此后,特别是伴随着自由资本主义向垄断资本主义的过渡,市场主体之间的经济实力以及能力差异进一步扩大,而且在极端个人主义和利己主义思潮的影响之下,契约自由成为了资本实力者对处于弱势地位的市场主体进行欺诈和压迫的绝佳理由,这不仅显然违背了契约自由精神的初衷,而且对社会公共利益和经济稳定带来非常严重的危害。对于由此引发的各种社会与经济问题,政府无法坐视不管,政府开始逐步加强对社会经济和个体经济活动的干预,并不断在市场自由和适度控制之间寻求平衡。因此,在法律层面就出现了通过其他一系列原则或规则对契约自由进行适度限制,典型的如在民法中被称为"帝王条款"的诚实信用原则以及适用性广泛的公序良俗原则。❸绝对的契约自由并不必然带来真正的契约正义。为了对契约自由进行限制以实现实质意义上的契约正义,法律父爱主义便作为一种干预模式介入到了契约之中,为了当事人的利益而不管不顾其意志行事乃至对其自由进行限制。❹因此,在契约自由应当受到必要限制以及政府对经济活动进行适度干预的背景下,面对市场失灵在证券领域产生的各种负面结果,为保护市场投资者和维护市场秩序,通过投资者适当性介入证券交易和服务活动就具有了合理性与必要性。

(二)制度需求基础的的特殊分析

1. 存托凭证与投资者主体资格限制的关系

证券市场是资本汇集和流动的重要场所,资本活动中产生的利益通常远超其他经济活动,所以一旦有较大可能获取高额收益,资本逐利的天性甚至可能会被无限激发。此外,证券市场活动具有专业性特征,对于专业知识的掌握和了解,或是

---

❶ 市场失灵是指市场无法有效率地分配商品和劳务的情况。对经济学家而言,这个词汇通常用于无效率状况特别重大时,或非市场机构较有效率且创造财富的能力较私人选择为佳时。另外,市场失灵也通常被用于描述市场力量无法满足公共利益的状况。

❷ 保罗·萨缪尔森,威廉·诺德豪斯.经济学[M]//萧琛,译.北京:商务印书馆,2013:217.

❸ 汪巧稚.契约正义与契约自由及其限制[J].贵州大学学报(社会科学版),2001(6):53.

❹ 黄文艺.作为一种法律干预模式的家长主义[J].法学研究,2010(5):3.

对市场信息的及时获悉和充分认知,都能够带来更多的获利机会和更高的利益回报。因此,在各种因素的综合影响之下,一般市场经济活动中的各种负面状况(如欺诈行为)就会在证券市场活动中被激发和放大。例如,信息优势方或资本优势方会对处于弱势的普通投资者形成实质性压迫,即使优势方并未主动实施侵害行为,但实质上的地位或能力不对等很可能在无形中损害普通投资者的利益。

显而易见,存托凭证并非一般的商品或服务,更不是一般性质的证券。相较于股票或债券,存托凭证的法律关系结构、操作模式以及运作机制都更为复杂。特别是存托凭证与基础证券的关系,容易对普通投资者产生误导,这在基础证券典型为股票的情形中将更加常见。但是,存托凭证并不能与基础证券相等同,而且由此衍生的复杂法律关系直接影响投资者的权益实现。特别是当采用信托理念去理解存托凭证法律关系时,我国多数的市场投资者尚且未对信托有着深刻和全面的认知,更不必说以信托原理来阐释存托凭证法律关系,这都使投资者直面风险的概率大大增加。此外,存托凭证的跨境属性使证券市场中固有的信息不对称更加凸显,这不仅加剧了市场中信息优势方和劣势方的差距,而且会给处于弱势地位的一般投资者维权造成重重困难。

除此之外,由于不同市场之间证券法律制度的差异,我国有关存托凭证的各项配套制度尚在摸索构建或补足完善阶段,这也客观上加大了我国境内投资者通过相应法律制度规避风险以及维护自身合法权益的难度。因此,存托凭证显然并不具有普惠性。准确地说,根据当前的市场环境和制度环境,并不是所有的境内投资者都适合参与存托凭证投资,否则不仅可能会使众多投资者面临难以预测的风险状况,而且很可能造成整个证券市场秩序的混乱,影响我国证券市场对外开放的整体效果和进程。基于前述法律父爱主义和政府对市场经济的适度干预,投资者的投资自由应当在特定情况之下加以必要限制,这主要体现在对特定证券投资主体资格的限定。因此,对特定证券产品或服务市场设置准入资格,以此来强制性矫正特定证券产品或服务市场内相关主体过度的不平等性,更是对证券市场整体风险的前置性控制和防范。

2. 基于信赖关系衍生的投资者适当性义务

特定证券市场主体所负的适当性义务是投资者适当性制度的重要内容,而负有相应义务除了上述的政府干预经济活动以及契约自由受到适当限制给予的正当性基础之外,进一步从证券交易和服务活动本身来考察则能够将其具体归结于证券市场投资者和证券经营机构的关系之上。简单来说,是市场投资者对证券经营机构的信赖催生了投资者适当性义务。围绕投资者和证券经营机构之间信赖关系的产生,美国证券交易委员会和相关学者在长久的证券市场实践中分别采用了三种理论来对该问题进行解释。

其一,证券经营机构作为经纪商时就成为持有相应证券的投资者的代理人,持有相应证券的投资者以被代理人身份向证券经营机构发出交易指令,证券经营机构必须根据投资者的指示开展证券买卖活动。在这种代理和被代理的关系中,作为被代理人的投资者有权利知悉自己所发出的交易指令的执行情况,但同时作为代理人的证券经营机构也对代理事务的执行负有忠实和注意义务。不可否认,忠实义务和注意义务具有非常丰富的内涵,并非仅仅对应投资者适当性。但是基于保护被代理人即投资者的根本价值目标,为被代理人推荐或提供适当的证券产品或服务恰好与忠实、注意义务形成契合。从某种程度上来看,投资者适当性义务和忠实、注意义务在一些内容上形成了重合,"适当性"成为证券经营机构作为代理人履行忠实和注意义务的应有之义,这是它们在面对投资者利益保护和被代理人利益保护时实质目的相同的必然结果。

其二,即便证券经营机构和市场投资者之间并没有形成代理关系,也同样不会影响投资者对证券经营机构产生信赖,这主要源于客观的市场环境以及不同类型市场主体之间的地位差距。证券市场对于资本和信息的敏感度极高,在相对有限资本和客观的信息不对称因素影响之下,不同类型证券市场主体之间的地位必然"不平等",它们之间存在着能力与实力的差距。而且,普通中小投资者作为弱势方更易于产生羊群效应,对拥有资本和信息优势的证券经营机构形成信赖。客观来说,虽然这种信赖可能并不是发自投资者内心原始的、完全的信任,但在面对专业能力、组织能力和资本实力确实远超自身的专业机构时,跟随"专业"可能是其自认为更理性的选择。对此,信托原理开始有了用武之地。在英美信托理论中,信托义务的内涵极具延展性,能够根据不同的实践需要衍生出具体的规则要求,这有赖于法官对衡平法的理解和运用。换言之,通常根据当事人之间的某种特殊关系,法官就可能确认信托义务存在。因此,当市场投资者在面对专业能力和实力对比而形成信赖关系的情形之下,投资者和证券经营机构之间就产生了信托义务适用的基础,也就给予了对投资者适当性义务进行解释的空间。

其三,美国证券法学者罗斯以证券经营机构为中心,根据证券市场的运行规律和证券交易实际,认为既然证券经营机构在市场活动中向外界传递出具备相关专业知识和能力的"信号",就自然意味着向市场各方承诺将会遵守相关法律法规、维护良好市场秩序,所以同样意味着将会负担相应的义务,其中就包括了投资者适当性义务。这一观点在 Charlse Hughes and Co.V.SEC 案中获得认可,美国联邦第二巡回法庭对美国证券交易委员会所提出的主张给予支持,其核心主张在于任何人不管其知识水平、入市条件以及市场信息如何,都享有信赖经纪商所作出的将会公平对待顾客的默示陈述的权利。❶当然,也有观点质疑当证券经营机构承担相应义务时,是否需要建立在其具有主动向市场外界传递专业性信息的实际行为之上。但是,罗斯的观点本身就隐含了一项逻辑前提,即能够以"证券经营机构"的身份在证券市场中展开营业活动,其本身就可以被视为是一种"主动"宣示行为,特定证券经营机构向市场投资者提供相关服务、开展相关业务也意味着主动向投资者表明自己的专业性,其中蕴含了自觉承担相应"义务"的市场共识。对此,特定商主体在现代社会经济活动中需要在特定情形下强制性接受法律的适度介入和调整,从这一角度可能更易理解。在资本市场活动中,天然具有能力优势的证券经营机构应当受到相对于一般市场投资者更多的约束和规制,这是商主体在营利性活动中应当接受更多强制性法律约束的基本要求,根源在于商事法律制度维护经济秩序和交易秩序、平衡市场主体利益关系的重要目标。证券经营机构不同于一般市场主体,由于其经营事项的特殊性,世界各国对证券经营机构的设立及其经营活动都设置了相对严格且细致的要求。因此,符合相应标准设立的证券经营机构当进入市场开展营业活动时,自然地向外界传递着其具备相应专业能力和实力的信息,将"被动"的信息接受转化为"主动"的信息释放,由此承担与其能力相匹配的适当义务也就顺理成章。

---

❶Fishman G L. Broker-Dealer Obligation to Customers-The NASD Suitability Rulse[J]. Minnesota Law Review,1966,51(2):233-249.

第二节　存托凭证投资者适当性制度的规制逻辑

一、投资者适当义务的赋予：以存托凭证的信托关系属性为切入点

信托的基本要素包括委托人、受托人、受益人、信托财产和信托目的。信托委托人将信托财产转移给受托人，受托人根据信托契约确定的信托目的对信托财产进行管理和处分，受益人则依据信托契约享有相应的受益权。在存托凭证中，存托凭证的发行人和存托人签订存托协议并将基础证券作为信托财产转移给存托人，存托人依据存托协议约定发行存托凭证并履行相应管理职能。以信托关系和原理看待存托凭证法律关系，存托凭证的发行人为委托人，托管人为受托人，信托财产为基础证券，投资者通过购买存托凭证成为信托关系中的受益人。存托凭证法律关系在构造上能够契合信托关系。除此之外，更重要的契合点在于信托原理能够符合存托凭证的规则设计，或者说通过信托原理才能有效解释存托凭证相关制度规范为何如此。所以，既然存托凭证当事人之间的关系符合信托关系，那么对于关系当事人之中的投资者也当然能够借助信托制度获得保护，而事实上也的确如此。例如，依据信托财产独立性的基本原理，存托人对于存托凭证基础财产的安排和存放就必须符合一定要求，基础财产也独立于存托人和托管人的固有财产，这是保护存托凭证持有人利益的重要机制。而对于投资者适当性制度，投资者适当性义务同样在存托凭证当事人信托关系的框架内具有了可适用的空间。

信托本身就是以"信赖"为基础的一项制度，信托关系当事人之间的信任关系是信托产生和运行的基础。在信托关系中，受托人接受了委托人的信赖，当信托关系成立且委托人在信托关系中退居消极一面甚至完全退出之后，这种信赖也衍生出受益人对受托人的信赖，"信赖"成为信托关系长久存续的重要基础。因此，受托人就应当承担与信赖相匹配的义务，这被称为信赖义务或信义义务。在这一意义之上，存托凭证当事人之间所产生的信赖关系就和美国证券交易委员会对于投资者适当性义务赋予基础的理论产生了交集。在信托法院地的英国，"信赖"一直都是由衡平法院对其进行重点保护。而且，当以信托关系考察存托凭证时，证券经营者的投资者适当性义务在信托原理中也能找寻到一定根据。在美国信托业先驱弗

朗西斯·享利·弗里斯(Francis Henry Fries)的传记中曾对信托有这样的理解:"作为经营者的信托人,除了应具备体现信托公司精神之资质。第一必要的资质,是不假装关心相对人,而是真正发自内心的关系","第二点是不要追求利益和贪欲,而应秉持私奉公的精神。当然利益的存在对社会存续是必要的,在可能的限度内追求相应利益"。"信托经营者具备的第三种资质是其与生俱来的正直"。❶可见,信托理论对于受托人取得"信赖"之后的要求非常之高。毋庸置疑,达到相应要求并不能仅仅依靠受托人的自律,否则"信赖"就存在随时被滥用的可能,信托关系的基础也将荡然无存。所以,这才进一步产生了内涵丰富且可塑性极高的信托义务,或者说是受托人的信义义务,从而尽可能约束受托人的行为,保护受益人的合法权益。

需要注意的是,投资者适当性制度一般适用于向投资者销售证券期货产品或者提供证券期货服务的机构。现实中,承担投资者适当性义务的机构主要是开展证券经纪业务的证券公司,所以证券公司应当向投资者提供符合其风险承担能力和投资目标等综合性考量因素之下适当的证券产品。毋庸置疑,在存托凭证的交易过程中,证券公司也同样扮演了证券经纪的角色,为投资者进行存托凭证交易提供必要的中介服务,由此承担相应的投资者适当性义务。但是,如果将讨论的范围仅仅限制在传统上作为证券经纪或投资咨询的证券公司,那存托凭证投资者适当性制度显然并不完整。因此,围绕存托凭证法律关系,应当进一步讨论证券经纪商以外的存托凭证法律关系主体承担投资者适当性义务的必要性及其具体问题,其核心则是对存托凭证整体运作至关重要的存托机构。对于必要性问题,前述已有论证,存托机构作为信托关系中的受托人,不论是基于存托凭证发行抑或是市场投资者(包括存托凭证持有者)的信赖,它都应当承担必要的信义义务。因此,对于存托机构的信义义务与投资者适当性义务之间的关系,应当从概念的涵摄范围和解释弹性层面考量,信义义务可以在一定程度上囊括投资者适当性义务。

对此,原因在于:其一,信义义务本身尚不存在固定或统一的内涵。实践不断推动着信义义务理论的丰富和发展,根据受托人的忠实和注意义务不断延伸和发展出具体的规则内容,所以信义义务和投资者适当性义务在本质上并不冲突;其二,根据现有规定,存托机构和证券公司存在主体重合的可能,甚至相较于传统证券经纪商,存托机构的职能更为丰富,既包括存托凭证的签发和注销,也负责协助

---

❶ 能见善久. 现代信托法[M]//赵廉慧,译. 北京:中国法制出版社,2011:4-5.

完成存托凭证的发行和上市等,丰富的证券服务内容客观上提供了嵌入投资者适当性要求的广阔空间;其三,在当前我国投资者保护整体态势较差且存托凭证的投资风险性较高的情形之下,存托凭证投资者的保护不能仅仅着眼于境外主体,以存托机构为代表的境内相关主体也应当获得必要规制和约束。当然,针对不同主体基于信义义务来理解投资者适当性义务的具体要求时会有所不同,如在存托凭证中对证券经纪商和存托机构的义务要求可能存在差异。

二、存托凭证投资者的主体资格及其判断要素

投资者适当性制度包含了合格投资者的规范内容,对特定证券的投资者的主体资格进行规定。具体来看,相关规定既体现在对投资者的分类管理之上,也体现在依据投资者分类对相应证券产品或服务的准入门槛进行限制性规定。多数学者对合格投资者从狭义的角度进行理解和研究,即证券监管机构对特定证券的投资者资格进行限制。但是,从投资者适当性与合格投资者相互联系的角度来看,对普遍的市场投资者和特定证券的投资者进行分类和管理也属于合格投资者制度的内容,对此已有阐释,不再赘述。因此,合格投资者可以有三个层次内容:一是证券监管机构对普遍市场投资者进行的类型划分;二是证券监管机构针对特定证券产品或服务设置的投资者准入条件;三是证券经营机构对特定证券投资者进行了类型化细分和管理。

不难看出,以上三方面内容之间具有一定的层次递进关系,既是合格投资者制度的重要内容,也是投资者适当性制度的重要基础。但无论是对投资者进行分类管理,还是对投资者设定投资准入条件,都并非盲目进行,其共同点是需要将投资者分解并抽象出不同要素,依据各项要素指标的高低强弱进行权衡,从而设计出相对统一且明确的分类标准,再依次对照相应标准最终完成分类、识别和管理任务。显而易见,影响市场投资者投资决策的因素非常多样,而且决定其投资能力和风险能力的因素更是具有客观和主观的多种表现。作为具体规则和制度的设计者,难以对每一个投资者个体进行绝对全面和准确的甄别分类,这并不具有可操作性。因此,对市场投资者根据不同情况和需要抽象出一些具有代表性或决定性"要素"来设置判断标准,就成为一种理性且可行的方式,这也充分显示出"因素"和"要素"在其内涵方面的细微差别。

目前,世界上绝大多数国家都在行政监管或自律监管方面对证券投资者进行了类别划分与管理,实施分类和管理的要素主要涉及投资者的财务状况、投资经验以及诚信状况。例如,美国证券交易委员会在限制特定投资者进行证券交易时主要采用收入和净资产两项进行判断。❶总体来看,不同国家对于不同要素的重视程度存在较大差异,甚至在要素类别和内容的选取方面完全不同,这是不同国家根据本国投资者具体情况、市场发展水平以及监管理念等差异化因素产生的必然结果。特别是面对不同类型证券所隐含的风险可能性及其他特殊属性,合格投资者的判断要素也需要进行变化和匹配。

存托凭证并不是一种普惠性的金融或证券产品,其具有高风险性的特征。尤其是在推行初期相关配套制度尚未完全跟进或具有良好的适配性时,将在一定程度上放大存托凭证的投资风险。与之相似,我国创业板也对投资者开户交易设置了一定条件限制,而且主要看重投资者对于股票的交易经验,即只有满足具有两年以上股票交易经验的自然人投资者所属证券公司营业部提出开通申请,且需要认真阅读并现场签署《创业板市场投资风险揭示书》后,经证券公司完成相关核查程序,方可开通创业板市场交易。而对于对未具备两年交易经验的投资者,原则上并不鼓励直接参与创业板市场交易。投资者可以通过购买创业板投资基金、理财产品等方式间接参与。如果投资者审慎评估了自身风险承担能力坚持要申请,则必须在营业部现场按要求签署《创业板市场投资风险揭示书》,并就自愿承担市场风险抄录"特别声明"。此外,为了进一步强化风险揭示功能,无论是否满足投资年限的要求,投资者开通创业板交易账户均需在证券公司柜台亲自办理该业务并进行录音和录像。

设置投资者参与交易的资格限制以及相对繁复的申请程序要求,都是基于创业板投资者风险性的特征。在我国证券市场的发展进程中,创业板的推出有着特殊的市场功能和历史使命。相较于传统的主板市场,创业板主要是为中小型企业提供全新的市场融资平台,面向的产业类型也通常都是市场新兴产业。因此,能够在创业板上市的公司,其规模相较于主板上市公司通常较小,产业类型也偏向于高科技创新型企业,具有良好的发展前景和市场潜力,这对于我国创新型企业发展发挥了重要的融资推动功能。当然,在创业板上市的公司也并非完美,正是由于公司

---

❶ 赵晓钧.金融产品创新视野下的投资者适当性——兼论中国金融投资者保护[J].新金融,2011(12):34.

规模相对较小,公司整体发展尚不成熟,所以对比主板市场会有着相对较低的上市门槛。也正是由于这一原因,创业板市场上相应公司股票的价格波动将会更大,投资风险也相对更高,这对投资者的股票投资经验和风险承受能力都提出了更高要求。因此,创业板投资的风险因素与存托凭证中关于高科技创新型企业回到境内市场发行存托凭证就具有了一定相似性,而且存托凭证的特殊证券属性带来的风险明显要更高且更为复杂,这就决定了对存托凭证投资者进行科学分类与设定投资准入条件的要素也会更为多元,需要根据存托凭证的特性进行针对性选取。这显然是目前简单以法人和自然人界分,或是只重视投资者单一财务指标和股票投资经验所不能满足的。

第三节 存托凭证投资者适当性制度的不足与完善

一、存托凭证投资者适当性制度的现状审视与不足分析

(一)域外投资者适当性制度概况

投资者适当性制度是一种舶来制度,相较于其产生和实践时间更长的国外市场,我国的投资者适当性制度还稍显"稚嫩",表现在一些具体的制度规定还相对粗糙,制度效果的发挥也尚不充分,尚未对投资者保护提供应有的预期贡献,等等。因此,在对我国投资者适当性制度进行审视并针对存托凭证特点研究其不足之前,有必要对域外主要国家的投资者适当性制度进行简要梳理,有助于从相对先进或完善的制度设计中寻求有益经验。

投资者适当性制度最初产生于美国,经过长久的证券法律实践和市场交易活动检验,投资者适当性制度已经成为美国证券法律制度中实现投资者保护的重要内容。大致来看,美国的投资者适当性制度既体现在证券法律和行政性监管规定之中,也体现在不同证券自律组织的自律性规定中。其中,自律性组织对投资者适当性制度的规定最富有特色。自律性组织的主要职能就是制定职业道德标准和行业行为规则,并通过组织内部的纪律处分来推动相应规则或制度的贯彻实施。美国的投资者适当性制度最初就是规定在美国证券行业自律组织对于证券商的行业道德规定之中,其雏形是以自律性行业道德和行为准则的形式出现,所以其内涵和

规则衍生的弹性空间相较于法律规定都更大。但是,自律性组织的类似规定也存在着明显局限性,行业自律属于市场力量,市场力量通常都欠缺硬性的约束效果。由于各种利益关系的影响,自律性规定通常也会失灵或被扭曲,此时,以法律为代表的强制性力量的适当介入就必不可少。因此,经过司法实践和美国证券交易委员会的持续推动,投资者适当性制度也进入了证券法的内容,从而不断强化对市场投资者的保护力度。

在欧盟,投资者适当性制度主要规定于《金融工具市场指令》,其投资者适当性制度的突出特点在于对市场投资者进行了非常详细的类型划分,为证券经营基础履行适当性义务提供了良好的前提和基础。在具体类别上,欧盟采用了三种类型划分,即零售客户、专业客户与合格对手方。以上三种类型的投资者所对应的投资者适当性保护强度依次递减,这给予了证券经营机构在履行适当性义务时更为详细的参考依据。●此外,以上三种类型的投资者分类并非一成不变,投资者可以根据自身具体情况的变化在三种类型之间进行转换,从而形成投资者分类的动态调整。欧盟投资者适当性制度的另一突出特点在于对证券经营机构义务履行内容的要求之上,证券经营机构基于最初的三种投资者分类进行细化并展开"适当性评估"和"适合性评估"。这两种评估机制首要的不同体现在适用对象之上,适当性评估适用于投资顾问符合或投资组合管理,而其他类别则适用适合性评估。此外,这两种评估机制在对投资者信息要素的获取标准上也存在差异,最终是否必然导致对相应投资者投资行为的限制也具有不同效果。

在日本,投资者适当性制度明确规定于《金融商品交易法》。关于投资者的分类,日本并没有像欧盟那样进行非常详细的基础划分和细分要求,而是将投资者划分为一般投资者和专业投资者。而与欧盟一致的是,日本也对投资者设置了分类转换机制,符合相应要求的投资者可以在一般投资者和专业投资者之间进行转换,这就是投资者类型的可变更性。而对于投资适当性制度的主要内容,日本主要是针对证券经营机构的劝诱行为进行规制。换言之,证券经营机构在对投资者关于某种证券产品或服务进行劝诱的过程中,应当保持其劝诱行为的适当性。其劝诱行为应当首先符合法律对投资的基本分类,而且在依据对投资者财务能力、专业知识、投资经验等方面的判断要素以规范自身的劝诱行为,具体表现在需采用适当的

● 王莹丽. 欧盟金融投资者适当性制度简介及其借鉴[J]. 上海金融,2012(9):85-87.

劝诱方式、合理的劝诱时间以及正当的劝诱目的等。关于适当性义务适用的判断要素或标准，日本投资者适当性制度的一大特点就在于当在判断是否适用投资者适当性义务时，增添了"缔约目的"的判断要素，这是其他国家投资者适当性制度所不具备的。

总体来看，域外不同国家的投资者适当性制度既存在一些共同点，但也存在诸多差异，这是各国根据本国证券市场实际情况和证券法律制度传统所演化出的正常现象。对此，投资者适当性制度的完善和发展，能够从域外制度的发展历程与表现中提炼出可资借鉴的内容：其一，以明确的法律形式对投资者适当性进行规定，一方面通过提高投资者适当性制度的法律位阶使其获得更强的制度约束力；另一方面对投资者适当性制度进行统一规定避免了具体规则内容的碎片化，一定程度上加强了投资者适当性制度的适用性和操作性。其二，对投资者的分类更为细致，从而一方面更符合投资者个体差异愈发多样和突出的特点；另一方面也可以有效适应证券产品和服务类型日益多元化的市场趋势，为投资者适当性制度的功能发挥奠定了坚实基础；其三，对适当性义务适用的判断机制或标准更为丰富，建立在投资者科学分类和甄别的基础之上，目的在于更准确判断适当性义务的适用范围。例如，欧盟的适当性评估机制和适合性评估机制，不仅仅是称谓的细微差别，两种判断机制直接导致投资者适当性制度适用主体的范围以及后果的巨大差别。再如，日本增加了基于缔结金融商品交易契约目的的判断因素，这都是对投资者适当性制度的一种创造性完善和发展。当然，任何事物都并非完美无缺且有利有弊，域外的投资者适当性制度通常立足于宏观的证券投资市场进行规定，所以对特定证券类型以及相应投资者的规定相对不足。当面对特定证券的投资者保护问题时，一般性的投资者适当性制度就可能会难以应对一些基于特定证券特殊性而产生的问题。

（二）我国存托凭证投资者适当性制度的现状与不足

《存托凭证发行与交易管理办法（试行）》第34条的第一款规定："向投资者销售存托凭证或者提供相关服务的机构，应当遵守中国证监会关于投资者适当性管理的规定。"所以，需要先从具有普遍规范意义的投资者适当性制度中梳理当前我国的相关制度概况，遵循从一般到特殊的研究方法。我国的投资者适当性制度是在证券监管机构即中国证监会的主导下逐步建立起来,具体过程历经了创业板、全国股转系统、金融期货以及私募投资基金等市场及其业务。在这一过程中,投资者适当性制度并没有形成较为统一的制度体系,多以对相应证券期货市场或业务设置的投资准入形式出现,准确地说更像是合格投资者的有关规定,而且相关规定也较为粗疏。2016年5月,中国证监会发布了《证券期货投资者适当性管理办法》,根据其第二条规定:"向投资者销售公开或者非公开发行的证券、公开或者非公开募集的证券投资基金和股权投资基金(包括创业投资基金,以下简称基金)、公开或者非公开转让的期货及其他衍生产品,或者为投资者提供相关业务服务的,适用本办法。"因此,当前证券期货市场中关于投资者适当性制度的适用都需依据《证券期货投资者适当性管理办法》中的基本规定。

根据《证券期货投资者适当性管理办法》的规定,证券经营机构在销售产品或提供服务的过程中,应当做到勤勉尽责、审慎履职,既需要全面了解投资者情况,又需要通过深入调查分析相应的产品或者服务,对可能产生的各种风险进行科学评估,基于投资者的不同风险承受能力以及产品或者服务的不同风险等级等因素,从而将适当的产品或者服务销售提供给适合的投资者。如证券经营机构实施了违法违规行为而未能有效履行投资者适当性义务,也将承担相应的法律责任。投资者则应当首先自主了解相应的证券产品或服务,在听取证券经营机构适当性意见的基础上,综合自身各方面能力和情况进行审慎决策,独立承担投资风险。作为证券市场的监管者,中国证监会及其派出机构依照法律法规及其他相关规定,对经营机构履行适当性义务进行监督管理。当然,除了行政监管机构以外,我国同样也存在涉及投资者适当性义务履行管理的自律性组织,如证券期货交易所、中国证券业协会、中国期货业协会、中国证券投资基金业协会等。由此可见,我国投资者适当性制度的基本框架内也是主要涉及三方主体结构,即证券监管机构、证券经营机构以及市场投资者,这也符合前文关于以上三方法律关系的阐述。

同其他主要国家的投资者适当性制度一致,我国的投资者适当性制度也对市场投资者进行了一般分类,且主要分为两种类型,即普通投资者和专业投资者。通过现有的规定内容可以看出,证券监管机构采取了相对简单易懂的两分法对投资者加以分类,一方面通过列举方式明确了对专业投资者的判断标准,另一方面将专业投资者以外的投资者群体统一划入普通投资者范围。具体来看,我国当前规定下的专业投资者主要是经有关金融监管部门批准设立的金融机构,包括证券公司、期货公司、基金管理公司及其子公司、商业银行、保险公司、信托公司、财务公司等,以及经行业协会备案或者登记的证券公司子公司、期货公司子公司、私募基金管理人,而且以上机构面向投资者发行的各种理财产品也属于专业投资者的范畴。此外,社会保障基金、企业年金等养老基金,慈善基金等社会公益基金,合格境外机构投资者(QFII)、人民币合格境外机构投资者(RQFII)因其特别属性也被认定为专业投资者。除了典型的金融机构之外,符合特定条件的法人或其他组织也可能被认定为专业投资者,具体条件主要是从一定时期内的净资产和金融资产以及投资经验方面进行把控。❶当然,我国的专业投资者并不仅限于机构法人或其他组织,自然人个人在符合一定条件的情况下也属于专业投资者。虽然在大众印象和普遍情况下,以组织体形式出现的机构投资者,其专业能力、经济实力和抗风险能力都要远超自然人投资者个体,所以多数情况下机构投资者都并不符合适用投资者适当性义务的条件。但是,行为金融学指出,即使是专业性投资者也会因为某种认知偏误而遭受损失,虽然不像非专业投资者受到的影响那么强烈。❷反向考察,达到一定条件的自然人也应当被划入专业投资的范围,如此才能尽量达到市场中各方利益保护的平衡,维护市场的公平秩序。我国对于自然人投资者认定为专业投资者的条件仍然是主要依据了自然人个体的财务指标和投资经历,较为特别的是将属于专业投资者的金融机构中的高级管理人员和具有特殊专业技能的人员也认定为专业投资者,这能够反映证券监管机构对于证券专业能力的重视程度。❸

基于以上分类,再对比专业投资者,普通投资者在信息告知、风险警示、适当性匹配等方面享有特别保护。证券经营机构应当按照有效维护投资者合法权益的要

---

❶ 根据《证券期货投资者适当性管理办法》第8条第4款规定,符合下列条件的法人或者其他组织属于专业投资者:1.最近1年末净资产不低于2000万元;2.最近1年末金融资产不低于1000万元;3.具有2年以上证券、基金、期货、黄金、外汇等投资经历。

❷ Prentice R. Whither Securities Regulation Some Behavioral Observations Regarding Proposals for its Future [J]. Duke Law Journal. 2002, 51(5): 1450-1488.

❸ 根据《证券期货投资者适当性管理办法》第8条第5款规定,符合下列条件的自然人属于专业投资者: 1.金融资产不低于500万元,或者最近3个人年均收入不低于50万元;2.具有2年以上证券、基金、期货、黄金、外汇等投资经历,或者具有2年以上金融产品设计、投资、风险管理及相关工作经历,或者属于本条第(一)项规定的专业投资者的高级管理人员、获得职业资格认证的从事金融相关业务的注册会计师和律师。

求,综合考虑收入来源、资产状况、债务、投资知识和经验、风险偏好、诚信状况等因素,确定普通投资者的风险承受能力。而且,为了加强对普通投资者的保护力度,证券经营机构还需要在了解普通投资者相关情况的基础之上对其进行细化分类和管理,以更加准确地履行投资者适当性义务。可见,我国目前的投资者适当性制度中包含了大量合格投资者的内容,两者的立法现状也恰恰印证了前文对于投资者适当性制度与合格投资者关系的论述。当然,监管机构也并没有将合格投资者的全部内容与投资者适当性制度混杂在一起,因为合格投资者制度发挥真正价值需要建立在针对特定证券或服务的基础之上,尤其是在对特定证券或服务的投资者设置主体资格时更不可能采用笼统的分类判断标准。面对不同证券或服务可能隐含的风险要素,需要对投资者抽象出不同的类型化考量因素,对不同因素具体标准的设定也必须有所区别才能做到具有针对性。

针对存托凭证投资者适当性制度,将市场投资者进行一般性分类固然重要,但这绝不是投资者适当性制度所应达到的"终点",至少在对特定证券投资者设定主体资格限制时就必须做到具体问题具体分析,进一步针对不同证券产品或服务的特性进行系统规定。对此,我国相关规定也在不断完善和跟进,既是对证券市场不断产生的新问题的及时应对,也是对我国投资者适当性制度立法现状的补充性完善。其中例如包括《金融期货投资者适当性制度实施办法》《私募投资基金监督管理暂行办法》《上海证券交易所债券市场投资者适当性管理办法》《全国中小企业股份转让系统投资者适当性管理细则》,上述规定不仅对证券期货经营机构的投资者适当性义务履行进行了"原则性"规定,更重要是对相应证券期货产品或服务的投资者准入明确了条件限制。[1]因此,随着金融与证券的产品或服务创新速度越来越快,其种类以及随之产生的投资者保护问题也会越来越多且愈发复杂,目前作为投资者适当性制度基本规范性文件的《证券期货投资者适当性管理办法》显然不能完全应对这种挑战。

存托协议是约定并确认存托凭证基本当事人之间权利义务关系,以及贯穿并引导存托凭证相关活动全过程的重要文件。存托协议中的一项重要内容就是通过协议约定来强化对存托凭证持有人的保护力度,其中对投资者适当性制度也已有

---

[1] 例如《上海证券交易所债券市场投资者适当性管理办法》第6条规定,参与债券市场交易的投资者需前20个交易日名下金融资产日均不低于500万元,或者最近3年个人年均收入不低于50万元。

所涉及。《存托凭证存托协议内容与格式指引(试行)》第21条规定了"存托协议应当列明存托凭证持有人应满足交易所制定的存托凭证投资者适当性管理要求,并自觉遵守账户实名制等相关规定"。对此,《存托凭证发行与交易管理办法(试行)》第34条的第二款也规定:"证券交易所应当在业务规则中明确存托凭证投资者适当性管理的相关事项。"然而,目前关于存托凭证的投资者适当性制度还几乎处于空白状态,证券交易所在《试点创新企业股票或存托凭证上市交易实施办法》❶中虽然有所涉及,但相关规定较为笼统,针对性和可操作性不足,这是存托凭证投资者适当性制度面临的最大问题。

二、存托凭证投资者适当性制度的完善思路与规范建议

(一)投资者适当性制度的普适性完善思路

总体而言,投资者适当性制度立足于投资者保护的基本目标,主要涉及为投资者提供证券交易过程中的"事前"与"事中"保护。"事前"主要是在对投资者进行科学分析的基础之上,通过针对相应的证券产品和服务设定投资者准入门槛来把控整体风险,将明显不适合参与相应证券交易或服务的投资者提前挡在市场之外,"事中"则是建立在投资者科学分类基础之上使证券经营机构约束自己的经营行为,并使相应的证券产品或服务与适当的投资者相匹配。

在宏观方面,应当有以下几点需要注意:其一,以高位阶的法律规定系统确立投资者适当性制度。这主要是根据域外投资者适当性制度的发展历程和演变历史得出的经验性观点,特别是美国的投资者适当性制度从行业道德规范逐步演变成为一项重要的法律规则,为美国证券市场投资者保护整体水平的提高贡献了重要力量。在我国,自律性组织对市场主体的规范效果相对较弱,尚未完全达到有效保护市场投资者的预期目标,且我国的投资者适当性制度一直都是在证券监管机构的主导下逐步发展完善的。但在规范层面,投资者适当性制度又仅以部门规章形式出现,并不利于对相关市场主体形成更有力的法律约束效果。因此,在法律或行政法规中对投资者适当性制度进行系统性规定,有利于提升投资者适当性制度的

---

❶ 全称应为《上海证券交易所试点创新企业股票或存托凭证上市交易实施办法》及《深圳证券交易所试点创新企业股票或存托凭证上市交易实施办法》。

引导和约束效果,也能为投资者提供更为有力的法律救济根据。

其二,适时将以机构投资者为代表的专业投资者纳入投资者适当性制度的保护范围。根据目前我国投资者适当性制度中对市场投资者的普遍分类及其相关规定,证券经营机构履行投资者适当性义务的主要对象是普通投资者,对于专业投资者几乎空白。主要的相关规定也仅是经营机构可以对专业投资者进行细化分类和管理,对比要求证券经营机构"应当"对普通投资者进行细化分类和管理,其中的保护理念和力度差异可谓显而易见。因此,投资者适当性制度对于投资者的保护可以说原则上排除了以专业投资者为对象。当然,已有学者对此进行了分析,我国证券监管机构并非漠视对专业投资者的保护,而是基于我国投资者适当性制度的起步发展状况以及我国证券市场以中小投资者为主的投资者构成,才会阶段性形成偏向重视普通投资者保护的现象。但是,随着我国证券市场发展不断趋向成熟,投资者的结构也会像欧美国家一样逐步以机构投资者为主,这就需要投资者适当性制度也及时跟进来对不同类别的投资者实现平衡保护。应当注意,平衡保护并不意味着同等保护,以机构投资者为代表的专业投资者和普通投资者的客观差异必然仍会存在,对其适用投资者适当性义务的规则应当有所区别。对此,可以适当借鉴欧盟对于不同类别投资者以及证券产品和服务之不同采用了不同的义务评估机制,即适当性评估和适合性评估。

其三,对违反投资者适当性制度的民事责任规定加以完善。投资者适当性义务作为一种法定义务,违反该项义务将可能会使义务主体承担相应责任,这也是一项法律制度的惩戒机制,而相应责任可以分为行政责任、刑事责任以及民事责任。在当前我国的投资者适当性制度中,主要的责任形式以行政责任为主,即对违反投资者适当性义务的主体采取责令改正、监管谈话、出具警示函、责令参加培训或罚款等处罚措施。但是,对于因义务违反而受损的投资者来说,其更关心的是如何通过民事责任的实现来及时获得有效救济,这在当前投资者适当性制度的相关规定中有所欠缺。因此,对投资者适当性制度中义务违反后的民事责任规定进行完善具有重要意义。投资者适当性适度属于法定义务,违反该义务而承担的民事责任可表现为缔约过失责任或侵权责任。❶其中,缔约过失责任应主要涉及证券经营机构基于投资者适当性制度具体违反了应尽的告知或说明义务,这广义上也属于受

---

❶ 胡伟. 投资者适当性制度民事责任探析[J]. 广西社会科学,2013(2):72.

托人注意义务的范畴。此外,证券经营机构违反适当性义务对投资者造成损害也属于民事侵权行为,应当向受侵害的投资者承担侵权责任。对于在判定构成侵权时是否需要证券经营机构具有主观过错,有学者主张根据保护投资者的核心功能和我国立法及司法机关的实际情况,证券经营机构的义务违反都应当界定为特殊侵权,即不需要考虑其主观过错,而且适用举证责任倒置的规则。❶而且为了提高对投资者的救济效果和保护力度,在缔约过失责任和侵权责任发生竞合的情况下,应当赋予投资者以选择权,让投资者自主选择依据何种责任类型来寻求司法救济。

根据相互联系以及矛盾普遍性与特殊性的哲学原理,存托凭证的投资者适当性制度并非一项依据自身特性而绝对独立的法律制度,它仍需要以一般意义上的投资者适当性制度为基础,是投资者适当性制度针对存托凭证这种特定证券产品或服务所做出的一系列特别规定的集合。因此,上述关于我国存托凭证的投资者适当性制度的完善建议对于存托凭证投资者保护同样具有积极意义。例如,对违反投资者适当性义务的民事责任规定,当存托凭证的投资者作为因适当性义务违反而遭受损害的一方时,同样可以依据投资者适当性制度中关于民事责任承担的一般规范来寻求救济,从而及时有效地弥补相应损失。但同样也应当意识到,投资者适当性制度无论是从立法成本还是立法规律方面来考量,都不太可能将包括存托凭证在内的特定证券产品或服务的相关特殊规定全部纳入。因此,对于存托凭证的投资者适当性制度,还需要有一些根据其特定特性和投资者保护需求的针对性完善。

(二)存托凭证投资者适当性制度完善的特殊要求

1. 存托凭证投资者适当性的规范路径

在我国证券法律制度的完善过程中,投资者适当性制度已经引起了立法部门的关注,并给予了适当回应。新《证券法》设置第六章"投资者保护",其中增加了对市场投资者进行分类管理以及证券经营机构履行适当性义务的原则性规定。具体来看,新《证券法》第88条规定:"证券公司向投资者销售证券、提供服务时,应当按照规定充分了解投资者的基本情况、财产状况、金融资产状况、投资知识和经验、专业能力等相关信息;如实说明证券、服务的重要内容,充分揭示投资风险;销售、提

---

❶ 窦鹏娟.金融衍生品投资者保护法律制度研究[D].武汉:武汉大学,2014:37.

供与投资者上述状况相匹配的证券、服务。投资者在购买证券或者接受服务时，应当按照证券公司明示的要求提供前款所列真实信息。拒绝提供或者未按照要求提供信息的，证券公司应当告知其后果，并按照规定拒绝向其销售证券、提供服务。证券公司违反第一款规定导致投资者损失的，应当承担相应的赔偿责任。"第89条规定："根据财产状况、金融资产状况、投资知识和经验、专业能力等因素，投资者可以分为普通投资者和专业投资者。专业投资者的标准由国务院证券监督管理机构规定。普通投资者与证券公司发生纠纷的，证券公司应当证明其行为符合法律、行政法规以及国务院证券监督管理机构的规定，不存在误导、欺诈等情形。证券公司不能证明的，应当承担相应的赔偿责任。"可见，《证券法》通过明确立法来体现投资者适当性制度的重要性，但其更多体现的是原则性规定，具体规则需要由其他规范性文件进行细化，最具可行性的选择仍是证监会采用部门规章形式加以明确。

但是，针对存托凭证的投资者适当性制度应以何种路径加以规范？显然，基于证券法立法稳定性以及立法技术和法律规范内容体系化的安排考虑，证券法并不会将一般意义上投资者适当性制度的全部内容加以规定。在这种情况下，存托凭证的投资者适当性制度作为相关一般制度中的特殊部分，更不具有直接在证券法中予以特别规定的可能性。退一步思考，是否可以将其统一规定于投资者适当性制度的一般规范性文件之中，或者说在《证券期货投资者适当性管理办法》中增加存托凭证投资者适当性专章予以体现。审慎考量，此种方式似乎也不可取，主要原因在于根据目前的实践情况，包括金融期货、私募投资基金、债券市场等在内的特定证券期货产品或服务，与其特性紧密相关的投资者适当性制度规定均没有在《证券期货投资者适当性管理办法》中予以统一规定，如果对存托凭证予以特别对待，不仅会造成规范体系和逻辑上的混乱，而且对于今后市场中产生的新型证券，也会加大其在规范路径选择上的困难。

因此，参考已有的金融期货或私募投资基金等投资者适当性制度的规范经验，为减少规范制定的难度或阻力，可以考虑以部门规章形式，如《存托凭证投资者适当性管理办法》，或者是在既有的《存托凭证发行与交易管理办法（试行）》（以下简称《交易管理办法》）的"投资者保护"章节内增添投资者适当性细则。综合来看，可能后者更为适宜。《交易管理办法》是规范存托凭证发行和交易行为的基本规范性文件，在其中增加存托凭证的投资者适当性制度规定既不会出现与已有规范内容或体系矛盾不容的状况,又能够体现该制度的重要性,同时也有利于存托凭证法律制度的完整性和统一性。此外,存托凭证作为一种新型证券,在实践中必然会出暴露出更多现实问题,相关规范具有及时回应现实进行完善的"使命",所以对有关规范性文件必须具有稳定性的程度要求相对较弱,增添或删改其中部分内容阻力也相对较小。

2. 存托凭证投资者适当性义务的主体范围扩展

投资者适当性制度以投资者保护为基本目标,重要功能在于证券经营机构向相应投资者承担适当性义务。在销售产品或者提供服务的过程中,勤勉尽责,审慎履职,全面了解投资者情况,深入调查分析产品或者服务信息,科学有效评估,充分揭示风险,基于投资者的不同风险承受能力以及产品或者服务的不同风险等级等因素,提出明确的适当性匹配意见,将适当的产品或者服务销售或者提供给适合的投资者。毋庸置疑,在存托凭证的交易过程中,投资者同样是通过作为证券经纪商的证券公司进行存托凭证的买卖交易,但特殊之处则是证券经纪商接受投资者的交易指令之后还需要向存托机构发送指令,其中可能涉及存托凭证的签发和注销以及行使存托凭证所承载的参与性权利。因此,在境内存托凭证和境外基础证券的互通转换,以及对境外发行人行使参与性权利的过程中,作为经纪商的证券公司并不是唯一的中介机构。目前,根据《存托凭证上市交易管理办法(试行)》第26条规定,能够依法担任我国存托凭证存托人的机构不仅限于证券公司,还包括中国证券登记结算有限责任公司及其子公司以及经国务院银行业监督管理机构批准的商业银行。因此,在传统的证券经纪商之外,讨论的焦点也包括存托机构是否应当履行投资者适当性义务。

对此,可从两个方面进行分析,一方面是存托机构被赋予投资者适当性义务的法理基础,另一方面是根据存托机构职能所产生的现实需要。具体而言:其一,以信托关系理解存托凭证,存托机构作为信托关系中的受托人必然依据其特殊地位和职能承担相应的受托人义务。基于信托原理,受托人义务包括了善管注意义务、忠实义务、公平义务、分别管理义务以及自己管理等具体内容,其中大部分义务内容都能够与对存托机构的规范要求相对应,例如对存托凭证基础财产的分别管理。但是,与投资者适当性制度存在密切关联是受托人的善管注意和忠实义务,所以无论是投资者适当性制度对义务主体的要求、证券经营机构应当对投资者履行的忠实和注意义务,或是信托原理中受托人的善管注意和忠实义务,它们之间都存在着深层次的关联性,均是一方主体因某种法律或非法律原因而对另一方所产生的信义义务。因此,使存托机构作为受托人向存托凭证的投资者承担特定内容的投资者适当性义务并无不可。

其二,存托机构虽然并不扮演证券经纪商的角色,但其在存托凭证上市交易的整个过程中却具有比证券经纪商更重要的功能。例如,它不仅协助完成存托凭证的发行上市,而负责建立和维护存托凭证持有人名册以及存托凭证的签发和注销。可见,经纪商在某种程度上仅仅是指令传递的通道,对于具体指令执行掌握控制权的主体则是存托机构,而且对于存托凭证交易过程中可能引发的风险、损益后果以及存托凭证投资者的整体状况,存托机构可能相较于证券经纪商更具信息优势。因此,基于保护存托凭证投资者的目标,为使存托凭证投资者的投资行为更理性,应当将存托机构也纳入承担适当性义务的主体范围。

毋庸置疑,存托机构履行投资者适当性义务的内容应当与传统的证券经纪商有所不同。存托机构履行义务的重点并不在于规范证券产品或服务中的推荐、劝诱行为,而是根据投资者适当性制度和证券经纪商对相应投资者的科学分类,综合判断存托凭证投资者的交易指令的风险程度,当投资者发出明显异常的存托凭证投资交易指令时应当进行必要的风险警示。当然,证券公司在存托凭证的交易过程中也负有类似的警示义务,这暗合了投资者适当性制度的部分内容,如《上海证券交易所试点创新企业股票或存托凭证上市交易实施办法》第41条规定:"会员应当按照《交易规则》《上海证券交易所会员管理规则》及本所其他业务规则的要求,切实履行客户交易行为管理职责,及时发现、制止和报告客户在创新企业股票和存托凭证交易中的异常交易行为。本所对创新企业股票和存托凭证交易情况开展实时监控,及时发现和处理违反《交易规则》及其他相关业务规则的异常交易行为。"但如前所述,对整体性的存托凭证市场和相关投资者状况最为了解的可能并非是经纪角色的证券公司,而是作为存托凭证法律关系中基本当事人的存托机构。因此,将存托机构纳入投资者适当性的义务主体范围也非常必要,能够由与证券经纪商、交易所形成三方合力,加强投资者保护的实际效果。此外,考虑到我国存托凭证推行初期对投资者设定的准入门槛相对较高,相较于股票市场中绝大多数的非专业散户投资者,其投资者风险承受能力和投资经验相对较为丰富,所以可以考虑采取类似欧盟对于投资者适当性义务设置的"适合性评估机制"。简而言之,在适当性义务的判断和后果上,可以允许受到风险警示的投资者在明确表示知晓警示内容并自愿承受相应风险的情形下,免除存托机构的适当性义务。而在存托凭证市场日益成熟,投资准入门槛相对降低的阶段内,应当对符合准入条件的存托凭证投资者进一步细化,对资质较低类别的投资者采用"适当性评估机制",如存托机构可以在特定情形下拒绝执行投资者的相关交易指令。

3. 存托凭证投资者分类及其主体资格限制的标准细化

在投资者适当性制度中,对存托凭证投资者进行科学分类以及根据存托凭证的特性和市场客观状况设置存托凭证的投资准入条件,均是投资者适当性制度的重要内容。对存托凭证的投资者进行分类管理和由证券监管机构设置相应的投资准入条件并不是同一项规则,二者最为直接的规则效果或者说制度功能并不相同。具体来说,对存托凭证的投资者进行科学有效的分类管理,是为了让承担投资者适当性义务的义务主体更准确直接地达到"了解投资者"的目的,而且所谓"了解"也有不同的层次划分,既包括基本层面由证券监管机构进行的一般分类,如专业投资者和普通投资者;也包括由证券经营机构针对特定投资者进行的细化分类和管理举措,其中当然涉及证券经营机构针对存托凭证和相应投资者之间的匹配关系所做出的细化分类。此外,对存托凭证投资者的主体资格进行限定,则是作为投资者适当性制度的前置性保护措施,目的在于对明显不适合进入存托凭证市场并参与存托凭证交易活动的投资者直接给予投资行为禁止的否定性评价,即不允许进入存托凭证市场。

当然,无论是科学分类,还是资格限定,都是以判断投资者在存托凭证市场中的风险属性为前提和基础,投资者的风险属性主要体现其对于特定证券和市场分风险敏感程度、风险偏好、风险规避能力以及风险承受能力。要对以上内容进行准确判断,必须根据投资者自身的具体情况获取真实、准确且完整的信息要素,通过分析和判断最终设置具有可操作性的判断标准。信息要素具有多元性,不同要素对应着不同的风险特性。例如,存托凭证投资者的个人财务状况直接对应投资者的风险承受能力,而且对其风险偏好也具有间接影响。因此,投资者涉及的信息要素复杂多样,或主观,或客观,或内部,或外部。

通常认为,投资者的个人财务状况对其证券投资行为具有重大影响,而且财务状况的好坏直接决定了投资者的风险承受能力。相较于投资者个人的财务状况,诸如投资者性别、年龄等信息和投资者风险属性之间的影响关系就较为隐性,或者说对于不同投资者,其影响程度也存在显著差异。根据投资者适当性制度的一般规定,证券经营机构向投资者销售产品或者提供服务时,应当对投资者的相关信息加以了解和掌握,其中首先是投资者自身相关的一些基本信息,例如职业、年龄、法人性质、资质以及经营范围等。但是,这些信息除了法人方面的相关经营资质和范围对其参与证券投资的风险属性有一定影响外,其他信息要素对投资者分类所贡献的价值相对较弱。而对投资者进行细化分类具有重要价值的信息要素仍以投资者的财务状况和投资经历为主,具体如投资者的收入来源和数额、资产、债务等财务状况,证券投资相关的经历经验以及诚信记录。而且类似于日本投资者适当性制度中规定的"缔约目的",证券经营机构也应当了解相关投资者的投资期限、品种、期望收益等投资目标。但是对于存托凭证,仅将上述信息要素作为投资者的分类考量的标准和判断适当义务适用的条件,可能并不充分,难以使投资者的风险属性和存托凭证的证券特性产生有效的对应关系。

参考上海证券交易所推出的关于"沪伦通"中存托凭证投资者的准入门槛标准,个人投资者参与中国存托凭证交易,应当符合下列条件:(1)申请权限开通前20个交易日证券账户及资金账户内的资产日均不低于人民币300万元(不包括该投资者通过融资融券交易融入的资金和证券);(2)不存在严重的不良诚信记录;(3)不存在境内法律、本所业务规则等规定的禁止或限制参与证券交易的情形❶。可见,存托凭证投资者风险属性以及适当性的判断标准基本上仍以财务状况和诚信指标为主,并没有对投资者是否了解存托凭证的的相关特性进行有效把控,对于其他一些间接性或隐性投资者信息要素也缺乏重视。存托凭证作为一种特殊的证券投资品种,证券经营机构对存托凭证投资者的细化管理,其信息要素应当强化对存托凭证相关特性的了解,主要包括创新企业股票和存托凭证的异同、境内外股东和存托凭证持有人的权利差异、创新企业特定经营风险、投票权差异安排、协议控制架构或者类似安排等风险事项,以上内容应当以规范形式加以明确。因此,对投资者适当性的评估应当抛弃传统的唯资产论,即财务状况越好就越适合进行存托凭证的投资,这种单一的评估标准不符合投资者与市场风险之间真正的关系。资

---

❶《上海证券交易所与伦敦证券交易所互联互通存托凭证上市交易暂行办法(征求意见稿)》。

产雄厚的投资者并不一定比财务相对薄弱的投资者更了解存托凭证,也不一定绝对意味着具备更丰富的跨境证券投资经验或者对市场风险规避的能力。因此,通过科学合理的投资者适当性要素选取,重视存托凭证投资者对于存托凭证特定投资风险的认知和抵御能力,这是合格投资者在存托凭证投资活动中的应有表现。在相关信息的提供和获取方面,应当强制性要求投资者根据相关规定向证券经营机构提供,否则就可能导致不适用投资者适当性义务的情形出现。在证券投资者申请参与存托凭证市场时应当向证券经营机构提供充分的信息材料,其形式可以采用调查问卷,以明确投资者的投资经验和对存托凭证的了解程度。当然,为防止证券经营机构出于利益考虑向投资者提供"帮助",应当由证券经营机构向投资者申明提供虚假信息的不利后果,让投资者在清楚利害关系的情况下进行信息调查,这完全可以在具体操作过程中通过申请调查环节的录音、录像来确保证券经营机构履行说明提示义务。特别是对于履行说明提示义务必须使用合理方式,甚至应当根据不同类型的投资者"区别对待"。此外,对于证券经纪商获取的第一手资料,应当与存托机构进行信息共享,互负重大事项变化或重大事件发生的通知义务,提高双方对于投资者在参与存托凭证交易时行为适当性即时判断的准确性。

第三章　存托凭证投资者保护中的
信息披露制度

第一节　跨境证券融资视角下存托凭证的信息披露

信息披露是证券法律制度的核心内容,我国的存托凭证在原则上沿用既有的信息披露规范,以股票公开发行以及上市交易的相关规则进行调整。当然,这种做法能够有效节约立法成本,有助于我国存托凭证迅速落地推出,也便利了相关市场主体能够尽快熟悉和掌握存托凭证的信息披露要求,一定程度上降低了存托凭证发行和交易的成本。但是,存托凭证具有明显区别于其他证券的特质,例如跨境属性以及与基础证券之间的关系等,这使其在信息披露方面必然展现出自身独特的要求,同时也是存托凭证投资者保护的特殊诉求。

一、跨境证券融资对传统信息披露制度的挑战

(一)存托凭证的跨境市场分割产生多重影响

市场分割是指由于市场之间的流通障碍或交易障碍等原因导致同质商品在不同市场的各种差异,而同一资产在不同市场上的价格差异性则是市场分割的集中表现。人们最初认识市场分割是在产品市场上,产品在各市场之间的流通障碍形成了市场分割,而市场分割反过来又导致同质产品在不同市场上的差异。随着世界范围内各国之间资本项目合作与交易的日益增多,在跨国资本交往活动中越发体现出国际资本流动也会遭遇各种各样的障碍,如交易成本、信息成本、法律限制等,这些障碍在某种程度上反映了世界市场上不同国家之间资本市场的分割现象。从另一角度来看,市场分割其实是一种普遍的市场现象,无论是商品市场、劳动力市场还是资本市场,无论是发达国家还是发展中国家,都存在市场分割现象。

资本市场分割主要是指资本市场之间由于交易机制、投资者构成诸多等差异

导致同质股票在价格,收益率(包括市盈率、市净率),风险等方面呈现较大的差异。股票市场分割有许多表现形式,但其中最重要的仍然是双重上市公司的股票在不同股票市场上的价格差异。美国俄亥俄州立大学的经济学教授勒内·斯塔茨(Rene Stulz)将市场分割定义为一种状态,而在此状态下,属于不同市场,但在某些没有国际投资障碍的国际资产定价模型下,具有相同风险的两种资产,存在不同的期望回报,即存在着不同的价格。●

为了有效区别这些导致市场不一致因素的属性,有理论明确把那些由于法律、政策、制度、成本所人为导致市场分割的客观因素包括对外资股和内资股的投资主体限制、对币种的规定、汇率管制、融资成本和交易成本的差异等都称为"硬分割"因素,这些因素是客观上导致市场分割的制度性因素,而且它们会在同一时间对所有相关上市公司产生相同影响。另外,人们把那些由于非制度因素或由制度因素衍生出的市场分割包括投资者信息不对称、风险偏好差异、流动性差异、需求差异、投资理念差异、效用差异、文化差异等称为"软分割"因素,其中信息不对称或者说信息的重要性被不少学者认为是最重要的"软分割"因素。需要指出的是,"硬分割"和"软分割"因素的划分不是绝对的,学者们在对它们的划分和分析有时也不完全相同。

正是由于市场分割效应中各种客观存在或主观存在的不同影响因素,导致存托凭证的境外发行人、境内存托人、境外托管人、境内投资者以及相关监管主体或市场中介之间的信息传导可能会被各种"硬分割"因素所阻滞,所以,不同市场之间资本流动所引发的信息披露问题也呈现出不同于相对封闭市场环境下的样态。例如,不同市场之间对于上市公司的信息披露要求截然不同,所以存托凭证发行人在原上市所在地需披露的某些信息内容很可能会在存托凭证发行地市场受到豁免,虽然这种信息披露的豁免能够降低跨境融资成本、提高信息披露效率和简化监管环节,但也可能被发行人利用来故意隐瞒某些经营管理信息。除了"硬分割"因素的影响之外,更为复杂多样的"软分割"因素同样会对信息披露产生巨大影响,不同市场环境中市场主体的投资认知、理念以及偏好往往差异极大,这就造成不同市场环境中的同类别主体在面对相同市场信息时很可能会产不同的理解和分析结果。对此,即使各国信息披露制度如何趋同也都将难以克服,所以才更需要不同市场环

● Stulz R. On the Effects of Barriers to International Investment[J]. Journal of Finance, 1981, 36: 923–934.

境中的信息披露制度综合具体情况做出具有针对性的调整和变化。

（二）信息披露义务人复杂化带来的制度挑战

在信息披露的整个过程中，大致可以将市场主体分为两方面，一方面是信息披露方，即履行相关信息义务或自愿进行披露的主体方；另一方面则是信息接收方，即在市场中主动搜集、获取或被动接收相关信息的一方。通常来说，通过有效的信息披露制度保护投资者利益，就可保障市场中绝大多数的信息接收方能够真实、准确、完整且及时获取市场信息，在此基础之上做出相对理性的投资决策，要实现这一目标的关键在于市场中占据信息优势地位的主体如何"分享"信息或是如何将必要的信息进行公开。但是，如果缺少具体且行之有效的制度约束，大多数占据信息优势的市场主体是很难做到主动公开信息、打破市场主体间信息不对称的窘境，甚至会利用信息优势谋取不正当利益，这在资本市场的博弈当中不胜枚举。相较于传统的信息披露，存托凭证这种跨境融资证券的信息披露在义务履行主体方面存在显著不同，这就容易导致原有的信息披露制度在应用于存托凭证时会产生规范的漏洞或不足。具体来看，一方面存托凭证法律关系的复杂性使其法律关系当事人应当担负的信息披露义务也具有复杂性，其所涉及的履行信息披露义务的主体更多元；另一方面，由于我国存托凭证推行的阶段性特征，使相关市场主体也具有显著的新时代特色，这是传统的公司股票或债券在信息披露方面所不具备的新情况或新要求。

在公司股票发行上市以及交易过程中，应当履行信息披露义务的主体是发行人，即通常所说的上市公司。虽然纵观整个证券市场活动，其中也会涉及诸如证券商在销售和推荐证券产品时向投资者履行相应信息披露义务。但总体来看，无论是发行上市阶段的信息披露，还是持续信息披露，证券市场中履行信息披露各项义务的主体仍是以上市公司为中心。但由于存托凭证法律关系的特殊性和复杂性，存托凭证自签发时起就不仅是发行人独自参与的一项市场活动。市场投资者在买入存托凭证时就相当于默认接受了存托协议所确定的法律关系，存托人和托管人将伴随存托凭证市场交易活动的始终。对此，市场中介机构履行信息披露义务最大的不同在于，存托人和托管人职责的履行与存托凭证投资者的利益关联度更强，尤其是采用信托原理看待存托凭证法律关系，将对相关市场主体是否应负信息披露义务产生重大影响。因此,存托凭证信息披露所涉及的市场主体更为多元,将传统信息披露规范适用于存托凭证时就很可能存在漏洞。

除信息披露义务主体的多元化之外,我国推行存托凭证的阶段特点也使其复杂程度加大,这主要表现在存托凭证发行人的资格设定。目前,根据《关于开展创新企业境内发行股票或存托凭证试点的若干意见》《上海证券交易所试点创新企业股票或存托凭证上市交易实施办法》的相关规定,我国存托凭证最初在特定的创新企业中试点推行,其中创新企业是指被中国证监会列入创新企业试点范围、核准公开发行股票或者存托凭证的公司,包括在境内注册设立的创新型企业,以及注册地在境外、主要经营活动在境内的创新型企业(境外红筹公司)。显而易见,我国当前对于存托凭证发行人资格的设定是一种较为稳妥的处理方式。虽然从商业经营和经济关系的角度考察红筹公司,红筹公司和我国境内市场的确有着千丝万缕且非常密切的联系,甚至很多情况下如果不进行深入了解,一般的社会大众都会把红筹公司认为是纯粹的境内公司,认为其与一般的境内上市公司并无不同。但是,经济关系的密切并不能掩盖或改变其身为境外公司的实质属性,这就赋予红筹公司在公司结构、治理机制等方面和境内公司存在巨大差异的可能性。

公司制度处在不断变化发展和进步的过程之中,公司在经营管理实践中可以在一定范围内根据自己的利益诉求进行公司制度的创新,如双重股权结构的产生和安排。红筹公司作为境外法人主体,与境内公司所受到的法律约束以及所处的市场环境截然不同,无论是主动创新还是被动改变,其带有的境外制度特性都会给境内市场提出挑战。换言之,红筹公司在我国境内市场上市,无论是直接发行股票还是采用存托凭证形式,都会给我国证券市场带来一定程度的市场风险和监管挑战。既有的公司法律制度和证券法律制度如果不能及时作出应对,就将难以防范这种其中可能引发的风险或矫正其中不合理的行为,这也是我国监管部门此前对红筹企业回归境内市场上市一直保持较为谨慎态度原因之一。因此,作为保护市场投资者和实施有效市场监管重要基础的信息披露,在面向存托凭证发行人具体情况不同时也必然引发不同的制度反馈,如何应对这种挑战是值得进一步思考的问题。

二、跨境证券融资视角下存托凭证信息披露的基本原则

(一)存托凭证信息披露应当遵循的一般原则

信息披露制度集中体现了证券法的立法理念和精神,是证券法基本原则的具体表达。证券法的基本原则是指证券法所规定的贯穿于证券发行和证券交易活动全过程,对证券法所调整的全部社会关系具有指导作用的根本性准则。证券法基本原则是证券立法、司法和执法的出发点和指导思想,也是证券发行和证券交易活动必须遵守的基本行为准则。因此,作为证券法中占有重要地位的信息披露制度也充分体现了证券法的基本原则。根据我国证券法基本原则,公开是最为核心的原则要求,也是信息披露制度存在的基础。

证券法的目的在于保护投资者,某种意义上来说保护市场中的广大投资者就是保护其知情权。证券法中公开原则的核心就是增强证券市场透明度,保证广大市场投资者都能够充分享有获取足够信息的机会,防止少数人利用信息优势进行证券欺诈、损害投资者利益。为了切实保护投资者的知情权,法律会对信息公开的具体要求进行规范,进而形成了完整的信息披露制度。例如,要求公司的财务报表需要符合一定规格,或是要求公司在公开相应信息时采用便利投资者的形式,其中就包括了需要考虑到普通投资者的阅读和理解能力,以简明易懂而又不影响真实表达的方式进行信息披露。

通常认为,上市公司通过信息披露向外界公开的信息必须真实、准确、完整且严格遵照程序规定。具体来说,上市公司公开的招股说明书、中期报告、年度报告和临时报告等文件不能存在虚假记载、误导性陈述或重大遗漏,否则就可能承担相应法律责任。而证券交易所、证券经营机构、证券交易服务机构及其从业人员,或是证券业协会、证券监督管理机构及其工作人员,在证券交易活动中做出虚假陈述或信息误导的,都将依法承担相应责任。总的来看,无论信息披露义务的履行主体是谁,或是所需披露的信息类型及其内容是什么,甚至无论是在何种市场环境中予以披露,都应当确保相关信息的真实性、准确性以及完整性。毫无疑问,存托凭证作为一种证券在市场中发行和交易,在相关过程涉及的各项信息披露也当然应当遵循以上原则予以披露,这是证券本质属性的基本要求。

(二)存托凭证信息披露应当遵循的特殊原则

存托凭证是跨境证券融资活动所借助的典型证券类型,所以除了由其证券属性所决定的信息披露应当遵循的基本原则之外,存托凭证的信息披露也有着不同于一般证券的特殊要求。如前所述,跨境融资活动天然具有的市场分割效应,会对信息披露产生重大影响。例如,各种不同的影响就包括了不同国家或地区法律制度的不同,这种法律制度的差异就会造成同一信息披露主体在不同制度环境下信息披露行为与结果的差异,这对于不同市场中的投资者显然存在信息获取不公平的可能。具体来说,各国证券市场监管部门和证券交易所都会针对信息披露制定非常详尽的规定,这是证券市场运行的必备条件和基础之一。但正是由于社会环境和市场环境的不同,不同国家证券市场对于信息披露的风险防范和需求点可能存在差异,这具体反映在信息披露的形式、时间和内容等方面,存托凭证的跨境和跨市场因素使其同样会产生这种效果。因此,存托凭证如果仅仅适用原则性或通用性的信息披露规范,必然会加剧市场分割所引发的信息不对称现象,从而给市场投资者保护埋下深刻隐患。所以,应当根据市场环境和制度环境特点,结合存托凭证法律关系及其运作结构的特殊性,对其信息披露提出针对性的原则要求。

1. 就高披露原则

由于不同国家金融监管理念、市场发展水平等因素的不同,造成不同国家对于证券市场的监管宽严程度也存在差异,这就直接导致对于信息披露的规范要求也宽严或多少不一。如前所述,通过发行存托凭证在市场监管水平较高的证券市场进行上市,能够通过客观的规则和监管约束提高公司治理水平,提升信息披露质量,而且也能够向市场投资者传递自身能够满足高水平监管要求并属于优质公司的信号。当然,证券市场的投资环境能够对市场主体的投资行为产生引导作用,这种引导不仅会作用于证券市场的投资者,也会作用于证券发行主体。尤其是对于证券跨境发行的主体,其在选择何地发行特定证券都会存在深刻考虑,其中包括对证券发行地市场的综合评估,如发行地政治制度、法律环境、市场发展水平等因素。当原本处于相对宽松或落后制度环境之下的发行人选择在相对严格或完善制度的市场发行证券,在相应的市场环境中公司也自然会向高水平的制度标准靠拢,从而提升和彰显公司价值,这对市场投资者的保护将带来积极作用。对于信息披露制度,在信息披露规范相对完善、信息披露要求相对较高的市场环境中显然更能够有效约束相关主体切实履行信息披露义务。因此,通过在监管水平高和制度完善的市场中发行存托凭证,能够产生一种约束效应,这也是前文所提及的"法律绑定"或"市场绑定"理论。

具体来看,由于不同市场的证券监管程度宽严不一,其对相关市场主体在信息披露内容类别或数量上要求也是不同的。例如,存托凭证发行人在基础证券市场被强制性要求必须披露某项经营管理信息,但存托凭证发行地市场的信息披露制度并没有规定发行人必须对该项经营管理信息予以披露,此时发行人原则上可以自愿选择是否在存托凭证发行地披露相关信息。但是,这种信息披露要求不同造成的"自愿"空间不仅客观上形成不同市场之间投资者在知情权上的不公平现象,也为一些市场主体利用这种不公平在两个市场之间恶意套利或实施证券欺诈提供了可能。除此之外,相应信息披露要求在质量上也存在差异,如果信息披露的内容和质量要求高于或类似于我国证券相关法律方面的要求,则境外发行公司直接适用本国有关信息披露制度的规定,如果低于我国标准,则必须适用我国有关信息披露的法律法规。

我国处于资本市场对外开放的初期,市场投资者保护与市场风险防范的难度仍然较大,所以应当对存托凭证的信息披露予以适当从严。因此,无论基础证券市场和我国境内市场关于信息披露的要求和标准孰高孰低,应当一律采用就高披露原则。当然,适当从严并不意味着披露的信息越多越好,也不意味着对高标准的信息披露规范全盘采纳,而是充分考量市场效率、信息成本和投资者保护收益之间的平衡,不断根据实际情况进行制度调整。

2. 同时披露原则

证券市场中的投资和交易机会瞬息万变,除了市场信息的真实、准确和完整性会直接影响投资者的决策行为以外,投资者获取相应市场信息时机也非常重要。市场信息的价值很大程度上取决于其公开的时间,通常意义上在市场中占据信息优势的主体除了其自身信息搜集和获取能力相对较强以外,最直观的体现就是它们获取相应市场信息的时间要早于其他市场主体,因而才能够取得信息优势和决策优势。如前所述,遵守程序规定实施信息披露行为也是信息披露制度的一项基本原则,而信息披露制度中程序规定的一项重点就是要求披露的及时性和时效性。

在存托凭证的信息披露中,跨境因素客观上会出现不同市场地理区位上的不同,所以引发不同证券市场之间存在物理时间上的天然差异。简单来说,可能基础证券所在地市场正是白天正常开市交易的时段,而存托凭证发行所在地市场却是午夜闭市的时段。此时存托凭证发行人即使在基础证券所在地市场及时合规披露了重大信息,对于存托凭证发行地的投资者来说也显然是不公平的。一方面,大多数市场投资者搜集、获取和理解市场信息的能力本就偏弱,此时叠加跨境和跨市场因素,语言、时差、法律等方面的差异只会使其更加难以适应;另一方面,不同市场中存在同一主体的信息披露时间差,很可能导致其中一方市场投资者丧失宝贵的投资机会,甚至会产生决策误导,使其在瞬息万变的市场竞争中蒙受本该避免的损失。

在信息披露和信息获取的公平上,除了需要弥合不同市场之间客观地理差异带来的时间错位,市场制度差异造成的披露内容差别也应当予以充分关注,如何协调以及避免冲突成为重点。

因此,信息披露的及时性要求在信息披露中就延伸出了新的意义和要求,即同时披露原则,这是对市场投资者进行公平保护的必然。简而言之,同时披露原则要求履行信息披露义务的主体在基础证券市场和存托凭证市场所披露的信息内容与时间保持一致。总的来看,虽然在某些领域或方面,存托机构所在国证券监管机构没有对境外发行公司提出信息披露要求,但发行公司所在国或其他证券发行上市地的相关监管规则要求披露相关信息,则境外发行公司在依照本国或其他证券发行上市地监管规则披露相应信息的同时,应同步向存托机构所在国证券监管机构与存托凭证投资者作相同内容的信息披露。这是为了保障境内存托凭证投资者与境外发行公司在其他证券市场的投资者具有平等的知情权,有利于投资者及时、准确地了解发行公司运营状况及其他影响证券交易的重大信息,从而作出正确的投资选择。

当然,同时披露原则也并非在任何情形下都绝对的适用。综合考虑到信息披露成本、市场监管效率以及投资者对市场信息的接收程度等因素,通常证券市场监管部门也会给予信息披露义务主体对特定披露内容申请豁免或简化披露的权利,这属于同时披露原则的例外。

3. 差异披露原则

差异披露原则是建立在不同国家或地区对同一信息披露事项规定不同的基础

之上,这种不同主要反映在相应信息披露事项所采用的格式、标准以及处理习惯等方面。对此,最为典型的是由于不同市场环境之下的会计准则要求的规则不同,直接导致相关上市公司在财务信息披露方面即使是相同类别内容也会存在巨大差异,这不仅使不同市场内的证券监管机构在监管协同方面面临挑战,而且存在信息甄别以及差异同化的障碍。毋庸置疑,在上市公司披露的内容繁复的各种信息类型之中,上市公司的财务信息是最直接反映公司经营管理状况的内容,对于投资者和监管者判断风险或进行监管都具有基础性的信息作用,因此也必然成为信息披露制度规范的重点。

在差异披露方面,先以上市公司财务信息披露中存在的会计准则差异为例。根据传统会计理论,会计报告的主体是会计报表,资产负债表、损益表、财务状况变动表或现金流量表这三种通用的会计报表是会计报告的主体。但是,在跨境融资和证券上市的情形下,同一上市公司在两个环境不同、规则不同、成熟度不同的资本市场环境下,在实质相同的经营活动基础上编制出的两套报表内容经常会存在差异,如净利润信息。❶在我国存托凭证的发行和交易过程中,财务会计报告同样是极为重要的信息披露内容,这方面与公司股票公开发行和上市过程中的信息披露并无不同。但差别在于,存托凭证作为境外公司跨境上市融资的重要方式,其本身就担负着需要在基础证券所在地和存托凭证发行地均需按各自市场要求进行会计报告编制和披露的义务。此外,不同国家或地区通常都会根据自身的商业文化、法律制度传统、经济发展要求等具体情况设置不同的会计准则,这直接影响相应上市公司财务会计报告编制的结果。所以,对于存托凭证发行人,即使同一经营事实的财务会计内容也可能会在不同市场信息披露的环境之下表现出不同的披露结果,这可能给特定市场的监管者造成信息披露审核上的障碍或盲区,也可能进一步加重特定市场内的投资者在信息获取方面的不对称,造成不同市场之间的信息不公平现象。当然,随着世界范围内经济一体化和全球化的趋势,为了减少贸易摩擦和降低贸易成本,不同国家或地区之间的会计准则逐步出现趋同现象。甚至是从全球经济发展的统一化的视角来看,国际财务报告准则也应运而生,成为各国或各地区可自由选用的统一性财务会计准则。例如,我国香港地区于2005年开始采用

---

❶ 王立彦,刘军霞.上市公司境内外会计信息披露规则的执行偏差——来自 A-H 股公司双重财务报告差异的证据[J].经济研究,2003(11):72-73.

国际财务报告准则,香港地区的财务报告准则与国际财务报告准则完全趋同。但是,这种世界范围内的趋同现象并没有发展到完全一致的程度,尤其是当前全球经济一体化进程遇到瓶颈,甚至在个别方面出现了"倒退"现象。换言之,各国或各地区出于各自利益的考量,财务会计准则尚未出现实质意义上的同化现象。例如,虽然我国境内的财务会计准则也不断从国际财务报告准则中吸收相应规则,从这个意义上看也存在向普遍的国际财务报告准则趋同的趋势。具体来看,仍然有许多具体规则要求存在重大差别,而且这些内容在短期内并不具备进一步与国际准则趋同的可能,如坏帐准备、存货、投资、固定资产、无形资产、递延资产、住房周转金、汇率并轨、税项调整等。

除了公司财务信息披露方面涉及的准则或标准差异,公司治理的差异值得引起重视。公司拥有独特的治理结构,但各国公司治理结构的模式都不尽相同,仅仅在法系层面就可以分为大陆法系和英美法系。虽然公司治理也有一定共同遵循的原则,如权力分立与权力制衡、效率优先与兼顾公平等。但是由于法律、历史传统、政治制度等条件的不同,各国的公司治理结构在相应法系划分之下又呈现出不同的面貌。此外,有效的公司治理模式并不完全由公司立法进行设计,通常都是在公司法规定的架构之内,在不断发展的公司实践中发生变化,其中最为典型的就是双层股权结构,这也是当前我国存托凭证发行人的特点之一。对此,各国证券信息披露制度根据本国的公司治理结构状况制定相应的披露要求,但对于跨境上市的公司来说必然使同一公司治理结构面对不同的信息披露要求。

此外,与同时披露原则不同,差异披露原则所指向的是不同市场间针对同一披露事项均有规定,只是其规定的该事项披露所采用的的形式、准则或标准等因素不同,可能导致其披露内容的结果存在差异。因此,在面对不同市场之间信息披露内容或形式的差异时,为了使市场投资者能够更为清晰地在具有差异点的披露内容中有效识别投资风险,同时也是更为公平地保障市场投资者的知情权,就有必要在进行信息披露时对具有内容差异的信息进行特别释明。

4. 穿透披露原则

在金融监管领域,穿透式监管已经成为一种被广泛认可和接受的金融监管理念或模式。不可否认,穿透式监管主要是为了应对近年来互联网金融兴起和金融混业经营所引发的一系列现实问题,这也是我国金融监管变革过程中的重要环节。

穿透式监管强调透过金融产品的表象识别业务实质、资金实质,再根据实际的业务属性和功能实施有针对性的监管规则或措施,其主要目的就在于保护市场投资者和防范金融风险。因此,从以上方面看,穿透式监管和证券信息披露并没有特别明显的直接联系。但是,穿透式监管的理念并不是凭空产生,它也是在金融监管变革进程中根据具体的金融实践问题借用了"穿透"的内涵,这是一种具有广泛适用性和创新性的理论工具。在其他学科或实践领域,"穿透"理念也具有非常广泛的应用。例如,管理学中的"穿透"理论是企业内部管理常用的方法,主要针对企业政令无法上传下达、执行力较弱等问题。[1]再如,税收原理中也存在"透视原则",该原则强调在税收征收的特定情形下刺破公司的面纱,是发现企业实际收益所有人的一种技术手段。特别是在跨境企业的税收征收方面,充分利用该原则可以解决跨境企业采取不合理的手段来规避在中国境内的税务缴纳的问题,也是最直接的防止滥用税收协定的方法。[2]

简单来说,"穿透"的内涵在于遵循"实质重于形式",撇开纷繁复杂的外在形式而直击对象实质,准确且全面的识别属性和风险,达到规避盲区、防范风险和保护投资者的目标。可见,"穿透"内涵和信息披露制度对投资者的保护之间相当契合,这就为在信息披露制度中采引入"穿透"理念提供了价值基础和适用空间。如前所述,根据当前我国对于推行存托凭证所出台的一系列政策意见或部门规章,初期我国存托凭证发行人限定于境外红筹企业。众所周知,境外红筹企业基本是都属于集团化的大型企业,企业内部关系和外部联系错综复杂,而且在其谋求境外上市的过程中还架设了复杂程度不一的红筹架构,其公司治理的机构和机制也在境外相对宽松的市场环境中不断创新和变化。因此,对于我国境内大多数一般市场投资者来说,想要掌握和了解存托凭证发行人的真实面貌是极为困难的,尤其是难以清晰而准确地认识到相应公司经营管理活动所产生的实质经济关系及其后果,这对于投资者判断风险和理性决策相当不利。显然,信息披露制度的价值就是为了尽可能缓和甚至消除这种强烈的信息不对称状况,鉴于存托凭证的特殊之处,"穿透"理念在信息披露制度中也找到了自身存在的价值和意义。存托凭证的信息披露需要充分考虑相关当事人的结构状况,防止其通过层层嵌套或多重关联的结构设计

❶ 肖良吉.管理穿透分析法[J].企业管理,2015(5):90.

❷ 刘泽坤.论透视规则在反避税中的运用[J].投资与合作,2013(5):94.

来隐藏可能的风险因素。穿透式金融监管是帮助撩开金融业务和产品的层层面纱，维护资金投入者的权益。存托凭证中穿透式信息披露的重点在于剥开发行人所包裹的层层"外壳"，将其公司治理状况、公司内外部结构、公司经营活动所产生的实际经济后果及其关系等信息，以最清晰和直观的方式呈现给投资者，从而最大限度度保护投资者的合法权益。

第二节　我国存托凭证信息披露的路径分析及其制度要点

一、存托凭证信息披露与投资者保护：公法规范和私法契约相结合

证券市场是公司进行直接融资的最佳场所，在这里公司可以实现对社会公众私人资本的合法占有，人们向公司投资的目的则在于获得预期的投资收益。但是公司对于这种收益并不作出承诺，人们只根据自己的判断决定是否对公司投资。公司与投资者之间原本是一种交易关系，也可以理解为一种权利置换，即公司通过自己的股权来置换投资者的财权，反之亦然，这种置换可能会成为对置换双方都有利的一种行为，但也可能对某一方不利，甚至对双方都不利，这就取决于交易的公正性和有效性。实现有效、公正交易是需要条件的，例如不存在交易成本障碍、市场完全竞争、双方的交易地位平等，在无法完全满足相应条件的情况下，交易的公正和效率就会受到影响。而这种公正和效率受到影响所产生的偏差首先就体现在信息不对称之上，或者说不同市场主体之间对于市场信息获取的巨大差异引发或助长了各种市场主体的不当行为以及市场秩序的混乱。

在证券市场之中，投资者是否向公司投资、与公司达成交易是由投资者自行决定的，投资者的这一决定并不是凭空作出的，而是建立在掌握了与决定有关的充分而有效的信息基础之上。因此，信息是决策的基础，如果没有正确和充分的信息，就会出现决策错误或不当。作为一种私人交易，投资者对其所投资公司享有一定的知情权，这种知情权要求公司必须对影响投资者决策的相关事项进行公开。同时，公司也希望利用信息公开来拉近与投资者的关系。于是，在公司治理的层面上

就出现了信息披露制度。但是信息经济学的研究却发现,交易双方的信息不对称是一种十分普遍的现象,通常在交易中总有一方掌握着比对方更多的信息,而另一方则处于信息劣势的地位,这种信息地位的不平衡导致双方从交易中获利的能力迥然不同。

恰是证券市场上相应主体之间信息地位不平衡的现象尤为突出,作为外部投资者通常很难真正了解公司的真实情况,投资者与交易对手的悬殊地位使得交易的公平性遭到质疑。投资者在交易中是信息弱者,对于弱者的保护就不仅限于保护其知情权。为了对抗公司作为信息所有者的交易优势地位,金融监管者要求公司必须对影响投资者决策的重要信息予以公开和披露。这些信息在类型上包括上市公告书和招股说明书,以及需要持续披露的各种定期报告和临时报告,内容涵盖了公司财务、经营状况、投资结构、董事会构成等诸多方面。金融监管层面的信息披露是一种强制性的信息披露,是作为一种外部的政府治理机制对公司与投资者之间的私人交易进行干涉,其运作的机理可以表述为:制定监管制度—实施监管制度—检查监管制度执行情况—处罚违规行为—根据环境变化改进监管制度。因此,违反强制性信息披露给披露义务人带来的将是不利法律后果,为了避免承担这一结果,信息所有者不得不按照要求进行信息披露。这样,通过公权力的介入和金融监管者的作用,投资者能够从信息优势方那里获得决策所需的最基本的信息。在金融监管层面,强制性信息披露为投资者提供了基础性保护。

但在证券市场中,监管机构所要求的强制性信息披露往往会造成信息披露义务人的消极应对,使信息披露成为形式主义的"幌子"。对于力求降低经营管理成本和证券发行交易成本的信息披露义务主体而言,信息披露实际上是一种昂贵或侵扰性的监管方法。为了避免违反强制性披露义务,信息所有者也会按照要求进行披露,但是在达到了信息披露的"量"的要求的同时却往往难以满足投资者对相关信息"质"的需求。例如,对于信息的真实性要求,信息所有者会根据信息是否利好自身以及对不披露非利好信息的违法成本的判断来决定是否披露,因此就出现了真假信息混杂的现象。再如,对信息适度性的要求,完全依靠金融监管使信息披露达到这一要求存在着困难,因为适度与否本来就不是一个可以精确衡量的概念,人们对于披露到何种程才是"适度"往往观点不同,因此信息披露义务人完全可以为其"少披露"或"多披露"寻找多种借口。所以,公权力的介入的确能改善交易双方信息不平衡地位,为信息劣势的一方提供保护,但是这种保护受制于信息优势方的消极配合因而其作用也十分有限。此外,当企业无法确知投资者信息反应时,一般倾向于不进行信息披露,除非有特别的利益动机促使其愿意披露。对于非强制性披露范围以外的信息,即使可能也影响个体投资者的决策,但鉴于披露成本的存在以及让渡这种信息权能否给信息所有者带来利益的顾虑,信息所有者对于是否选择披露也会倾向于采取非常谨慎的态度。

因此,信息披露制度功能的发挥,也有赖于如何充分激发信息所有者进行信息披露的动力。显然,公法的强制性和证券监管的刚性在这方面就相对力不从心,于是私法在信息披露制度中又找到了对双方关系进行调整的其他路径:从促进交易的角度鼓励信息所有者利用信息披露制度进行投资者关系管理,通过这种关系管理的改善使信息所有者从中获益。在充分调动信息所有者披露意愿的情况下,依靠强制性信息披露难以实现的披露质量也可以得到提高,而且,在披露的方式上也可能有助于实现"投资者友好"。因此基于私法促进交易的理念,从投资者关系管理出发激发信息所有者的披露动力,能够在信息披露监管给予投资者的基础性保护之外为投资者提供一种更高层次的保护。

现有关于存托凭证的信息披露制度并没有充分且全面考虑到存托凭证自身的特殊复杂性,以及这一领域投资者的多样性及其对于信息需求的特殊要求,而是将传统的信息披露制度一般化、笼统地嫁接到了存托凭证之上,这难免会造成相关法律规范的排异或者漏洞。此外,由于信息披露公法化趋势的不断强化,金融监管者逐渐成为制度规则的当然缔造者和强势引导者,信息披露义务人所面对的是强大的监管者,将投资者遗忘或抛在了脑后,信息披露逐渐呈现出强烈的形式主义色彩:信息披露义务人应监管要求进行信息披露,而不是为了投资者决策的需要,所披露的信息在内容上偏向于满足监管者的最低要求,更类似于监管报告;个体差异等特征性信息不充分,信息披露雷同、样板化和格式化现象严重;基于历史的报告性信息居多,对投资者决策更有意义的未来预测性信息偏少。于是便可能形成这样一种怪圈:义务人进行信息披露—投资者获取信息并作出决策投资者决策失误—投资者丧失信心—存托凭证市场疲软—证券监管者强势介入—信息披露规则调整—义务人按照新规则披露信息—投资者决策依旧失误。因此,如果能够在公法强制性规范和行政监管之外,以私法的路径来扩充信息披露的多元内涵,则可能不仅会提升整个市场对于存托凭证相关信息的获取机会,也更能从投资者自身角度顾及到存托凭证信息披露的特殊需求。对此,存托凭证不同于其他证券且给予上述路径以可能的主要原因在于存托协议和托管协议这两项基本契约文件的存在。从前述存托凭证所符合的信托法律关系角度来理解。信托法通常规定了受托人需要遵守的一系列义务规范,但传统信托理论认为受托人负有什么样的义务还是基本上由信托契约所决定的。在法定义务和约定义务的对比之中,目前信托理论基本上认为由信托行为(信托契约)所决定的受托人义务是更重要的。从这一角度来看,委托人和受托人之间的合意就成为决定受托人义务最重要的方式。所以,包括信息披露在内的相关义务性规则都可以通过信托契约来约定,而这种信托当事人之间的约定也同样对相关当事人产生拘束力。

当然,私法层面更多是为投资者提供一种与交易对手平等的保护,而不能完全达到给予弱势一方倾斜性照顾的目标。因而在证券领域的投资者与上市公司的私人交易之间,公法介入仍然是保障投资者合法权益和维护证券市场秩序最为重要的前提,这也是本文着重对公法规范下信息披露制度展开研究的原因所在。由公权力对双方的交易关系进行适当干预,通过这种干预矫正双方在交易中的地位失衡现象,使双方的交易关系达到一种实质的平衡和公正。但是,当在存托凭证中融入两种不同的规范思路,其信息披露制度就同时兼具了公法规范和私法规范的双重属性,即证券监管所要求的强制性信息披露、信息所有者和市场投资者关于信息披露的自主约定。在这两个不同的层面上,信息披露制度与投资者保护的关系也呈现出不同的状态。即使例如面对经济实力和议价能力悬殊的存托凭证发行人和投资者,通过契约方式让发行人自主披露更多有用信息的实际效果可能非常有限。但在当前证券投资者保护形势并不乐观的情况下,任何一种成本可控且确有实效的方式都不应当被贸然忽视。

二、存托凭证信息披露主体:以存托凭证法律关系为中心

证券法的基本原理是通过公开手段达到保护投资者的目的,但需要谁去公开相关信息则是必须首先面对和解决的问题,显然存托凭证对于这一问题同样无法回避。对于传统的证券类型股票来说,投资者购买股票成为相应公司的股东,公司股东享有了解和监督公司经营管理状况的权利,这也是股东的一项基本权利。除

了股东主动查阅公司章程、会议记录以及会计报告等内容外,股东知情权很大程度上依赖于公司对于相关信息的"主动"披露。虽然这种"主动"披露并非仅仅针对持有公司股票的股东,而是面向整个市场,但这并不影响其成为公司股东行使股东权利的重要决策基础。此外,对于大多数证券市场上尚未购买相应股票成为公司股东的潜在投资者,其是否购买某公司股票取决于公司价值,这显然也依赖于公司自身主动向外界传递的各种价值信息。存托凭证虽然是以股票作为基础证券,而且投资者购买存托凭证在某这种意义上就相当于购买了相应公司的股票,但是在法律关系的构造上相较于股票存在着显著不同,这在前文已经有所提及。因此,存托凭证的信息披露主体不再只是针对发行人,而应基于存托凭证法律关系所带来的信息披露需要或必要来赋予相应主体信息披露义务。

(一)存托凭证发行人的信息披露义务

某种意义上看,存托凭证是一种商品,它是发行人投放市场并面向广大市场投资者出售的一种投资商品。与买卖股票以及其他商品一样,存托凭证的价值决定其市场价格,同时也直接影响着其能否被市场投资者所青睐和购买。因此,投资者最为关心存托凭证的价值大小或者说品质好坏,通过购买品质优良的存托凭证才能够有溢价出售的可能或是最大限度分享相关公司经营成长所带来的收益。然而区别于普通商品,投资者通常并不能够对包括股票和存托凭证在内的证券品质进行直接判断。存托凭证以股票作为基础证券,存托凭证持有者享有的权益以对应股票所承载的股东权为基础,投资者能否通过存托凭证获取投资收益就与存托凭证发行人的经营状况息息相关,所以存托凭证的价值同样取决于其发行公司的价值。但是,市场中绝大多数投资者并不具备主动搜集、查阅和分类处理相应公司信息的能力。"公开是救治现代社会及工业弊端的最佳良药,阳光是最好的防腐剂,灯光是最有效的警察。"❶因此,证券法就通过法定的信息披露义务来"强迫"公司公开相关信息,并通过程序化、格式化的要求来对公开的信息进行规范。而且,公司的经营管理状况一直都会处在不断变化的过程当中,所以证券发行人的信息披露义务并不是一次履行完毕,而是在市场中持续不断地进行。

存托凭证是公司实现双重上市的具体方式之一,存托凭证发行人通过在境外

---

❶ 易斯·D.布兰代斯.别人的钱:投资银行家的贪婪真相[M]//胡凌斌,译.北京:法律出版社,2009:53.

市场发行存托凭证实现融资目的,公司股票所承载的股东权利转化为存托凭证代表的权益。既然存托凭证发行人在基础证券市场必须履行其作为上市公司应尽的信息披露义务,那么在双重上市所在地市场即存托凭证发行地市场也必须履行相应的信息义务,这是对等原则的基本要求。此外,不同国家出于对本国市场和投资者保护的基本要求,不仅不会对境外发行人的信息披露义务置于不顾,而且还会对境外发行人的信息披露义务针对自身市场特点进行特别规定。因此,无论是从存托凭证的证券属性角度,还是存托凭证和公司股票的密切关联角度,存托凭证发行人都需要承担上市公司在证券市场中应有的信息披露义务。

(二)存托凭证存托人和托管人的信息披露义务

在存托凭证法律关系中,存托人和托管人都是必备且一直存在的法律关系主体,它们各自在存托凭证的运行过程中肩负不同的职责以完成存托凭证的发行、交易、管理等活动。当然,由于存托凭证中的存托人和托管人都属于专业的金融机构,它们相较于市场中占据多数的投资者确实处于信息获取的优势一方,但这并不足以论证它们对市场投资者,尤其是对存托凭证持有者负有严格且持续的信息披露义务。虽然单纯从保护市场投资者和信息不对称的角度分析可以得出其应当和存托凭证发行人履行信息披露义务,但是其应当履行信息披露义务的程度、内容等具体细节却难以在这种分析中得到答案。因此,对于存托人和托管人信息披露义务的解析还需要回归存托凭证法律关系,从权利义务的关系和设计方面得出结论。

存托凭证的存托人是连接境内外相关市场、境内投资者和境外发行人的重要桥梁,其不仅担负着协助发行人完成存托凭证发行活动的重任,同时还持续担负着实际持有存托凭证基础证券、及时向存托凭证持有者传递存托凭证发行人经营管理状况以及递送相关资料等职责。如前所述,存托凭证契合信托法律关系,所以可以且应当采用信托原理来理解和解释存托凭证法律关系当事人之间的权利义务。存托人作为信托关系中的受托人,其权力和职责相当巨大。例如,存托人原则上作为存托凭证基础证券的所有者,其也是存托凭证发行人股东名册上所记载的公司股东,享有相应的股东权利,如果在此基础之上不能实现信息的透明化,很可能会引发存托人私自滥用股东权利甚至处分信托财产(存托凭证基础财产)的后果。对于存托凭证的发行人来说,存托机构是否及时将相关信息传递给存托凭证持有者或是及时向其公开,这不是发行人能够有效促成的,更不是发行人应当承担的义务和责任。此外,存托人作为境内投资者最为直接面对的存托凭证当事人,有关存托凭证的大量信息可以说都直接来自于存托人,所以存托人的信息披露义务的内容不仅应当加以明确,而且信息披露的具体方式更为重要,这决定了投资者以何种状态获取相应信息内容。

除存托人之外,存托凭证的托管人同样也需要履行一定的信息披露义务。存托凭证的境外托管人负责托管存托凭证的基础财产,而且需要按照托管协议约定协助办理分红派息以及投票等与基础证券权益相关的事项。根据存托凭证法律关系的内涵,托管人作为履行辅助人接受存托人委托托管信托财产,它才是相关基础财产的实际占有者,因此单纯从基础财产的保管状况方面也需要及时向外界予以披露。如前所述,托管人的职责并不仅限于存托凭证基础财产的保管,这是将其同存托人区别于保管关系的原因之一。托管人所涉及的信息披露可以大致归纳为静态和动态两个方面。首先,静态的信息主要是有关基础财产的保管情况、存托凭证发行人分红派息的详细情况、发行人召开股东大会等情况。这些内容虽然有些也会由存托凭证的发行人直接予以披露,但是由于涉及需要托管人亲自执行,如暂时代为接收发行人的分红派息,其披露的侧重点就可能产生不同,这也是存托凭证自身特点所产生的差异披露需求和效果。而在动态信息方面,则主要侧重于境外证券市场的变化状况和基础财产的处分情况。例如,托管人在特定情形下需要接受存托人的指令处分基础证券,这通常是由于存托凭证持有人行使存托凭证的转换权利,将存托凭证转换为基础证券并进行售出。此时,托管人就成为相应基础证券的实际处分者,它决定了具体在何时以何种价格出售基础证券,而这又直接关系到存托凭证持有者的利益。

不同于股票,存托凭证一个重要特点就在于具备存托协议,存托凭证当事人之间的权利义务关系以及部分涉及存托凭证发行上市、交易流通的事项都在存托协议中进行了预先约定。显然,鉴于存托凭证的自身特点,存托人和托管人依据存托协议加入到存托凭证法律关系之中,投资者购买存托凭证的行为默认了存托协议所确定的法律关系结构,从而形成完整的存托凭证法律关系。值得注意的是,在存托凭证中除了存托协议,还包括存托人和托管人订立的托管协议,托管协议约定了托管人应当履行的相关职责以及协议当事人之间的权利义务关系,但在投资者以购买存托凭证行为默认接受存托凭证完整法律关系的角度,为了便于论述,在此部分并未单独论及托管协议,而是将其和存托协议作为确定存托凭证法律关系的一个整体看待。如前所述,存托协议具备信托契约的性质,存托凭证法律关系当事人之间的关系可以采用信托关系来理解,在此基础之上就将有助于理解和分析存托人和托管人在存托凭证中的信息披露义务。

从信托角度看,存托人处于受托人地位,托管人则接受存托人的委托处于履行辅助人地位,它们共同完成信托受托人应当履行的职责。在信托关系中,信托设立时委托人也属必要,然而信托一旦设立,之后即使没有委托人,信托也依然能够存续,而且围绕信托财产进行一系列管理或处分活动都是由受托人完成,受托人是整个信托关系的核心要素。所以,受托人通常基于信托契约享有较大的权利空间。当然,受托人在依据信托目的和信托契约管理运用信托财产的同时必然负有一定的义务,这是权利和义务相对等的基本要求。

基于以上分析,在信托关系中,存托人接受存托凭证持有人委托,成为名义上基础财产的所有者,且负责安排存放和管理基础财产。此外,存托凭证对应的基础证券权益是股权,所以当存托凭证持有者行使参与性权利参与公司经营管理决策时,也是由存托人代为行使。这时由存托人进行必要信息披露的原因在于:其一,存托人是负责存托凭证管理和运作最直接的当事人主体,除存托凭证发行人以外,其应当最为了解存托凭证的发行和交易状况。而且受到跨境市场因素的客观影响和对证券市场交易状况的熟悉、接近程度,在存托凭证日常的市场表现、交易情况以及对存托凭证持有人信息方面,存托人相较于存托凭证发行人更具信息优势。毋庸置疑,对于市场投资者来说判断证券是否具备投资价值的因素非常多元,除了基本的发行人公司经营状况以外,一段时期内市场中该种证券的价格表现、流通状况甚至炒作主题等动态的市场信息都是作出投资决策的重要参考依据。因此,存托人的应当履行的信息披露义务不应仅仅针对存托凭证的持有人,而是面向整个市场实施信息披露。其二,存托人作为信托关系中的受托人,其应当承担相应的受托人义务,其中最重要的就是信托法上的信义义务,包含有忠实、善管注意、自己执行等具体内涵。但是无论具体的义务内涵如何解释,这些法定义务的目标都指向约束受托人的管理行为,保护信托受益人的合法权益,在这一点上就与存托凭证中保护市场投资者相互契合。因此,为了尽可能确保存托人合理合规执行存托事务,将其执行存托事务的必要信息予以公开无疑是一种最佳方式。同样,托管人直接保管基础财产,办理分红派息、存托凭证转换、基础证券出售以及直接参与公司投票等事宜。在这一系列事务的执行过程中除了存托协议或托管协议约定的义务条款来约束其行为,但这种约束效果较为被动,无法有效获得来自外界的监督和评价。信息公开化意味着存托人执行存托事务过程和结果的透明化,存托人执行存托事务的"质量"将接受来自市场的检验和监督,接受存托凭证发行人和持有者的评判。尤其是当这种评判不单是一种软性的意见表达,它完全可以通过存托协议或托管协议约定的解任机制来产生硬性约束或警示效果,这也是让存托人和托管人全面且合理履行信息披露义务的另一重要原因。

(三)有关存托凭证信息披露主体的法律规范及其不足

目前,在中国证监会发布的有关存托凭证的一系列规范性文件中,其中涉及存托凭证信息披露的规定数量较多,如《存托凭证交易管理办法(试行)》《存托凭证存托协议内容与格式指引(试行)》《创新企业境内发行股票或存托凭证上市后持续监管实施办法(试行)》《公开发行证券的公司信息披露编报规则第22号——创新试点红筹企业财务报告信息特别规定(试行)》《公开发行证券的公司信息披露编报规则第22号——创新试点红筹企业财务报告信息特别规定(试行)》等。从当前有关存托凭证的信息披露的规定中可以看出,在存托凭证发行上市和交易流通过程中承担信息披露义务的核心主体是境外发行人,而且大体上与境内上市公司所承担的信息披露义务大体相同。

在信息披露的主体范围方面,当前规定显然存在诸多不足。简单来说,现有规定以存托凭证发行人为信息披露的主要责任主体,并以此为中心构建了形式上相对完整的信息披露规范要求,但是对于存托凭证法律关系中应当负有相应信息披露义务的存托人和托管人仍然存在明显的规范疏漏。《存托凭证交易管理办法(试行)》(以下简称《管理办法(试行)》)是规范存托凭证发行和交易行为,并保护投资者合法权益最主要的规范性文件,存托凭证的信息披露是其中重点规范的内容。《管理办法(试行)》第十六条第一款和第二款规定:"境外基础证券发行人及其控股股东、实际控制人等信息披露义务人应当依照《证券法》《若干意见》、中国证监会规定以及证券交易所业务规则,及时、公平地履行信息披露义务,所披露的信息必须真实、准确、完整，不得有虚假记载、误导性陈述或者重大遗漏。境外基础证券发行人的董事、监事、高级管理人员应当忠实、勤勉地履行职责，保证境外基础证券发行人所披露的信息真实、准确、完整。"

此外，在《管理办法（试行）》第四章"存托凭证的信息披露"中，第四章共计10个条文所提及的信息披露责任主体均是境外基础证券发行人。虽然在第四章对于存托凭证信息披露的规定中也涉及境外基础证券发行人的控股股东、实际控制人以及其董事、监事、高级管理人员，但是上述人员在本质上和存托凭证的基础证券发行人并无不同。公司本身并不具备自动披露信息的能力，公司不过是组织体和法律拟制的产物，如果缺少具体经营管理公司的"人"，公司的信息披露也就无从实施。换言之，信息披露属于公司重要的经营管理内容之一，让基础证券发行人合规履行信息披露义务，其实就是敦促公发行人的董事、监事、高级管理人员、控股股东或实际控制人合规履行信息披露义务。此外，《管理办法（试行）》第四章中对于一些信息披露要求的义务主体指向存在明显的不确定性。例如，第二十二条规定："境外基础证券发行人及其控股股东、实际控制人等信息披露义务人应当保证其在境外市场披露的信息同步在境内市场披露。"再如，第二十四条规定"境外基础证券发行人或者其他信息披露义务人向中国证监会、证券交易所提供的文件或者信息披露文件应当使用中文，文件内容应当与其在境外市场提供的文件或者所披露的文件的内容一致。上述文件内容不一致时，以中文文件为准。"从当前有关存托凭证信息披露的规范中，我们难以推知以上表述中的"……其他信息披露义务人"和"……等信息披露义务人"到底是谁。监管部门固然可以随时依据公权力要求相应的市场主体向其履行必要的信息披露义务，但是作为市场信息公开和投资者保护的常态，这种规定显然存在疏漏。因此，从这个角度理解，可以说目前相对有效地受到存托凭证信息披露制度规范的义务主体只有基础证券发行人，最起码存托凭证法律关系中的存托人和托管人并未得到应有体现或强调。

而且，相关规定中"等""其他"的表述留给法律解释或完善的充足空间。从证券监管的角度看，可能监管者并非是故意忽视这一问题或真的无法明确存托凭证的信息披露义务人。《管理办法（试行）》第十六条对于信息披露义务人的表述是"境外基础证券发行人及其控股股东、实际控制人等信息披露义务人"，从"等"字可以看出当前规定并没有完全限定存托凭证信息披露义务人的主体范围。但是，这种范围不确定表述的目的应当是可以让立法者或监管者根据存托凭证实践的不断变化,便于随时加入新的信息披露义务人,从而为投资者提供更周严的保护,也为存托凭证市场提供更全面和透明的信息披露环境。但恰如前文所分析,基于存托凭证法律关系的特点,无论是从证券信息公开还是权利义务对等原则,抑或是信托关系中受托人义务规范的要求,存托人和托管人都是存托凭证中确定且必要的法律关系主体,它们都应当按照一定要求切实履行各自的信息披露义务,这是保护存托凭证投资者的必然要求和重要方式。在这种情况下如果没有对相应义务人进行必要和周全的信息披露规范,显然会造成市场信息公开和投资者保护的漏洞。

三、存托凭证信息披露内容:基于信息披露义务主体特殊性分析

通过信息披露制度保护市场投资者就是利用信息公开给予投资者尽可能客观和全面的决策基础,投资者根据信息披露义务人所公开的信息对相应公司、证券等市场主体或客体进行自主判断,从而做出最大限度理性的投资决策,在此基础之上实现"卖者有责"和"买者自负"的证券交易原则。因此,对于投资者而言,通过信息披露制度获取的信息内容至关重要。而且,信息披露制度可以划分为多个层次,如信息披露义务人、信息披露的程序规范和形式,以及信息披露的具体内容,在这些不同层次当中,信息披露的内容是核心要素。但这些层次要素之间无论如何比较,投资者最终都是根据信息内容进行自主加工思考并作出投资决策,而非仅仅依据信息披露的方式就会轻易改变其投资决策,当然这是在其他"变量"都相同的基础之上所得结论,所以从这方面看信息披露的时效性也是不可忽视且不可随意变动的要素。但是无论是否考虑其他层次因素的影响,信息披露的内容都是决定信息披露质量最重要的评价指标,同时也决定了投资者将如何做出自主的投资决策。

毋庸置疑,在信息披露制度中,不同信息披露义务主体所担负的义务要求并不相同,直接决定其披露的信息内容也各不相同。造成这一结果的原因在于不同市场主体所获取或占据的信息类型各异,它们可能针对统一市场客体不同方面或同一方面所取得的信息结果并不相同。但是,这并不能否认其取得相应信息的价值,因而任何事物都不是只有一个侧面,不同的市场主体可能是从其不同侧面获取了有关信息,越广泛的信息集合对于消解市场信息的不对称越发具有积极意义。更

深一层思考,不同的市场主体之所以能够从不同侧面获取相关信息,源于其市场角色的多样化。不同的市场角色在市场中所处的环境位置存在巨大差别,所以能够接触和获取的信息类型和程度也存在差异,这是受制于一系列客观因素的影响,也直接决定了其信息获取能力的大小。所以,不同的市场主体依据其在市场中职能、功能和角色定位,从而获取的不同方面或程度的市场信息。当市场主体或者说信息披露义务人之间存在客观差别,它们所应当肩负的信息披露义务折射在信息披露内容上就应当有所不同。显然法律不能苛求相应市场主体去披露在其获取能力范围之外的信息内容,否则这不仅违背公平原则,也是客观上具有实现难度的想法。

对于存托凭证,存托凭证发行人、存托人和托管人作为存托凭证法律关系的基本当事人,他们都应当负有一定的信息披露义务,但是他们所肩负的义务内容显然应是不同的。造成这一表现的原因具有多样性,其中既包括与境内同类市场主体对比展现出的自身特殊性,也包括它们在存托凭证中所处的角色地位不同。从法律关系角度看,根据发行人、存托人和托管人在存托凭证法律关系中所处的地位、所享有的权利义务关系综合决定,尤其是对于存托凭证这种新型的证券品种,其特殊性决定了与其相关的法律关系主体之间必然存在一些不同于一般证券之处。因此,这种不同反映在信息披露内容方面就意味着应当根据存托凭证法律关系主体的特殊性,在基础的披露制度之外考虑如何更为全面地保障市场信息透明和保护投资者。

(一)存托凭证发行人特殊性对信息披露要求的影响

在证券市场的信息披露方面,发行人公司的经营事项和管理风格各不相同,但是在相同制度环境中,它们都共同遵守或者说必须符合相关公司法律制度所确定的组织属性、公司结构、治理机制等基本要求,如必须是境内登记注册、股份有限公司、同股同权等。所以,在设计发行人需要披露的信息内容时,能够在相对统一的条件之下抽象出对于判断公司经营状况和风险识别具有重要性的具体事项。但是,从我国存托凭证的推行策略来看,存托凭证发行人的资格暂时锁定为红筹企业,红筹企业在法律属性上并非境内公司,红筹企业不仅仅是注册地与境内上市公司存在差别,更重要的是由公司所在地不同引发的各项对于公司经营管理具有重大影响的因素不同,如公司股权结构、公司治理、运营规范等事项均存在差别。

正因如此,面向不同的信息披露义务人,其所能够且应当向市场公开的信息内容必然会有所不同。假设不进行有效区分和甄别,对任何不同类型或状况的公司组织都一刀切,采用统一信息披露规范,无疑会造成信息披露的盲点和不公平,反而不能达到信息披露制度的初衷。对于我国存托凭证的发行人,其境内一般上市公司的区别不言而喻,它不仅在存托凭证的跨境融资活动中具备境外公司特点,而且在我国当前阶段的存托凭证语境下又增添了红筹企业以及高新技术产业的特殊之处,不同的企业类型、结构和现实经营特点都会蕴含不同的投资风险特征,这些也都将对其信息披露提出不同要求。结合目前证监会公布的提出存托凭证发行申请的红筹企业,在不同的主体差异因素中能够对信息披露产生较大影响的主要有两点,一是外部红筹架构,二是内部公司治理,这也是本书选取的对于保护境内投资者较为重要的信息披露内容要点。

1. 红筹企业对于信息披露的特殊要求

红筹企业或者说红筹公司都并非严谨的法律概念,这种对企业或公司的称谓最初源自我国香港证券市场,它是在资本市场实践过程中被有关专业人士长期使用的一种称谓。自20世纪80年代以来,香港证券市场逐步出现了中国内地企业前来上市的热潮,在这一过程中,香港市场上逐渐形成了对相关具有中资背景的内地企业的习惯性称谓。随着市场的发展,实践中也有人对红筹股的范围进行了类似扩展。虽然对红筹股或红筹公司目前并没有统一的概念性界定,但实践中已经逐渐形成了对其认知的一些通用性标准,包括:公司需在中国内地以外的地区或国家注册且上市地为香港市场,中国内地资本能够在公司股权结构中达到控制程度,公司主要业务经营或利润来源是在内地市场。❶随着国际资本市场开放程度越来越高,包括美国、新加坡、澳大利亚等国家在内的证券市场也成为中国内地企业进行境外上市的优选,红筹股的范围也在实践中获得扩展,那些在中国境外注册并在香港以外的境外市场上市的中资背景公司也常被成为红筹公司,所以也有学者将其界定为广义上的红筹公司或红筹股。

但是无论怎样具体定义,囿于各种历史原因或是市场发展过程中的公司制度创新,红筹公司相较于传统的境内公司仍有许多不同之处,主要表现在复杂的红筹

---

❶ 赵伟昌. 红筹股公司回归A股市场法律问题研究[D]. 武汉:华中科技大学,2009:6-7.

架构和特殊的公司治理方面。其一,由于我国早期较为严格的外资进入限制和迫切的企业融资需求,绝大多数红筹公司都通过架设相当复杂的企业架构来规避相应的外商投资限制,这也被成为红筹架构,其典型表现就是广为人知的VIE结构;其二,大量采用VIE的红筹公司都属于创新型产业的TMT❶公司,它们在通关利用VIE结构实现境外上市的过程中,往往结合企业需要实现了公司治理方面的突破或创新,这一典型表现就是双层股权结构;其三,通过目前市场备受关注且可以率先采用存托凭证回归境内证券市场的现实状况看,相应的BATJ❷公司都是既采用VIE结构又存在双层股权结构的红筹公司。

在吸引和鼓励它们通过发行存托凭证回归境内市场的过程中,显然是允许其保持红筹公司上述特点的。当然,当前政策的允许并不代表其中已经不存在隐性风险,否则也不会出现在2006年商务部、中国证监会、国家外汇管理局等六部委联合公布著名的《关于外国投资者并购境内企业的规定》(也被称为"10号文")后再也没有一家境内企业获批。离岸公司是投资者为了实现投资目的而在离岸法域专门设立的一类公司,由于离岸法域政府监管的特殊性,离岸公司在信息披露、经营财务方面有着高度的自由度,相应地,离岸公司的股东身份、股东数量、持股比例也有较高的保密度。在此背景下,离岸公司的投资者往往利用离岸法域相关规定作为其绕开国内监管审批的手段和屏障;更有甚者,离岸公司的高度不透明成为他们逃避合理法律义务和经营风险的保护伞。值得注意的是,由于在离岸公司可能引入境外投资者,监管当局应重点关注境外投资者同企业创始人、实际控制人签订的投资条款,其中的对赌协议、一票否决权、领售权条款可能让境外投资者变相获得对公司的控制权,或者影响公司股权稳定性。因此,监管当局在对VIE这种特殊架构的公司回归上市时,应当主要关注相关公司内部治理、外部架构和一系列投资权益安排的信息披露,相应信息披露要求的重点是相关信息点对于公司健康稳定经营的影响,这就涉及投资者权益受损的风险防范。

2. 公司治理特殊性对信息披露的特别影响

双层股权结构也被称为双重股权结构,由于其有别于常规的同股同权的公司

---

❶ TMT(Technology,Media,Telecom),也被业内称为数字新媒体产业,通常是指未来(互联网)科技、媒体和通信相互融合的科技创新型公司。

❷ 特指百度、阿里巴巴、腾讯、京东四家互联网巨头公司。

股权结构,亦被称为"不同投票权结构"。区别于同股同权的股权结构,双层股权结构的核心在于公司通过发行含有不同投票权或者不同控制权安排的不同种类普通股票所形成一种特殊的公司权益结构。❶

有关数据显示,2010年后,在美国上市的中国企业中有29%的企业选用双重股权结构,市值为在美国上市的所有中国公司总市值的70%;同时这29%的企业里面互联网与科技企业占比恰好也是70%。由此可见,双重股权结构凭借独特优势在科技创新型企业中被广泛采纳,当然这也是由科技创新型企业创立和发展的特点所决定的。对于绝大多数科技创新型企业,公司创始人的经营理念、经营能力以及管理特点等主观要素是主导公司经营发展的关键所在,这些科技创新型企业能够在激烈的市场竞争中脱颖而出并获得成功,很大程度上也归结于公司创始人的个人成功。但是,科技创新型企业想要进一步做大做强就必须依靠雄厚的资本支持,但这对于这类企业往往是"软肋"。因此,在引入战略投资者的过程中,一方面公司创始人为保持对公司经营管理的"绝对"控制,另一方面战略投资者和市场出于对公司创始人能力的信任和依赖,双重股权结构就成为一种在特定公司发展阶段和特点目标之下的最佳选择。而且,当相应公司度过初创期和成长期,进入相对成熟的上市孵化期时,股权结构特点也成为公司上市需要重点考虑的方面。从历史经验角度考察,我国境内公司在寻求境外上市时,对境外上市地市场的选择考量因素也是非常复杂的,常规的因素包括上市地市场的发展水平、制度完善性以及融资效果的预判等。当然,随着公司制度的发展,双重股权结构也开始在我国公司实践中广泛出现,甚至超越双重股权结构出现新的治理结构或机制,这类公司在实施公司上市活动时也就必然会将能否接受这种特殊公司股权或治理结构纳入重要考量因素之内,进而也引发了全球范围内主要证券市场相继修改公司上市规则的浪潮。

通常而言,双重股权结构公司倾向于高投票权的集中度。在有些双重股权结构公司里,甚至出现有大约96%的股东持有限制投票权的股票。❷双重股权结构

❶ Cipollone D P. Risky Business: A Review of Dual Class Share Structures in Canada and Proposal for Reform [J]. Dalhousie Journal of Legal Studies. 2012,21(1):602.

❷ De Angelo H, De Angelo L. Managerial Ownership of Voting Rights [J]. Journal of Financial Economic. 1985,14(1):47.

显示出家族或创始人控股的特点,2000年以后在美国上市互联网或高科技企业创始人控股的现象非常普遍,如京东、阿里巴巴等。实践中看,双重股权结构公司会发行两个或两个以上种类股票,不同种类的股票所承载的投票权不同,持有不同类别股票的公司股东就能够依据不同分量的投票权对公司经营管理施加不同程度的影响。除了一般的投票权差异之外,双重股权结构也可以通过其他的公司控制权差异分配形式实现特定目的。例如,双重股权结构在董事选举方面的差异安排,某公司可以发行不同类别的股票,持有不同类别股票的股东在选举公司董事时可以分别进行选举活动,其差异主要体现在不同类别股票所对应的能够选出的董事人数存在差异,这就在一定程度上保证持有某类股票的股东能够最大限度依据自己的意愿选出数量更多的董事,从而通过对董事会决策的影响来把控公司经营管理,这也是公司股东异质化的重要体现。

北京京东世纪贸易有限公司(以下简称"京东")作为互联网科技公司在美国纳斯达克上市时,将股票分A和B两类股票,A类股票享有一股一票的投票权,B类股票不公开发售但享有一股二十票的投票权。除此之外,京东也通过公司章程的特别规定来对公司创始人的权力进行扩张,在相当程度上确保了公司上市之后,创始人也能够对公司经营管理进行有效控制。例如,公司召开董事会必须有公司创始人出席参加,否则将直接被视为董事会召开程序违规。再如,当公司董事会在对议案进行表决时,若赞成与反对的董事人数相同,公司创始人则具有决定性权力,即一票决定权。不仅是京东,阿里巴巴集团控股有限公司(以下简称"阿里巴巴")同样在双重股权结构的基础之上对公司治理的结构和机制进行了独创性变革,即著名的合伙人制度。简而言之,阿里巴巴的控制权并非通过不同类别投票权的股票发行来实现,而是通过特定的公司"合伙人"对董事提名权的控制来实现,这一方面使公司创始人即使持有少量公司股份,也能够对公司经营管理施加重大甚至决定性影响;另一方面也促使承继公司经营理念和管理精神的高级管理人员进入合伙人团队,成为公司管理发展的决定性力量之一。

因此,无论是双重股权结构,还是以此为基础不断演变出的特殊公司治理结构和机制,它们都是在不断发展的市场实践中适应特定公司的治理需求所出现,这些特殊的公司治理结构和机制也逐渐得到市场的广泛接受,这在世界范围内各大证券交易所相继接受特殊公司治理结构和机制的公司上市可见一斑。创始人或特定经营管理人员对公司控制权的适度把控,能够在相当程度上确保公司经营发展理念的一贯性,保持公司经营管理创新的氛围,这对于延续科技创新型企业健康的发展态势具有正面作用。但是,包括双重股权结构在内的特殊股权结构或治理机制也并非全无风险。特定股东或经营管理人员对公司控制权的极大扩张,本身就意味着公司内部监督制衡机制的部分失灵或牺牲。假若无法对管理层或控制股东实施有效的监督,使得管理层滥权和侵占股东利益的可能性大增。❶当然,这种担忧或风险的存在并非要求公司治理结构或机制必须一成不变,或是要求必须按照传统的或法律既定的轨道运行,显然,市场的需求和实践的发展应当得到公司法律制度的及时反馈和尊重。因此,法律制度面对这种公司治理创新或变革应当是充分考量其产生基础和风险可能,基于此做出适当的制度回应,对可能出现的机制异化或失灵进行事先防范。从法学角度看,公司治理可以通过配套制度设计,以维护股东、公司债权人以及社会公共利益,保证公司正常有效地运营。❷因此,当这类特殊公司治理结构或机制的公司在我国境内市场以存托凭证形式上市时,相应的法律法规也应当充分考虑到其特殊治理状况对境内投资者可能产生的利益影响,尤其是公司治理风险对投资权益的影响。在当前基本予以认可的政策态度之下,具有针对性且有效完善的信息披露应当是对其进行有效规范和风险防控的重要方式。

3. 公司特殊经营状况对信息披露的影响

通常来说,能够公开发行证券并实现证券上市的公司都是市场中的优质企业,这也是市场和投资者对于上市公司的直观判断。在非理性的商业判断层面,公司上市就意味着管理优、经营好、实力强。但这种非理性判断,其实很大程度上也源于一国相关法律制度和监管理念对于公司上市的态度。对于我国长期对公司上市进行严格审核和把控的监管与制度环境来说,公司应当在上市时都是属于财务状况良好,公司内部治理结构和控制制度健全有效,而且具备稳定商业模式和盈利能力的优质企业。显而易见,虽然不同国家对于企业上市的标准各有不同,或高或低、或宽或严,但都还是存有一定的公开发行或上市条件限制,并非完全任意不受限制。我国长期以来对证券公开发行和上市的审核都较为严格,《证券法》等相关

---

❶ Williamson O E. Corporate Finance and Corporate Governance[J]. Journal of Finance, 1988, 43(3): 567-591.

❷ 崔勤之. 对我国公司治理结构的法理分析[J]. 法制与社会发展, 1999(2): 13.

法律法规也规定了明确的股票公开发行和上市条件,这些条件总体上都能够反映市场对于优质企业的期待和门槛。在各项条件或者说信息披露的内容中,能够最直观反映公司质地"好坏"的内容无疑是公司财务信息,而在各项财务信息中公司的盈利水平或盈利能力往往是投资者最为关心和看重的。

根据估值理论,一切公司、证券或某个资产、业务的价值,是其预期未来期间产生现金流的风险折现值。其中,"预期未来期间产生现金流"即盈利的持续性;"风险折现"是持续盈利能力的风险因素。因此,为了让市场投资者能够最大限度做出理性的投资决策,尽量减少信息不对称带来的投资风险,相应公司的盈利能力和水平就成为长久以来上市信息披露审查的核心内容。简单来说,公司的盈利能力不仅直观反映一定期间公司的经营状况,而且对于经营状况的反映将进一步传导到公司股票的二级市场价格之上。通常来说,如果上市公司在预披露或定期报告中显示当期业绩增长,其股价就会获得显著提升;反之如果是业绩亏损,股价通常会出现下跌。因此,从在二级市场获取投资溢价的角度看,公司盈利能力同样是市场投资者极为看重的信息类型。与此相关,存托凭证是以公司股票为基础证券,存托凭证的市场价格和基础证券的价格存在着非常紧密的相关性,而这种相关性的根源就在于公司的实际经营状况,这是市场根据公司实际经营表现对公司股票和存托凭证价值进行评估判断的体现。简而言之,存托凭证的市场价格会随着发行人公司经营状况的变化不断波动,并在这一过程中和基础证券的价格形成互动关系,或一致或偏离。但无论如何变化,其价值评估都是以公司的经营状况为基本面,进而对存托凭证投资者的投资风险性和投资回报造成最为直接的影响。

但是,随着公司制度、商业模式以及资本市场的发展,特定公司一定时期内的盈利状况已经不再是衡量公司价值的唯一指标。尤其是针对大量新兴的科技创新型企业,它们的经营模式和发展特点都与传统公司存在诸多不同,对这些公司价值的衡量确实已经不能单纯以一定时期内的盈利状况为基准,这也符合商业发展和市场需求的必然趋势。据统计,美国未盈利IPO公司主要来自于互联网、生物医药、通信等行业,从中可以看出这与当前我国试点存托凭证发行的高新技术企业类型基本重合,都是新经济发展的代表企业类型,也是商业模式和公司治理模式创新的集中区域。总的来看,大量未盈利企业上市,主要原因可以归结于三个方面:其一,以互联网科技为代表的新经济迅猛发展,使商业发展从传统制造到现代创造转变,资本市场对于创造型企业的青睐使传统企业价值判断标准发生重大变化;其二,随着新经济在社会发展和进步方面的重要推动作用,社会对于创新和创造的热情不断提升,投资者逐步改变对于短期企业利润的看重,在投资偏好方面转向对企业"未来"价值的追求;其三,高新技术公司的发展特点、经营模式和盈利方式相较于传统型公司发生重大改变,结合公司的实际发展状况,即使短期亏损的高新技术公司在经营表现和发展趋势方面也可能远远好于特定期间盈利的传统企业,这就给予市场和投资者极大信心和期望,使相应公司的价值评价标准更为多元,市场也存在更宽容的评价空间对其进行理性对待。因此,在国务院办公厅转发证监会的《关于开展创新企业境内发行股票或存托凭证试点的若干意见》文件中,就明确提出允许尚未盈利的红筹企业在境内市场发行存托凭证。而在国务院2018年8月印发的《关于推动创新创业高质量发展打造"双创"升级版的意见》中也明确提出支持尚未盈利的创新型企业上市。因此,对于存托凭证发行人,其中存在着大量尚未盈利的科技创新或互联网企业,典型如2018财年之前的京东。但是,降低对于企业短期利润指标的看重并不代表公司盈利能力不再重要,投资者既然是从多维度对公司价值进行综合判断,那在传统的盈利性信息披露内容之外,应当从哪些新的维度和侧面对尚未盈利企业进行信息披露约束以保障必要的经营管理透明,也是值得进一步思考的问题。

(二)存托人和托管人的信息披露内容要求

除了发行人之外,存托人和托管人同样是非常重要的信息披露义务人。在存托凭证中,发行人、存托人和托管人各自负有不同的职责功能,所以对它们设定的信息披露义务在具体内容上应当有所区别。显然,既不能忽视存托凭证的存托人和托管人在履行信息披露义务方面的重要性,更不能一刀切地将其与发行人的信息披露义务混同对待。对此,应当以信息披露义务人的法律关系为基础,以其各自所处的法律关系地位和承担的职责功能作为标准,使其各自承担起合理且有效的信息披露义务。存托凭证所代表的权益内容源于基础证券即公司股票,公司股票的价值主要取决于公司价值,所以能够对公司价值进行判断的信息基本上都由证券发行人予以披露。这也是由于公司的经营管理信息并非外界任意主体能够随意知悉和获取,公司是最为清楚自身经营管理状况的当事人主体,因此如果发行人故意隐瞒或不愿公开重大信息,外界也就很难对其价值进行准确判断和估测,这是赋予其法定信息披露义务的重要原因。因此,存托凭证发行人静态的公司基本信息和动态的经营管理状况直接影响着市场投资者的投资判断以及公司股东的权益实现,所以其信息披露的内容主要是围绕诸如公司股权结构、治理机制、财务状况等方面展开。

但是,存托凭证的存托人和托管人既不是参与基础证券发行公司日常经营管理的机构,也不是负责对发行人经营管理进行监督的外部监管机构,让它们对涉及存托凭证发行人经营管理的相关信息进行披露显然是不恰当的。因此,存托人和托管人的信息披露义务应当以其在存托凭证活动的履行的相应职责为基础。依据目前已有的存托凭证实践和相关规定来看,存托凭证中的存托人主要负责与境外基础证券发行人签署存托协议,并根据存托协议约定协助完成存托凭证的发行上市,而且负责办理存托凭证的签发与注销,以及向存托凭证持有人派发红利、股息等权益。对于存托人其他一些具体职能的履行,可以通过存托人和托管人订立的托管协议将其委托为托管人执行,如基础证券的保管、转换出售,股息红利的收取,代为参加发行人股东大会行使表决权。存托人和托管人对于存托事务执行的侧重点各异,这就导致它们所直接掌握的信息内容类型存在一定程度的不对称性,如存托人负责管理和维护存托凭证持有人名册,所以它对于存托凭证持有人群体的基本情况会有较为准确和全面的了解,而对于基础证券以及存托凭证转换为基础证券的相关市场信息,显然是处于基础证券市场所在地和直接负责执行事务的托管人更能及时了解。

当然,存托人和托管人对于各自事务执行相关信息的披露价值并不在于能够像发行人所披露的信息内容那样直接反映发行人公司的投资价值,虽然也有一定程度的间接反映,但是更重要的披露价值在于让发行人、存托凭证持有人和市场投资者对存托人与托管人的事务执行水平及能力进行准确评判、有效监督,防止存托人和托管人的权力滥用就是对市场投资者进行保护的重要目标。显而易见,目前对于存托凭证中发行人的信息披露规范相对严整,但是存托人和托管人的信息披露义务并没有获取应有关注,如果将其理解为完全可以由存托协议和托管协议进行约定,结合广大市场投资者在相关协议订立过程中所处的地位和能力,显然是对投资者保护不利。

第三节　存托凭证信息披露制度的改进与完善

一、存托凭证信息披露义务主体及其要求的明确与规范

目前,在有关存托凭证发行和交易的一系列规范性文件中,相关的信息披露规范主要是针对存托凭证发行人的信息披露义务,其中直接涉及存托人和托管人的信息披露义务规定寥寥无几。其一,《存托凭证发行与交易管理办法(试行)》第二十九条第三款规定"向存托人提供基础证券的市场信息"属于托管人应当履行的职责;其二,《存托凭证发行与交易管理办法(试行)》第三十条规定"托管协议修改的,存托人应当及时告知境外基础证券发行人,并由境外基础证券发行人向中国证监会报告";其三,《存托凭证存托协议内容与格式指引(试行)》第十七条第十款规定"在变更托管人或者调整、修改托管协议时,应当及时告知发行人,以便发行人履行信息披露义务"。可见,存托凭证中存托人和托管人的信息披露义务并没有得到足够重视,不仅规范稀少零散,而且在仅有的规范中也存在对信息披露明确性和合理性的质疑。例如,托管人应当向存托人提供基础证券的市场信息,那该市场信息的具体内容是什么,是基础证券所在地市场的宏观运行状况还是和基础证券直接相关的有关交易活动状况? 这些显然都未加以明确,所以类似的信息披露义务规范或者职责约束也就不具备实际效果。具体来看,存托凭证的存托人应当严格履行与其职责相符的信息披露义务,而在信息披露的方式上也应当实施临时披露和定期披露相结合,以强化信息披露的及时性和有效性。

第一,存托人的临时披露应当主要是针对在存托凭证的管理运作过程中出现的可能对存托凭证或基础证券价格及存托凭证持有人权益产生重大影响的临时性事件,例如存托凭证的签发和注销出现障碍、涉及基础财产保管或处分的重大事件,以及需要向存托凭证持有人临时发送的各种通知文件等。目前,现有规定将大部分上述相关的信息披露义务赋予存托凭证发行人来履行。根据《上海证券交易所试点创新企业股票或存托凭证上市交易实施办法》第六十二条规定,诸如存托人、托管人发生变化,对存托协议、托管协议作出重大修改,存托的基础财产发生被质押、挪用、司法冻结或者其他权属变化,或是存托凭证与基础证券的转换比例发生变动,上述相关信息也都是需要由发行人及时予以披露,而且相关信息的披露是

建立在存托人及时告知的基础之上。对此,监管部门可能是出于信息披露统一性的考虑来让发行人对大量涉及存托和托管事务的相关信息予以披露。

但是,从当事人的主体地位和相关职责履行的关联程度来看,发行人信息披露的重点无疑是聚焦于公司日常经营管理,而对于存托人特别是托管人执行存托和托管事务的真实状况,发行人以被动方式获取相关信息。而且,发行人所披露的相关信息主要来源于存托人,存托人的部分信息又是源自托管人,如果说发行人依据存托协议能够对存托人实施一定程度的监督,那对于托管人来说这种监督力可谓微乎其微。所以,这显然会造成信息传递链条的不必要延伸,从而加大信息失真的可能性。因此,顾及信息披露的时效性及其内容真实性,存托凭证发行人作为当事人参与的有关信息可以由其进行及时披露,例如存托协议的变更,但与存托事务执行有关的信息仍应当由存托人以临时披露方式直接向市场公开。同时,对于托管人辅助履行的存托事务,在公开披露相关信息时,需要托管人对所披露信息进行复核,确保信息披露的真实、准确和完整。

第二,除了临时信息披露之外,存托人也应当定期履行信息披露的报告义务。根据《上海证券交易所试点创新企业股票或存托凭证上市交易实施办法》第六十二条规定,红筹公司在上海证券交易所所上市存托凭证的,应当在年度报告和中期报告中披露存托、托管相关安排在报告期内的实施和变化情况以及报告期末前10名境内存托凭证持有人的名单和持有量。对此,将适合由存托人直接自行披露的义务赋予发行人,可能有所不妥。而且,不同于临时披露义务,定期披露主要是借助信息披露报告对存托人在固定时期内的事务执行状况以及存托凭证的市场运作状况进行评价梳理,例如年度内存托凭证的签发数量、注销数量、代为行使表决权的情况以及结果等。通过上述信息的披露,能够给存托凭证发行人、持有人和市场投资者提供判断存托人是否尽到受托人义务的信息基础,对公司投资价值进行相对理性的判断。因此,存托人的定期披露义务不仅是对偶发事件的信息公开,更是对其义务履行状况进行总体审视从而间接反映存托凭证投资价值的重要方式,这对于市场投资者和存托凭证持有者利益保护而言也非常重要。

第三,对于托管人的信息披露义务应当如何规范,是否比照存托人进行。本书认为,托管人作为境外保管和辅助履行存托事务的主要机构,如果让其直接向市场公开履行信息披露义务,不仅在跨境披露方面存在一定困难,而且作为存托人的履行辅助人,其所披露的大量信息内容都将和存托人重合。例如,对与存托凭证和基础证券转换的具体情况,其直接负责和执行的主体并非存托人,存托人仅仅是想托管人发出指令,托管人依据存托人的指令实施相应处分行为,因此,在对该部分基础证券市场和相关证券信息的掌握上,托管人才是具有信息优势一方,存托人履行的大量信息披露义务都离不开托管人的的信息分享。因此,托管人对于基础财产的保管、代为履行投票权、实施基础证券卖出的处分行为、股息红利的收取状况等,都应当及时向存托人予以披露,如果出现异常或不当行为,也便于由存托人进行及时制止或弥补。而这部分信息披露义务应当是由托管协议进行约定,让存托人和托管人通过契约形式来设置便于互相监督的信息披露机制,这也是前述存托凭证信息披露的一项重要特点。当然,为了防止存托人和托管人漠视或消极对待信息披露的义务约定,还应当明确当托管人在履职存在过错时,由存托人承担连带赔偿责任。当然,并不是全部的信息披露义务都可以由托管人和存托人自由约定,托管人仍然应当接受存托凭证发行人、持有人和市场投资者的监督,这同样可以通过熟知式的定期信息披露报告来实现,透明化的事务执行过程和结果是约束和激励相应机构的最佳方式。

二、适应存托凭证发行人特性的信息披露内容调整

(一)增添关于存托凭证发行人特殊股权结构的信息披露内容

在以双重股权结构为代表的特殊公司控制权结构当中,掌握特殊投票权股票的公司创始人或控制股东理论上完全可以通过采取各种隐蔽手段对公司经营管理状况进行隐瞒,这主要体现在对公司信息披露的权力控制之上。假若享有特别权利的公司创始人或控制股东在公司经营管理过程中实施利益输送或其他侵害公司及其他股东权益的行为,这些行为往往难以为公司其他股东和市场投资者知晓,而通过对公司信息披露环节的把控,相关主体也很难通过信息披露渠道得以察觉,这显然对于投资者利益的保护和市场监管职能的发挥非常不利,需要对其进行针对性的信息披露规范设置。固然在双重股权结构的公司中,即使有着相对完善的信息披露制度规范,也难以直接使公司中小股东获得与创始人或控制股东相抗衡的权力,难以根本上消除创始人或控制股东可能实施的违法违规行为。但是,一方面

对于公司中小股东来说是知情权获得保障的重要体现,能够对公司相关人员发挥一定程度的监督约束效果,即使聊胜于无,但也不能在具体制度上完全放任。另一方面,对于包括公司中小股东在内的市场投资者,起码能够享有两项主动性权利:其一是可以自主决定是否对具有双重股权结构的公司进行投资,其二是参与投资之后也能够适时自主决定是否卖出相应证券而退出投资。毫无疑问,无论行使哪一项权利,都不是盲目为之,都要建立在必要的信息获取和分析基础之上。此外,无论是投资行为还是退出行为的决策,个体决策能够因为大量个体的汇集而成为强有力的市场选择力量,从而反过来对公司行为形成外部约束力量,这对于优化公司治理、平衡公司内部权力配置和保障中小股东利益具有正面作用。

针对包括双重股权结构在内的公司,应当首先增加对特殊公司股权结构的必要性披露和详细说明。目前,大量采用双重股权结构的公司均在美国上市,从其披露的相关上市文件来看,例如招股说明书,其在公司采用特殊股权结构类型或控制权安排方面的披露说明都非常简略,这说明美国目前对于这方面的上市公司信息披露规范也处于不完善的阶段。例如,谷歌公司仅在创始人"致投资者信中"以其属于传媒业和科技业的交叉行业和防御恶意并购为由直接证得其适用双重股权结构的必要性。但是,诸如领英(Linked In)和脸书(Facebook)已有完善的反收购机制,然而它们仍采用双重股权结构,且在招股说明书中并未就其作相应解释。在实际功能上看,之所以要求这类公司对于特殊股权结构或公司控制权安排进行公开性的必要解释说明,目的也是防止公司创始人或相关股东滥用这种结构安排,避免其利用政策和制度上的允许就隐蔽性侵害公司或中小股东利益。而且,如前所述,市场投资者也应当根据公司给出的披露解释内容,判断其是否存在滥用可能,评估投资风险,从而做出相对理性的投资决策。除了"必要性"的详细说明和解释,以保护公司中小股东和市场投资者为中心,"保障性"的安排和内容也应当对市场投资者予以详细披露。保障性内容的披露简单来说就是采用双重股权结构或特殊控制权安排的公司,针对投资者权益的保护又有哪些安排和设计,这是投资者保护的重要前置措施,对投资者的投资决策和风险评估具有重大影响。从目前的理论和实践角度考察,保障性内容披露的信息主要可以分为两个方面,一方面是对公司创始人或控制股东关于公司经营管理的理念、战略或目标的详细阐释,以此为基础获得市场认可和投资者的信任,从而辅助理解采取双重股权结构或特殊控制权安排的实际价值;另一方面则是具体的公司内部机制或规则设计,例如怎样防止特定股东或创始人及其团队的投票权滥用,以及公司股东权益受损之后的内部救济或决策补救机制等,这都是从具体的制度安排方面给予投资者以安全感,从而吸引投资者。因此,这些保障性信息向市场予以披露,通常会成为公司主动披露的内容类型,目的在于提高公司发行的证券在市场中的投资价值,从而获得更好的融资效果。当然,相关保障性机制只是一纸空文还是真的具有实效,很大程度上依赖于信息披露的详细程度和相关机制的具体设计,这都要交由市场和投资者进行个体判断,再做出是否实施投资行为的决策。

根据目前的市场实践,市场投资者之所以青睐于投资双重股权结构的高新技术公司,一项重大原因恰恰是公司创始人通过诸如双重股权结构建立起相对稳固的公司控制模式。换言之,投资者很大程度是基于对公司创始人或特定公司股东的能力信赖,才愿意投资于该公司。从这个方面来看,似乎就会形成一种悖论,市场投资者给予对创始人的信赖投资相应公司,但这种维持创始人公司控制能力的特殊股权或治理结构却加大了对投资者权益侵害的可能性,这似乎也是双重股权结构难以完全实现平衡和调和的矛盾,所以包括信息披露在内的相关法律制度也必须在此中不断跟随实践的变化进行适应性调整。起码目前,信息披露制度应当根据这一特点对于投资者真实的信息获取需求予以回应,以满足存托凭证发行和交易过程中对投资者利益保护的需求。当控制股东或者创始人主动降低的持股比例,或是与公司控制权相关的治理结构和机制发生变化时,可能意味着投资者投票权让渡初衷正在消失,公司经营的风险有可能加大。❶因此,投资者应当对上述信息拥有更全面和及时的了解。一方面,需要对控制股东或者创始人主动降低持股比例设置更灵敏的强制披露点,一旦其持有特定股份的比例有所下降,不论是采用何种形式,包括境外股票抛售还是境内存托凭证的转让,都应当纳入强制披露的范围之内,而且需要其说明持股变动的原因。此外,对于有关公司控制权的治理机制或结构发生变化,虽然本身已经属于公司必须披露的经营管理事项,也应当在此基础之上附加详细的变动原因说明义务,这就类似于前述的必要性说明和保障性说明,向市场、投资者和监管机构提供更详细的评估和监管信息材料,以防止公司控

---

❶ 陈若英.论双层股权结构的公司实践及制度配套——兼论我国的监管应对[J].证券市场导报,2014(3):7.

制股东或创始人滥用权力随意改变公司经营基础。

（二）引入针对创新型企业经营特点的多元化信息披露点

2018年3月,中国证监会发布的《关于开展创新企业境内发行股票或存托凭证试点的若干意见》对符合创新企业境内上市要求的试点企业提出了行业范围和市值、营收门槛规定,并未指出对创新企业的盈利要求,在此次与《存托凭证发行与交易管理办法(试行)》配套出台的《首次公开发行股票并上市管理办法》(以下简称《首发办法》)、《首次公开发行股票并在创业板上市管理办法》(以下简称《创业板首发办法》)修订中,明确取消对符合试点要求的创新企业的盈利要求。《首发办法》指出,符合试点要求的创新企业不适用于"最近两年连续盈利,最近两年净利润累计不少于一千万元;或者最近一年盈利,最近一年营业收入不少于五千万元"以及"最近一期末不存在未弥补亏损"的要求。此外,《首发办法》就创新企业尚未盈利问题,对保荐机构的要求做出调整,指出"发行人公开发行证券上市当年即亏损的,中国证监会自确认之日起暂停保荐机构的保荐机构资格3个月,撤销相关人员的保荐代表人资格,尚未盈利的试点企业除外"。《创业板首发办法》同样指出符合试点要求的创新企业不适用于"最近3个会计年度净利润均为正数且累计超过人民币3000万元"以及"最近一期末不存在未弥补亏损"的要求,并同样就未盈利问题对保荐机构要求做出调整,指出"发行人公开发行证券上市当年即亏损的,中国证监会自确认之日起暂停保荐机构的保荐机构资格3个月,撤销相关人员的保荐代表人资格,尚未盈利的试点企业除外"。

对于存托凭证发行人,既然传统的利润指标可能不宜再单纯作为财务信息披露的重点,那是否就意味着该部分信息就可以被彻底忽略甚至抹除。答案显然是否定的,公司营业收入或利润指标等财务信息确实能够在相当程度上反映企业的经营状况和发展趋势,所以一方面对于传统企业类型仍应当重视相关财务的披露,另一方面也需要针对特定新兴企业类型发展特点融入更为多元的信息披露要求。总的来看,当前市场对企业的价值评判已经不局限在利润指标的高低,这是随着新经济发展而产生的必然结果和市场化行为导向。因此,面对大量新兴的创新型企业通过发行存托凭证的形式实现在我国境内市场上市,如果既不能单纯依靠传统的盈利指标对其价值和实际经营状况进行评估,又不存在新的或更为多元的价值评估标准,那必然会造成市场评估无所依据,也会对监管机构造成审核障碍,这无论对于市场投资者还是具有迫切融资需求的相关企业显然都相当不利。从当前的政策导向和具体规定来看,我国存托凭证率先从境外红筹企业作为发行人展开实践,而且主要集中在创新型红筹企业,这从首批向证监会提交存托凭证发行申请文件的企业可见一斑。不可否认,创新型企业基本都是处于快速发展、状态优良、前景可观的阶段,但在盈利方面则表现不一,不少创新型企业在上市之后仍然长期处于未盈利状态。

对于创新型企业的价值评判如果不能再依靠传统的盈利或利润指标进行衡量,自然就需要更为多元的评判标准和体系综合构成判断基础,而相应评判标准的核心应当是能够充分展示和体现相关企业的成长性以及市场定位情况。在企业成长性方面,一项关键指标就是企业的营收规模,通常来说,营业收入和企业利润并没有直接关联,甚至存会在着巨大差异。例如某企业虽然营业收入可观,但企利润水平却可能很低,甚至存在仍然处于亏损状态。但是,对于创新型企业,营业收入能够大体反映相应公司的成长状况,起码证明其商业模式和经营战略在一定程度上获得了市场认可,这是企业未来高成长性的重要表现。此外,在对企业成长性的判断方面,企业营业收入的增长幅度也是重要指标。创新型企业发展迅速,若其商业模式或经营状况良好,即使在一定期间内未能盈利,但其账面的营业收入却会虽然公司高速发展而快速增长,这是判断其成长性的重要方面,例如未盈利上市的京东商城、去哪儿网,在上市前2年的收入增速分别达到229%和320%,这就在相当程度上说明市场对于相关企业经营的认可和接受,也意味着在同样历史时期其营业收入也会保持同样快速的增长势头,这对于市场投资者而言无疑是利好信息。对于市场定位情况,主要通过同行业或经营领域的市场份额进行判断,其实这也能够横向对比竞争性同行企业的营业收入规模进行初步判断,在额定的市场容量和份额之下,相对营业收入规模更大,其市场占有率和份额水平也相对会更高,这就反映了同行业内部的发展前景和地位。例如,京东公司虽然在相当时间内未能实现盈利,但通过其营业收入和类似电商企业的横向对比,其市场规模仅次于阿里巴巴,可见其国内市场的占有率和优势地位。此外,对于尚未盈利的公司的价值度量,除了收入规模指标,其他会计和非通用会计(Non—GAAP)指标不胜枚举,会因行业和企业特征而异。典型如经营活动现金流、息税折旧摊销前利润(EBITDA)、合约的保留价值(Retained Value)等财务类指标。针对不同行业,还有诸多的非财务指标,如互联网的活跃用户、每用户平均收入(ARPU)、生物医药子行业的潜在市场规模(特别是0收入重度研发的新药研发企业)等。

当然,除了营业收入这种财务性数据指标进行必要披露之外,拟发行存托凭证的发行人之所以处于亏损状态的原因也应当予以释明。通常,创新型企业在高速成长阶段也依然处于亏损状态,原因较为复杂,例如在同类企业中普遍存在的以人才激励为目的产生的相关财务费用,或是特定商业经营模式下出现的阶段性存货积压、债务负担等。创新型企业由于其发展特点,对于科技创新驱动的费用投入往往巨大,其中就包括的针对具体人才或商业模式创新的费用投入,这部分费用对于资本尚显薄弱的创新型企业来说并不是一项小额支出,往往直接造成企业经营上的账面亏损。例如,2013年推特(Twitter)上市当年前3季度亏损1.34亿美元,其中股权激励费用7917万美元。但不可否认,相关费用的支出虽然造成企业阶段性亏损,甚至是长期处于亏损状态,但对于企业长期发展却具有正面的积极作用,在这一层面更像是一种企业的远期自我投资,所以也往往会被市场和投资者所接受,甚至会在一定程度上形成市场对于相关企业发展的更高预期,从而推高公司股票或存托凭证在二级市场上的价格,直接影响投资者的利益实现。

除此之外,对于科技创新型企业另一项较为重要的价值指标就是创新研发能力和成果。对此,《上海证券交易所试点创新企业股票或存托凭证上市交易实施办法》第四十五条规定:"创新企业应当审慎披露尚未实现商业应用的新技术、新业态、新模式、新产品等事项,不得夸大其辞、以偏概全,不得误导投资者。创新企业自愿披露预测性信息或者其他具有较大不确定性的信息的,应当谨慎、客观,不得利用该等信息不当影响公司股票、存托凭证及其衍生品种交易价格"。其实,科技创新型企业之所以可能在一段时期内处于亏损状态,可能很大一部分原因也是对新技术的研发或新商业模式的拓展导致。因此,科技研发或商业模式创新是另一项增加企业亏损但是投资者十分看重的信息披露项目。投资者关注的重点在于一项新技术成功研发或商业模式被市场认可之后,将会带来更为广阔的市场空间和持久的市场盈利能力,这对于企业价值的发掘和持续至关重要,这和关于企业人才激励的费用投入有非常相似之处。

毋庸置疑,任何具备长期性收益特点的前期投入都会在相当长时期内付出一定代价,甚至这种长期性收益最终无法如期获取,这就成为一定时期内企业形成亏损或最后成为企业经营风险所在,这也是商业经营风险带来的不确定性所致。例如美国MannKind公司主要进行糖尿病胰岛素以及抗肿瘤药物的研发,2004年公司上市。在2002—2004年该公司没有任何收入,但每年均保持高额的研发支出而"人不敷出"连续亏损。但是,当相关企业对于亏损或一系列费用支出履行信息披露之后,市场是否就会欣然接受。换言之,发行人的释明是否只需符合形式要求,即能够满足监管机构以及投资者真实的信息披露需求。从商业决策和公司发展的角度来看,一项具体支出是否属于公司资源的不必要消耗,抑或是有利于公司未来发展和投资者远期利益的有益决策,往往在特定时间阶段内难以进行清晰判断。对此,不仅向证券监管机构提出了监管难题,也给市场投资者提出了决策难题。2011年10月,拉手网向美国证券交易委员会提交注册文件后又撤回申请,原因之一是市场对其高额营业费用的认可度不高,对其相应时期内的商业模式并不看好。总而言之,无论是监管机构对存托凭证发行人进行发行审核的信息基础,还是投资者对于存托凭证投资价值的自主判断,相关信息都应当由发行人进行详细和及时的披露,这也是在盈利性财务信息之外加入更多元判断信息基础的特别要求。

三、投资者便利原则下存托凭证信息披露形式优化

一直以来,上市公司的信息披露对于市场投资者尤其是中小投资者来说能够提供的有效决策帮助往往并没有达到信息披露制度的初衷。因此,证券法律制度不断对信息披露规范进行完善和优化,目的就是能够让信息公开真正落到实处并为投资者保护体现出应有的作用。但往往事与愿违,造成上述问题的原因是多方面的,其中一点则是证券发行人信息披露的具体内容信息量庞大且专业性极强,对于一般的市场投资者来说很难在巨大的信息池中找出对自己投资决策有实际帮助的信息点,即使筛选出相应的信息重点,通常也很难凭借个人的知识储备和理解能力对相应信息进行理性分析和把握。

例如,脸书(Facebook)在IPO阶段被发现其营收增长不如预期。通过与承销商的合作有意隐蔽或模糊相关信息,使投资者无法直接获得该经营信息。为了应对项目上的营收差异,脸书(Facebook)和其承销商摩根士丹利通过两件事促成了"几乎前所未有的最后时刻的调整",一是递交有价证券上市申请登记表的修改,二是

联系研究分析师告之关于的营收增长不如预期的具体数据,将信息做相应技术处理。于是,这些关于收入增长信息被埋藏在170页的公开文件中的3页内,被形容为"即使是配备了机器人软件的最资深的零售投资者也无法梳理登记表上的信息,无法读懂那些投行研究分析员的分析。"IPO后,脸书(Facebook)大幅度削减其年度项目,引发投资银行下调预期,个人投资者惨遭损失。

存托凭证发行和交易过程中所披露的信息容量和专业程度相较于其他证券只会有增无减,这无疑加大了市场投资者获取有效信息的难度。当市场投资者难以及时有效获取到对其投资决策用帮助的信息时,即使面对体量庞大的信息集合,那最终做出的投资决策仍然大概率属于盲目行为,依旧会面临巨大的投资风险。其一,存托凭证信息披露的义务主体的数量相对更多且类型也更为多元,这从根本上决定了存托凭证发行和交易过程中披露的信息范围将更加广泛、专业复杂度也更高。其二,存托凭证的信息披露涉及跨境企业因素,根据同时披露和差异披露原则,境内外市场的信息披露理论上应当保持一致。但在特殊情况也也可能直接以境外格式和内容加以披露,这对于境内投资者可能必须在熟知境外公司和证券法律制度的基础之上才能真正了解相关发行人经营管理的实际情况,从而对存托凭证的投资价值进行理性判断。其三,当存托凭证的发行人作为红筹企业,如前所述对比一般企业所要披露的信息更为复杂。例如,公司内部和外部组织结构方面层叠的协议控制结构即使得以全面披露,对于一般投资者来说依然难以透视和掌控。可见,无论是信息披露内容的体量还是相应内容的复杂程度和专业程度,存托凭证无疑都显著。因此,在信息披露方面为市场投资者提供周全保护似乎陷入一种两难,如果过度简化或给予过多的信息披露义务豁免,显然无法适应存托凭证发行和交易的特点,但如果全部予以公开,又很可能会使投资者陷入信息爆炸窘境,反而难以消化理解甚至反向造成信息盲区。

对此,结合我国资本市场发展的稳健性和成长性要求,原则上仍应当以从严披露、从严监管的理念对待存托凭证的信息披露,信息披露义务人对于所披露的信息内容还是应当以全面和准确为标准。但是,为弥补投资者对于直接关乎自身权益的信息的便捷获取需求,可以在相关义务人信息披露格式中加入清单式的风险揭示内容。对此,现有规定其实也已经有类似要求,例如《存托凭证发行与交易管理办法(试行)》第十七条第三款规定:"境外基础证券发行人具有股东投票权差异、企业协议控制架构或者类似特殊安排的,应当在招股说明书等公开发行文件显要位置充分、详细披露相关情况特别是风险、公司治理等信息,并以专章说明依法落实保护投资者合法权益规定的各项措施。"现有规定对于一些境内外企业在公司治理、结构安排和相关法律制度差异方面要求了必须对投资者进行必要风险提示的义务,而这种风险提示必须是以明显可见的位置表达方式来足以引起投资者的注意。因此,应当早信息披露报告的显要位置进行风险提示,并要求发行人对信息披露的整体内容进行风险梳理,梳理出对于市场投资者具有重要决策影响或权益影响的风险点,将相应的风险点内容单独以清单列表等合理形式清晰表达,并附以解释、说明或者指引,关联相应披露的具体内容。此外,临时报告若内容较多、专业性较强,也可以采用类似于摘要的形式归纳投资风险要点,加入相关中介机构的专业判断或意见。在信息披露的形式上除了采用原有的规范格式以外,采用风险清单形式对披露风险点进行集中揭示或者警示,有利于投资者快速检索对自己有价值的信息披露内容,提高信息披露对于市场投资者保护的实效。

第四章 存托凭证投资者参与公司治理的实现与保障

第一节 存托凭证投资者参与公司治理的基础与难点

一、公司治理参与："用手投票"与投资者保护

公司治理一直都是公司法律制度领域关注的重点问题,它随着公司制度的发展也不断演变出不同的实践状态和问题表现。在公司的成长过程中,通常都会随着公司的不断发展而经历组织形式方面的诸多变化,其中就包括通过各项融资活动使公司获得更强大的发展动力,进而使公司经历更为深刻的内部结构变化。简单来说,一方面体现为公司所有权和控制权的分离,另一方面则是伴随着外部资本强力注入的股权结构分散趋势,可以说这是公司创立和不断发展壮大必然需要经历的过程。

在公司成立初期,通常公司股东人数相对较少,公司业务也相对简单,所以公司内部的治理成本也相对更低,不需要复杂的公司治理结构和机制支持。通过原有相对简单的公司治理结构,公司经营管理者通常就能够对公司内部和外部事务进行有效控制,这也意味着在特定条件下,公司具有较高的经营管理效率。但是,当公司出于扩大生产经营规模等发展需要进行全新的融资活动时,新的资本涌入公司就必然会对原有的公司结构造成冲击,典型如对公司治理结构的重新塑造或是治理机制的全新安排,这其中都隐含着对公司控制权的重新分配。而且,伴随着公司业务规模的不断拓展,公司内部和外部事务增多会使原有的公司架构难以适应公司事务处理压力的激增,这会迫使公司寻求新的解决办法来适应新的业务处理需求,而通常的路径就是优化公司治理结构和机制。因此,股东人数的增加和公

司组织机构的复杂化通常是相伴形成的,虽然二者并不存在绝对关系,但对于多数公司经营发展规律而言确实难以回避。股东人数增加,客观上迫使公司所有权与控制权相分离,于是公司治理问题便产生。❶

在公司治理研究领域,学界主要关注公司治理结构以及权力制衡机制。如何通过科学合理的公司治理结构安排,对公司内部权力进行科学分配,从而达到既能相互制约,又能相互协助的公司运行状态,是保障公司高效经营和健康发展的重要基础。在传统理论中,公司治理问题处理好的关键在于保持公司所有权和控制权的平衡关系,这就牵涉公司股东权力和经营管理层权力的博弈。此外,伴随着公司实践的发展,单纯基于公司治理结构来静态探讨公司所有权和控制权的关系已经不能满足多数现实问题的解决需要。因此,以公司治理机制为中心,动态看待公司治理问题的相关研究逐步产生。公司治理机制不仅在一定程度上包括了公司治理结构的相关研究问题,更是在此基础之上关注公司内部和外部各项规则、方式、活动等因素对公司治理效果的影响关系,其中就包括了内部股东、外部投资者和公司治理效果之间的互动关系。当然,本书在研究存托凭证投资者利益保护的语境下,将已经购买存托凭证的投资者,即存托凭证持有人纳入与存托凭证发行人公司治理的互动关系研究之中,甚至在一定程度上将已经购买了存托凭证的市场投资者等同于发行人公司的股东,这也是后文在讨论存托凭证投资者参与发行人公司治理方面很大程度与发行人公司股东相类比的原因之一。

从存托凭证持有人和存托凭证发行人公司治理之间互动关系的角度看,存托凭证持有人所享有的参与性权利是其参与存托凭证发行人公司治理的基础所在。毫无疑问,在各项涉及公司治理的参与性权利中,投票权属于核心权能。在实现对公司控制方面,行使表决权是控制权实现的重要方式,同时也是包括发行人公司股东在内参与公司治理最为直接的权利体现。所以,公司股东能够以何种方式行使表决权,以及这种行使方式是否科学合理、公平有效,就成为非常重要的价值衡量标准。股东表决权,指股东就股东会议案的决议权。❷股东表决权是股东通过参加股东大会而参与公司经营管理决策的一项重要权利。❸表决权在实质内涵上并不

---

❶ 赵忠龙.论公司治理的概念与实现[J].法学家,2013(3):97.

❷ 施天涛.公司法论[M].北京:法律出版社,2006:317.

❸ 魏春艳,胡金林.公司法[M].成都:西南财经大学出版社,2002:93.

完全等同于股权,但与股权却有着千丝万缕的联系。股东表决权最直接的表现方式或途径就是对于公司特定待决策事项的投票行为,通过对相关决策议案的投票汇集公司股东意见,形成群体决策或绝大多数股东内心意愿的表达和实现,从而对公司经营管理事项进行支配和控制。通常对于需要借助股东大会决议才能形成最终决策的议案事项,都是关于公司经营管理的重大事项,如公司合并或分立,甚至是公司解散。因此,对于这些关系到公司股东切身根本利益,甚至是影响到公司全部利益相关者的重大经营管理事项,需要全体公司股东行使表决权来充分表达个人对于特定事项的意见,从而汇集成为群体决策,实现最大限度的公平合理。

此外,除了相对特殊的重大经营管理事项,股东对公司治理日常各项事务的有效参与也必不可少。特别是在股东会中心主义之下,以股东会为核心的公司治理机制很大程度上就是依赖于股东表决权的顺利且合理实现为基础,否则股东大会很可能会沦为"摆设"。当然,抛开股东会中心主义优劣的探讨,若是由公司极少数股东或管理层控制公司,对公司以及全体股东利益的保障将会相当不利,甚至会陷入畸形的公司治理状态。股权也被称为股东权,是基于市场投资者的出资行为而获得公司股东身份并依次享有的法定权利集合。当然,股东权并非凭空产生,其背后蕴含着特定的经济逻辑。市场投资者通过对以公司为主体的投资标的进行判断,当做出投资决策时就会以让渡相应财产的所有权来换取股东身份,这种投资于特定公司的行为使其股东身份承载着相应的股东权,这也是传统公司法理论中所有权换股权的体现。

诚然,伴随着社会经济的发展,商事组织的表现形式也不断在市场实践推动下发展和演化,现代公司的股权结构也呈现出复杂且多样的表现。基于此,公司权力的分配也呈现出不同状态,直接影响到公司治理结构和治理机制的安排设计,公司股东究竟依循何种治理规则实现对公司治理的参与都能够在其中找到根源性的解释。结合当前的市场环境,多数股份公司或上市公司的股权结构特点是股东人数众多且极为分散,这对公司全体股东都能够及时有效参与公司治理提出了巨大挑战,客观上降低了多数公司中小股东参与公司治理的热情。特别是对于公司日常经营管理的参与,随着公司经营管理权实质上转移到公司管理层手中,股东几乎不会出现在公司日常治理当中,以至于很多公司的管理层或控制股东能够"随心所欲"。因此,股东大会就成为公司股东参与公司经营管理的最重要渠道和平台,其至是其充分表达意见、展现权力的最后"阵地"。在此基础之上，表决权就成为股东参与公司事务最有效的途径。●而且，对公司重大经营管理事项进行表决，本质上就是作为公司投资者的股东将各个人利益维护和实现的意愿融入投票表决行为。

股东权具有丰富的权利内涵，大体上可分为经济性权利和参与性权利，它们共同构成投资者实施公司投资行为的重要考量。换言之，假若投资者让渡了个人特定财产的所有权并投入公司，却无法换取和获得相应的股东权利，即使空有股东身份也几乎不会在现实中出现这种"慈善"行为。因此，股东权对于投资者具有重要的投资动因意义。而在多样化构成的股东权集合中，股东表决权是公司股东权利集合中极为重要的一项具体权能，具有保障中小股东合法权益的重要功能。其一，既然公司多数股东，尤其是中小股东不可能直接对公司日常经营管理事务进行干预，那作为间接参与公司治理和对公司日常经营管理事务施加影响的方式将出现"权力下沉"，下沉到掌握公司日常经营管理权力的董事会和高级管理人员层面，这也是现代公司从股东会中心主义转换到董事会中心主义的重要表现。因此，使公司股东通过科学合理的公司治理机制行使表决权，从而选举出能够代表自身利益诉求的董事或高级管理人员，这就成为处在公司日常治理过程中"外围"股东对公司保持一定程度权力控制的基本方式。特别是通过行使表决权来选举符合自身利益的公司重要人事，从而在一定程度上对公司经营管理达到间接"控制"。诚然，通过选举意愿人选对公司实现"控制"并非完美路径，甚至有时也可能出现"失控"，尤其是广大中小股东在表决权行使过程中通常会有一定程度的盲目性。但股东权益的维护和表达仍然需要获得有效保障，这不仅是对股东个人利益的维护，更是为了在整体上保障公司经营管理的健康状态，避免少部分人权力过分膨胀以出现攫取公司利益的状况。毫无疑问，无论从公司股东个人利益还是公司整体利益来看，股东表决权的有效行使都有着非常重要的影响。

其二，股东权是一个由众多的权利形成的权利束，表决权是股东权的核心，无表决权，股东的其他权利也无从提及。●无论是股东享有的各种经济性权利还是参与性权利，很大程度上都是为了实现一定的投资"收益"，这种"收益"可能表现为具体的股息红利或证券二级市场溢价，也可能是为了达到对某公司进行经营管理控

● 张民安. 公司股东的表决权[J]. 法学研究, 2004(2): 84.

● 赵志钢. 公司治理法律问题研究[M]. 北京: 中国检察出版社, 2005: 33.

制的特定商业目的。但要顺利实现这种利益目标并不是完全放任即可的状态,当主动寻求利益目标实现时就需要通过一定方式对公司经营管理施加融入自我意愿的影响,而当股东个人利益被动受到侵害,也需要一定渠道进行救济和弥补。无论是何种情况,股东表决权的行使都是主动寻求个人利益表达和维护自身合法权益的最重要方式,如果表决权都无法顺利实现,那其他权利的实现将更加艰难。毋庸置疑,权利最根本的保障方式,应当是让享有权利者具有充分意愿且能够顺利行使其权利。假若享有权利者不愿意行使权利或是无法顺利行使权利,那相应权利就必然会处于"休眠"状态或是沦为摆设,那权利享有者是否还能真正意义上被称为"享有"也就成为问题,乃至这项权利本身存在的价值也会受到质疑。正如同法学家耶林的观点,即权利的本质在于现实中被实现,从未实践或无法实践的权利,不能称之为权利。一方面,股东表决权是股东权利的根本,是股东其他权利得以实现的前提,无表决权,股东其他权利无所适从。另一方面,股东表决权本质上是通过一系列制度进行合理地安排来调整股东、管理层及公司职员等各利益主体之间的相互关系及利益平衡。因此,在保护公司股东权益方面,公司股东对公司治理的有效参与至关重要,而在各种参与方式和路径当中,尤以股东表决权的行使最为重要。

二、存托凭证投资者参与公司治理的难点分析

公司股东权益的保护离不开有效的公司治理参与机制,这其实与存托凭证投资者(存托凭证持有人)权益的保护具有密切关联。存托凭证是以发行人公司股票作为基础证券,由此导致购买了存托凭证的市场投资者和发行人公司的股东存在着相当程度的一致性,所以在其权益保护方面也就出现了可以互通甚至相同的制度因素。存托凭证以发行人公司的股票为基础证券,存托凭证持有人依据存托凭证所享有的权利基本上等同于基础证券所承载的各项权利。在这一意义之上,存托凭证持有人享有的权利就相当于相应股票持有人的股东权,同样包括了经济性权利和参与性权利,例如股息分红的收益权和参与公司治理的表决权。而且,类似于公司股票,存托凭证持有人无论是基于持有的存托凭证份额数量获取发行人公司的股息分红,还是在证券市场上通过存托凭证的价格升高获取溢价收益,很大程度上仍然以发行人公司的经营发展状况为基础,即公司价值对公司所发行证券的市场价格的决定作用。因此,股东在参与公司治理方面的重要性,对存托凭证持有

人同样如此,在存托凭证持有人权益保护的路径和制度设计方面也会存在相当程度的类同。当然,这种关联性或类同性并不会抹杀存托凭证持有人在参与发行人公司治理过程中权益保护的特殊性,这是矛盾普遍性和特殊性的关系问题。

总体来看,绝大多数存托凭证持有人与公司中小股东一样在公司治理方面处于相对弱势地位,这种弱势地位主要体现在隐性和显性两个方面:在隐性方面,多数存托凭证持有人由于持有的存托凭证份额较少,其享有的公司表决权也就较少,无法与公司大股东或持有大量存托凭证的公司投资者相抗衡,加之投机目的和心理以及跨境投资属性的影响,多数存托凭证持有人对发行人公司治理的参与热情会比直接持有公司股票的股东更低。所以,这种对于权利行使更为消极的态度就大大增加了存托凭证持有人权益受损的概率,特别是位于境内的存托凭证持有人遭受境外相关主体的权益侵害时很容易处于有苦难言的境地,反过来又会助长不法侵害者的嚣张气焰,这也是本书其后对存托凭证跨境监管经研究的目的之一;在显性方面,以存托凭证发行人公司的大股东为代表的其他主体可能借助境内外公司和证券法律制度差异,通过公司股票和存托凭证的双向买卖等看似合法抑或非法途径,进一步强化对公司经营管理的控制,为谋取私利与公司内部人进行关联交易、恶意增加资本、阻挠中小股东担任公司高管等一系列损害中小股东合法权益的行为。❶同时也更便于利用境内外证券市场法律和监管制度的差异,寻找制度或监管漏洞,以更隐蔽的方式谋取私利,损害包括存托凭证持有人在内的公司投资者利益。

但是,在存托凭证投资者参与公司治理的保障机制方面,又不能完全等同于公司股票持有者的公司股东,需要根据存托凭证的特殊发行和交易结构进行特殊规则设计,这也是存托凭证持有人参与公司治理的难点之一。如前所述,将存托机构绝对等同于发行公司的股东并由其自主行使股东权利,不仅存在法理上的解释障碍,在实际中还容易导致由存托机构权责不平衡而引发存托机构的"道德风险"。这是由经济规律所支配的市场化行为,当权责不平衡状况之下遭受巨大经济利益的驱使,任何参与市场活动的主体都很可能铤而走险,做出损害投资者利益的"理性"选择。所以,存托机构在存托凭证运行机制中是在两地市场之间参与交易的"中间人",为存托凭证发行人的发行工作提供便利性帮助,也对存托凭证的交易环节进行辅助性工作,甚至可以说是一种接收指令、实施指令的"机械化"执行角色。

---

❶ 贾翱,付春杰.中也股东法律保护正当性辨析[J].当代法学,2009(2):89-90.

基于这种职责定位和权利义务安排,其收入的中间业务费与存托凭证持有人整体的权益相比,可谓差距悬殊。如果由相关制度规定让存托机构仅能获取相应的中介业务费用收益,却必须完全代表存托凭证持有人去承担存托凭证发行人"公司股东"的重要地位,这种职责负担和收益获取之间的巨大差异难免会在现实运行过程中造成利益分配的失衡,从而诱使存托机构参与或实施违法违规行为来侵害存托凭证持有人的整体利益,这样的制度设计明显是违背市场经济规律且极易引发市场秩序混乱。例如,境内存托机构可能会与境外存托凭证发行人相互串通,进行虚假信息披露,扰乱市场秩序、损害市场投资者利益,或是违背存托凭证持有人意愿行使相应股东权利,致使存托凭证持有人权益受损。在诸如此类的情形下,特别是对于存托凭证持有人而言,在不能直接以存托凭证发行人公司股东的身份维护自身合法权益时,就可能会造成维权障碍或是打击其维权的积极性,这对于整体市场秩序的维护和市场投资者的权益保护将造成不利影响。显而易见,从存托凭证法律关系的信托属性层面看,仅仅依靠信托法上的保护思路对投资者的保护力度是有限的,不能弥补存托凭证这一跨境投资特点给投资者所带来的各种利益受损风险,仍然需要整体考虑存托凭证持有人在维护自身权益目标之下对发行人公司治理的合理参与路径及其制度保障。

第二节　存托凭证投资者实现公司治理参与的路径及其保障

一、存托凭证投资者参与公司治理的路径选择

(一)存托凭证投资者直接参与公司治理

存托凭证的投资者作为基础证券(股票)对应权利的实际享有者,其参与存托凭证发行人的公司治理并以此维护自身合法权益的最佳方式无疑是自己亲自行使股东参与性权利,具体表现就是亲自参加发行人公司的股东大会并行使表决权。客观来看,公司股东亲自参加股东大会并行使权利显然可以节省许多中间环节,一定程度上提高股东意见表达的效率和准确性。但是,存托凭证的发行人属于境外

公司,境内投资者参加股东大会更为不便。而且,我国上市公司的中小股东参加股东大会的热情本就不高,绝大多数中小股东对参与上市公司的公司治理都保持较为消极的态度。所以,面对参会成本相对更高的存托凭证,境内投资者的消极态度只会愈发显著,存托凭证发行人股东大会的形式化、空洞化极有可能愈发严重。

当然,随着现代电子通信和互联网技术的飞速发展,上市公司治理中面临的股东数量多、分布广等现象已经不再是阻碍公司股东参与公司治理的绝对障碍。现代电子通信和互联网技术使人与外界事物的交流互动方式发生翻天覆地的变化,物理地域对人与外界交互所造成的障碍早已消失。利用发达的现代电子通信工具并借助互联网技术,每一个个体理论上都能够在任何时间、任何地点与外界取得实时联系,这不仅深刻改变了现代社会的生活与工作方式,而且也为现代公司治理提供了方式和手段上的巨大变革。这一巨大变革体现在股东参与上市公司治理方面,一项重要表现就是股东大会的电子化趋势。股东大会电子化是指公司运用电子方法向股东发出召集通知,股东大会的缺席股东运用电子化手段参加股东大会并行使表决权,将大会通过的决议运用电子手段予以公示。❶而且,随着科学技术的进步和应用领域的不断扩展,电子技术甚至已经超越股东参与股东大会并进行表决的过程本身,即已经延伸到公司股东对公司日常经营管理的监督过程当中,从而帮助其更为全面地了解公司经营管理状况,也为其准确行使表决权来表达意见提供有效参考基础,如电子股东论坛的设置。电子股东论坛是随着互联网技术在上市公司治理实践中的应用拓展而产生的,是公司股东借助特定的互联网平台或空间实现股东之间以及股东和公司之间信息沟通的重要途径。在德国,根据相关法律规定,股东论坛设置于公司进行公告的电子联邦公告中。其目的在于加强股东之间的交流,提供表决权行使的建议,促成股东之间的共同行动,使股东有机会以更积极的姿态参与公司治理。❷

显然,面对存托凭证跨境发行和交易的突出特点,电子化的公司治理参与渠道是减少跨境因素带来的各种负面影响的重要手段。电子化的公司治理参与渠道不仅能够在境内单一市场环境内发挥有效功能,消除境内地域距离带来的不便,而且在更广阔的世界市场范围内能够发挥出更显著的积极作用,这与互联网科技对于

---

❶ 岩村充,神田秀树.电子株生总会之研究[M].东京:弘文堂出版社,2003:111.

❷ 王宗正.股东大会电子化的法律问题研究[D].重庆:西南政法大学,2017:73.

全球的联通密不可分。因此，这种恰好符合存托凭证发行和交易特点的技术支持，在促使和保障存托凭证持有人参与发行人公司治理方面也可以参考借鉴，以减少境外存托凭证发行人在公司经营管理方面给投资者造成的距离感和模糊感，提高存托凭证投资者参与公司治理的积极性和权利行使的有效性。但是，对于存托凭证投资者直接参与股东大会行使表决权，最为主要问题在于其身份的特殊性，这是其与一般公司股东参与股东大会行使表决所不同之处，也决定了需要充分考虑到不同身份属性下存托凭证持有人参与发行人公司治理的不同情形，应当加以区别对待和分析。

存托凭证的投资者虽然因持有存托凭证而实质上享有基础证券（股票）所承载的各项股东权利，但其并未登记在发行人股东名册之上，发行人股东名册上登记的公司股东是存托机构。对此，比较有代表性的观点认为，存托凭证表示的是对股票的所有者权益。即使从实质意义上可以说存托凭证持有人即股票的所有者，但这种"所有"根据信托关系来讲也只能是实际所有者，发行人公司股票的名义所有者仍然是存托机构。而且在实践中，存托凭证持有人并不能像境外发行人公司股票直接跨国上市交易机制下的投资者，可以个别地、直接地行使投资者权益，这也是境外公司借助发行存托凭证方式实现间接双重上市和直接双重上市的重要区别之一。因此，仍然有必要根据存托凭证持有人身份属性的定位来进一步考虑其参与发行人公司治理的合理方式，否则就会存在法律关系上的混乱或错位，权利行使也将无据可依。

由于存托凭证持有人并未记载于基础股票上市公司的股东名录内，依照商事裁判中的公示主义和外观主义原则，存托凭证持有人不被视为上市公司股东：一是不能直接参与基础股票上市公司的表决投票，二是不能以持有存托凭证为据主张对上市公司账簿、财务报表等进行查阅，三是股息红利的受领需要由存托机构代为办理，在送股、转增、配股等方面也有诸多限制。从这个意义上来说，存托凭证持有人基于存托凭证所享有的权利不能被视为股权，或者至少不能被视为普通股权。例如，我国香港交易所在其网站上所提示的，"香港预托证券（凭证）并不是股份，所引致的法律效果有别于股份"。寇驰（Coach）公司和迅销公司在其香港预托凭证上市介绍文件中也都指明，"预托证券持有人并非本公司股东……预托证券持有人并无股东权利,而仅享有预托协议中就其利益而订定的合约权利"●。因此,存托凭证的投资者固然可以利用现代科技实现跨境直接参与股东大会行使表决权,或是在公司日常经营管理中借助诸如电子股东论坛的方式加强对公司治理的参与,但是其"尴尬"的身份定位也可能会成为阻碍。在这种情形之下,如果没有充分的理论支持,强行通过制度规定来承认存托凭证持有人的直接股东身份,很可能会造成存托凭证运行的混乱,也会对以原有法理为基础的存托凭证其他各项法律制度或规则造成冲击,这显然是一种得不偿失的做法。

当然,是否能够在特定情形下承认存托凭证投资者的公司股东地位,可能更多取决于法律制度是否能够予以认可,尤其是需要对特定情形进行充分的考量和分析,权衡利弊并对其中蕴含的存托凭证持有人保护性利益的大小进行衡量,在存托凭证法律关系主体之间以及存托凭证制度和市场发展之间寻求最大限度的利益平衡。例如,在相类似的股东表决权信托中,为了便于委托人(实际股东)在遭受侵害而利益受损时能够自主进行诉讼救济,有观点就主张在这种情形下应当在法律上承认委托人的股东地位,可以由其以公司股东名义提起相关诉讼并获得救济。但值得注意的是,特定情形下承认存托凭证持有人的直接股东身份,不仅是一种特殊和例外,更是在保护或救济存托凭证持有人合法权益目标下的一种非常选择,所以并不合适作为一种常规的保护性制度规则加以确定,仍然有必要以存托凭证法律关系为基础,探索更为恰当和常规的公司治理参与路径,以符合存托凭证持有人权益保护的现实需求。

(二)存托凭证投资者间接参与公司治理

存托凭证投资者间接参与公司治理最主要的表现就是通过中介机构行使基础证券所承载的表决权。这种方式中,存托凭证持有人既不是以发行人公司股东的身份行使表决权,也不是直接以自我身份向发行人公司行使表决权,而是借助特定手段或渠道将其表决意见传递给相应中介机构,再由特定中介机构按照既定规则行使存托凭证持有人所享有的表决权。当然,对于直接持有相应公司股票的公司股东,也存在间接行使股东表决权的情形,如股东表决权代理,在一定程度上与存托凭证投资者间接参与发行人公司治理具有相似性。但需要注意的是,由于存托

● 谢贵春,吴瑕.存托凭证持有人保护机制比较研究[J].证券市场导报,2018(7):5.

凭证法律关系相对复杂,存托凭证持有人间接行使表决权的形式也就可能更为多样,且对不同参与公司治理路径的考虑还要充分考虑法律关系、市场规律、跨境特点等因素,所以这就需要以不同情形分类展开分析。

其一,先由特定中介机构对享有表决权的主体(如公司股东或存托凭证持有者)搜集、整理其表决意见,随后将表决意见的整理结果提供给相应公司委托担任表决代理人的代理机构,该代理机构将按照收到的表决意见结果在股东大会上统一行使相应表决权。考察域外该种类型的表决权行使方式,日本的相关制度和实践较为典型。在日本,公司股东行使表决权的方式选择较为自由多样,除了相关公司可以建立自主的网络化表决权征集平台之外,也可以采用股票事务代理机构提供的表决权征集平台服务。此外,不同代理机构提供的表决权征集服务内容也并非完全一致,不同公司之间可能也会存在细节差异,这主要是相应公司根据自身需求提出的个性化要求所致。因此,日本这种借助股票事务代理机构进行的表决权间接行使方式具有高度市场化的特点,能够根据不同客户需求和特点来定制化帮助广大公司股东更便捷地行使表决权参与公司治理。当然,市场化定制的前提是不违反法律法规对于股东表决权行使的相关规定,这也是我们需要注意和借鉴之处。而且,不同于普通投资者,日本的机构投资者通常是以信托银行名义登记在相应公司股东名册之上,所以将由信托银行主要负责对实质股东的表决意见进行征集汇总,再根据汇总结果进行具体的表决投票。从这一点上看,日本机构投资者在身份形式上就与存托凭证持有人相似,都是采用信托关系形式并未以个人名义直接登记于相应证券发行公司的股东名册之上。

此外,信托银行登入电子投票平台投票的账号、密码依不同的发行公司而有不同,导致信托银行在征集汇总表决意见之后就存在依据不同公司分别进入相关系统进行表决信息处理,这就使得股票事务代理机构提供的平台服务无法完全适用于机构投资者。因此,这种表决信息的层层传递和处理以及相关征集系统操作的繁复,都造成了表决权行使繁杂和低效状况,不利于表决权主体的权益保护和公司治理的优化。对此,东京证券交易所和美国ADP公司于2004年合资成立ICJ公司,改变了原有较为繁复的由中介机构和代理机构共同参与完成的表决权行使方式,具体规则是以ICJ所设置的电子投票平台解决日本企业的机构投资者行使表决权的窘况。同存托凭证中登记在发行人公司股东名册的主体是存托机构相类似,日本的境外投资者也是以存托银行名义登记于相应公司股东名册之上,当公司召开股东大会时,行使表决权的相关材料都是直接发送给存托银行而非实际股东。通过ICJ电子平台,无论是机构投资者还是境外投资者,都不需要再依靠存托银行对其表决意见进行征集汇总,而是由这些实际股东直接通过ICJ平台进行必要的身份识别和认证,再直接经该平台提交表决意见,ICJ平台直接将接收到的表决意见传送至相应公司,其间就省去了作为名义股东的信托银行的一系列表决事务工作。

其二,由特定中介机构对表决权享有主体的表决意见进行征集和汇总,再以中介机构的自主身份参加股东大会行使表决权。若采用此种方式,中介机构通常具有更主动的动机对享有表决权的主体进行表决意见征集,这在一定程度上能够鼓励和促使原本参与公司治理意愿不高的表决权享有者积极行使表决权。在美国,股票发行方公司大多数会采用委托方式,通过中介机构实施召开股东大会的相关事宜,这也是美国的公司与证券制度高度市场化的表现之一。其中,美国市场上早期较为典型的中介机构是ADP公司,该公司同样也是纽约证券交易所的上市公司,属于面向各类市场主体提供多样化服务性内容的中介机构。特别是在资本市场和公司治理方面,在其多项业务内容中就包括了对相关公司股东表决权的征集汇总,再以其自身名义参加股东大会完成表决权的行使,这在很大程度上便利了过于分散的公司中小股东顺利行使表决权参与公司治理,一定程度上也能够提升公司中小股东通过股东大会参与公司治理的积极性。但是,这种表决权行使和实现的方式也存在一定现实问题,那就是是否采用相应的中介机构应当由谁来决定,是由公司决定还是公司股东自主决定。不同的表决权行使路径,甚至是采用哪一家中介机构的服务以及其服务内容的设计,都会产生不同的经济成本,并可能影响股东权利行使的结果,所以这其中就蕴含了公司利益和股东利益以及诸如公司控制股东等特定主体之间的利益博弈,如何在这种博弈间实现最大限度的利益平衡和保护广大公司中小股东权益,显然是一项棘手的问题。而且,这种表决权行使的效率在实践中似乎也并未有显著的提高,相较于第一种方式,似乎也只是减少了代理机构的参与,这在当前电子通信与互联网科技高度发展的状况下,很难说直接对公司股东的公司治理参与效率有着极大提升。另外,中介机构履行相应职责必然会产生履职成本,单纯由公司股东负担似乎也会成为巨大的市场障碍。特别是存托凭证持有人本身投机动因强烈。对处于境外的存托凭证发行人的公司治理活动参与兴趣不强,如果再由其负担过多的公司治理成本,显然只会更抑制其行使权利主动性。

其三,通过享有表决权的主体直接通过特定中介机构行使表决权,但中介机构并不是代表表决权主体参加表决活动,而是直接将个体表决结果提供给公司。此种方式之下的中介机构更像是信息传递中介,相当于公司辅助人的地位,通过中介机构向公司传递表决权信息,相当于享有表决权的主体亲自出席股东大会并履行了表决权。我国目前的上市公司网络投票基本上符合这种表决权行使方式特点,公司股东通过特定网络投票平台进行投票之后,平台将直接将投票结果传送至公司,相关公司对网络投票和现场投票结果合并进行统一计算,最终确定表决结果。在这一过程中,网络投票平台既不是履行表决权的股东的代理人,也不会将表决结果传递给其他机构再代为行使表决权,更不会直接以平台身份参加股东大会代为行使表决权,将其定位为协助完成股东表决的公司辅助人更为贴切。目前,针对我国上市公司股东表决权的电子化行使,主要采用互联网投票系统对分散的中小股东进行表决意见的征集、统计和传输。我国目前的上市公司股东网络投票平台主要是以上海证券交易所互联网投票系统、深圳证券交易所互联网投票系统以及中国证券登记结算公司互联网投票系统为主。就单纯的网络和信息技术来说,它们并不存在显著特点,但其突出优势却在于具备一定的官方背景,在中立性方面能够对市场和投资者产生天然信赖的吸引,使相关证券持有人更愿意主动采用相应机构提供的服务。正是由于这些中立性市场机构的官方背景,它们能够最大限度减少资本市场中各种经济利益的诱导或驱使,可以在相当程度上保障包括存托凭证持有人在内的市场权利主体便捷、有效且合理的行使相应权利,这不仅有利于将对市场投资者的保护提前到权利行使阶段,减少不必要的损害和救济,也有便于其与证券监管机构相互配合、沟通互动,更全面地掌握市场动态和投资者权益状况,在相关监管措施实施过程中和相应投票平台机构具备更高的配合效率。

二、保障存托凭证投资者参与公司治理的规范建议

(一)关于存托凭证投资者参与公司治理的现有规范评析

目前,对于存托凭证发行人公司治理的基本要求是应当保持健全有效的公司

治理结构,督促公司董事、监事以及高级管理人员忠实、勤勉地履行职责,切实保护投资者合法权益。可见,对存托凭证发行人公司治理的规范性要求,落脚点仍然是实现投资者保护的最终目标。对此,存托凭证发行人公司治理的规范和高效,不仅要对其组织结构、运行机制有所要求,也有赖于动态的监督约束机制,不断矫正公司治理过程中可能出现的各种偏差,尽量降低公司经营权和所有权分离带来的各种负面效应。存托凭证的持有人作为存托凭证发行人公司的实际投资者,其实际权益地位对应于发行人公司股东,所以存托凭证持有人积极参与公司治理活动不仅能够对发行人公司的健康经营与良性发展提供巨大帮助,而且发行人公司的经营发展状况好坏直接与存托凭证持有人的投资效益挂钩,更是存托凭证持有人发表意见、主张权利并维护自身合法权益的重要渠道。

然而,纵观目前我国有关存托凭证持有人参与公司治理的相关规定,明显过于粗疏。虽然相关规定也确认了存托凭证持有人享有参与公司治理的合法权利,但是其内容表述方面过于笼统或原则化,在具体操作和切实保障存托凭证持有人参与性权利的规则方面仍然明显欠缺,这并不利于存托凭证持有人合法权益的保护。而且,缺乏细化规定的一项重要表现就是存托凭证持有人参与公司治理的方式并不明确,相关规定的模糊无疑会让存托凭证持有人在行使权利时无所适从,而存托凭证发行人的大股东或控制股东也很可能会利用制度漏洞来谋取私利。

具体来看,根据《创新企业境内发行股票或存托凭证上市后持续监管实施办法(试行)》第7条规定,"红筹企业召开股东大会的,应当采用安全、经济、便捷的网络或者其他方式为境内股东或者存托凭证持有人行使权利提供便利。红筹企业应当按照公司章程、存托协议和其他公开披露的文件中载明的有关安排,履行股东大会的召集、召开和表决等程序和相关义务"。从这一规定的表述可以看出,参加存托凭证发行人股东大会的主体仍然直接指向了存托凭证持有人,发行人还必须利用网络等方式为其提供参会便利。而且,这种便利性不仅是为了便于存托凭证持有人以知悉或观看的方式参加股东大会,其提供的便利明确包括了存托凭证持有人"行使权利",即投票表决的权利。因此,单纯从这方面考虑,存托凭证持有人参加股东大会并实现公司治理参与的方式更符合前述直接参与的类型,即原则上似乎允许由存托凭证持有人亲自参加股东大会行使表决权。

此外,《存托凭证发行与交易管理办法(试行)》中对存托凭证当事人的权利义务进行了基本规定,其中针对存托机构的职责就明确包括了"按照存托协议约定,向存托凭证持有人派发红利、股息等权益,根据存托凭证持有人意愿行使表决权等权利"与"境外基础证券发行人股东大会审议有关存托凭证持有人权利义务的议案时,存托人应当参加股东大会并为存托凭证持有人权益行使表决权"。与此相同,《存托凭证存托协议内容与格式指引(试行)》对存托协议的应当具备的一些基本内容进行了规定,其中第17条的第7和第8款规定了存托协议应列明的存托人义务,包括"按照协议约定,向存托凭证持有人派发红利、股息等权益,根据存托凭证持有人意愿行使表决权等权利;发行人股东大会审议有关存托凭证持有人权利义务的议案时,存托人应当参加股东大会并按存托凭证持有人意愿行使表决权"。不过,《存托凭证存托协议内容与格式指引(试行)》第17条在第9款又规定存托人有义务"按照存托协议的约定,采用安全、经济、便捷的网络或其他方式为存托凭证持有人行使权利提供便利"。这就与《存托凭证发行与交易管理办法(试行)》的规定形成了细微差别。由存托机构向存托凭证持有人提供行使权利的便利,这似乎是对存托机构如何获取存托凭证持有人意愿的方式或者说对存托凭证持有人参与公司治理的方式提出了操作方法,但能否这样理解和解释却尚未有权威的解答。

可见,无论是从存托机构的职责还是其义务角度,存托机构都具有根据存托凭证持有人意愿行使参与性权利的功能,这又符合前述存托凭证持有人间接参与公司治理的类型。但是,对于存托机构应当如何真实准确地根据存托凭证持有人意愿去行使权利,则是现有规定的模糊之处。例如,究竟是通过存托协议约定"信托目的",由作为受托人的存托机构根据约定的信托目的(如有利于存托凭证持有人利益原则)行使参与性权利,还是应当以合理方式搜集整理存托凭证持有人意见再行使相关权利实现公司治理参与,这些具体方式都并不明确。当然,除了存托凭证持有人参与股东大会表达意见行使表决权这一最为重要公司治理参与路径,存托凭证持有人对发行人公司日常经营管理的监督和关注也没有用引起当前有关制度规定的重视。例如,《上海证券交易所试点创新企业股票或存托凭证上市交易实施办法》第19条"红筹公司应当在境内设立证券事务机构,并聘任信息披露境内代表,负责办理公司股票或者存托凭证上市期间的信息披露和监管联络事宜。信息披露境内代表应当具备境内上市公司董事会秘书的相应任职能力,熟悉境内信息披露规定和要求,并能够熟练使用中文。红筹公司应当建立与境内投资者、监管机构及本所的有效沟通渠道,按照规定保障境内投资者的合法权益,保持与境内监管机构及本所的畅通联系"。但是,上市公司股东之间和股东与公司之间的交流监督一直以来都缺乏实效,这很大一部分原因是股东参与公司治理的常态化机制未被重视,公司更加注重迎合监管机构对于信息披露的形式要求,而忽略了和公司股东的交流沟通,公司股东之间的"理性冷漠"将会加剧这种消极现象。

(二)存托凭证投资者参与公司治理的规范完善

1. 明确存托凭证持有人参加股东大会的基本方式

综合来看,存托凭证持有人通过参加发行人股东大会表达对公司经营管理的意见以及行使表决权维护自身权益的方式应以间接方式为宜。主要原因在于存托凭证持有人虽然享有基础证券即相应公司股票所代表的股东权利,但这种权利并能不使其完全等同于直接持有相应公司股票的股东,至少存托凭证持有人享有的股东权利并不是表面上的股东权利。这也是为何将存托凭证持有人称为是代表基础证券相关权益的受益权凭证的所有者,而没有将其直接称为基础证券的所有者。此外,依据商事法律制度的外观主义原则,登记在发行人公司股东名册上的股东是存托机构,而非广大的存托凭证持有者,这也是世界各国存托凭证发行过程中的实践做法。

更深一层思考,之所以在发行人公司股东名册之上登记的股东是存托机构而不是购买存托凭证的投资者,其根源就在于存托凭证发行和交易的整个产生和运行结构采用了信托关系,存托凭证法律关系具有信托的性质。因此,存托凭证中的存托机构作为受托人是包括基础证券在内的基础财产的名义所有者,其当然应当登记在发行人公司股东名册上而获得股东身份。而且,当前大陆法系国家普遍回避对英美信托原理中双重所有权结构的问题进行明确解决,我国信托法也不例外,这导致信托财产的归属一直都是我国信托法研究中的问题。但是,这并没有阻碍信托发挥其在财产管理和社会经济发展中的重要功能,所以发行存托凭证在我国证券市场和法律制度框架内也不存在实质性障碍。

但对于直接承认存托凭证持有人的股东地位,考虑到存托凭证可能涉及境内外市场之间关于信托制度的差异,其阻力依然较大。当然,也有观点是有条件地承认委托人(存托凭证持有人)的临时股东地位,这主要在关于股东表决权信托的研究中有所涉及。本文认为,参考股东表决权信托的有关研究,其承认受托人股东地位的重点在于"有条件"和"临时性"。具体而言,条件具备的情形主要有两种:其一是出现表决困境,如受托人出现表决不能的情况,此时委托人才能够临时行使"潜在"的表决权利;其二是委托人的权益受到侵害,为便于获得救济允许其临时获得股东地位以提起相关诉讼,显然以上条件都不符合惯常性赋予作为委托人的存托凭证持有人以股东身份参与公司治理。但是,假若在存托凭证发行人的经营管理以及存托凭证的发行交易过程中发生上述"困境",能否临时使存托凭证持有人临时获得发行人公司股东的身份,则可资借鉴。因此,现有规范应当明确存托凭证持有人是以间接方式参与发行人公司治理,避免权利行使上的困惑与不适。

　　2. 对参加股东大会的具体规范进行完善和细化

　　当明确存托凭证持有人主要以间接方式参与公司治理之后,主要问题则是需要对间接参与公司治理的相关规范进行完善和细化,以加强可操作性来确保存托凭证持有人的参与性权利能够切实获得保障。如前所述,间接参与公司治理主要是借助于中介机构行使相应的参与性权利。对此,既然现有规定对于存托机构的职责和义务已经明确了由其根据存托凭证持有人意愿行使表决权等权利,就仍应当以此为基础充分发挥存托机构在存托凭证持有人参与公司治理方面的功能,这将不会造成对既有规定的过度冲击,从而减少相关规范增添完善的阻力。但是,如《存托凭证发行与交易管理办法(试行)》第26条:"按照存托协议约定,向存托凭证持有人派发红利、股息等权益,根据存托凭证持有人意愿行使表决权等权利","境外基础证券发行人股东大会审议有关存托凭证持有人权利义务的议案时,存托人应当参加股东大会并为存托凭证持有人权益行使表决权"。于此一项重要的问题就在于存托机构应当如何根据存托凭证持有人的意愿,也就是说存托凭证持有人行使表决权的意见应当如何向公司表达,这是现有规定没有能够明确解决的。

　　当然,《存托凭证发行与交易管理办法(试行)》和《存托凭证存托协议内容与格式指引(试行)》似乎将这一问题抛给了"按照存托协议约定",所以原则上存托机构代表存托凭证持有人行使权利的方式可以由存托协议自由约定。但是,存托协议本身就是在存托凭证持有人未曾参与的状况下由存托凭证发行人和存托机构共同拟定,其中可能就存在一定程度不利于存托凭证投资者的因素。毋庸置疑,契约自由原则也是非常重要的法律价值,在契约自由和投资者保护之间不断寻求平衡也是存托凭证投资者保护的一项重要基准。但对于保障存托凭证持有人参与公司治理或者说参加发行人股东大会这项基本权利的实现，法律应当予以适当介入，而不是完全交由存托凭证的发行人和存托机构来左右。

鉴于此，有两种方案可供考虑。第一种是由存托机构依据有利于存托凭证持有人利益的原则行使表决权等权利，这种情况下无须征集和整理存托凭证持有人的表决意见，而是让存托机构自行代表存托凭证持有人的利益行使相关权利。至于存托凭证持有人权益的保护，则主要依赖于存托机构相对应的受托人义务对其进行约束，当存托凭证持有人因存托机构的不当履职行为受到损害，则可以通过事后救济来获得补偿，这就非常类似于股东表决权信托的运行机制。但是，这一方案的缺陷恰恰是没有看到存托机构和股东代表权的受托人之间的巨大差异。公司股东将其所享有的表决权转移给专业信托机构行使相应权利，目的就在于充分受托人在公司经营管理决策方面的专业优势，在面对公司经营管理中重大决策的场合能够做出更为有理性和科学的决策判断，而且汇聚中小股东分散的力量以强化对公司大股东、实际控制人以及经营管理人员的监督与抗衡。因此，能够完全肩负起表决权信托的受托人不仅专业性极强，而且责任重大。以此对比存托机构的权利和义务设置，显然并不一定具备这一条件。即使诸如商业银行、证券公司等存托机构具有一定的专业能力，但是从其担任存托机构的对价以及与发行人千丝万缕的关系来看，都并不适合完全对应股权信托中的专业信托机构，否则将极易引发道德风险，将存托凭证持有人的权益至于险地。况且，即便相应存托机构具备担任表决权受托人的专业能力，但是担任表决权受托人所需付出的工作量远远超过单纯作为存托机构的履职，这必然需要向存托机构支付大量的费用以匹配其履职内容，而这一费用显然需要全体存托凭证持有人共同负担，对此能否具有市场化的可操作性本文持怀疑态度。

第二种则是由存托机构汇集和整理存托凭证持有人的表决意见，并依据汇集和整理的结果在股东大会上进行表决。对此，汇集存托凭证持有人表决意见的方式直接决定了结果的准确性和客观性，也直接影响存托凭证持有人参与公司治理的最终效果。传统意义上，由存托机构组织召开存托凭证持有人大会可能是一种可行的方式。但是召开存托凭证持有人大会实质上与召开上市公司股东大会的难度几乎无异，存凭证持有人依然存在分布广泛、数量众多等客观因素，可见通过设定物理地点召集大会的方式效率非常低下,效果也并不尽如人意。因此,存托机构汇集和整理存托凭证持有人表决意见时应当充分借助电子化与网络化手段,预先让存托凭证持有人通过网络投票方式汇集表决结果,再由存托机构在发行人股东大会上依据这一结果进行表决。举一反三,可以充分借助我国现有的互联网投票系统展开对存托凭证持有人表决意见的汇集,即以上海证券交易所互联网投票系统和深圳证券交易所互联网投票系统为主。之所以不赞同直接由存托机构通过自有系统平台的搭建或私下逐一征询存托凭证持有人的表决意见,原因主要有二:其一,借助现有交易所互联网投票系统,节约存托机构的汇集和整理存托凭证持有人表决意见的成本。由于我国现今上市公司网络投票也采用该系统,便于存托凭证持有人熟悉并快速掌握投票系统的相关操作与流程;其二,我国证券交易所在证券市场中处于中立地位,因具有一定自律监管的属性,所以其公信力较营业性质的存托机构更强,能够有效避免存托机构在行使表决权过程中可能出现的违法违规行为,例如篡改存托凭证持有人的表决结果。因此,现有规定应当明确,存托凭证持有人应根据存托机构的通知,通过开立存托凭证交易账户所对应的证券交易所互联网投票系统针对发行人股东大会议案进行表决或发表意见,交易所互联网系统将结果传输给存托机构进行汇集和整理,再由存托机构依据该结果参加发行人股东大会并行使表决权等权利。

3. 丰富存托凭证持有人参与公司治理的其他方式

不可否认,存托凭证持有人参与发行人公司治理最重要的节点在于参加股东大会并行使表决权。虽然相应表决权并非是存托凭证持有人以股东身份亲自且直接行使,但通过一系列间接的形式安排和实质的意见传递,也确是在相当程度上保障了存托凭证持有人参与公司治理的应有权利。而且,现代通信和互联网的发展的确给存托凭证持有人参与公司治理提供了必要的技术手段,例如网络投票制度、股东会议网络直播等。存托凭证持有人对公司治理的参与虽然以表决权行使为关键,但如果将参加股东大会作为公司治理参与中的一个重要组成,那仅仅能够顺利行使表决权并不一定能够带来保护投资者利益的公司治理效果。在此之前,诸如对股东大会议题进行有效讨论,就投票意见形成提供更理性和丰富的信息基础,甚至是与其他股东形成合力共同行动,这些问题也都应当在公司治理参与的语境下获得有效解决。●因此,在以保障存托凭证持有人能够实质上参加发行人股东大会并行使表决权为核心之外,还应当丰富围绕股东大会的参与过程而展开的其他公司治理参与方式,对此股东电子论坛是可供借鉴的一项制度内容。

电子股东论坛是指供一个公司内部,股东与股东之间、股东和公司之间交流使用,发表帖子、参加讨论、浏览信息,甚至可以参与网络股东会议与投票的电子公告版系统。●可见,电子股东论坛虽然名为"论坛",但其所可能涵盖的内容却非常丰富。但无论是何种具体的功能表现,其目标是强化公司股东与公司以及公司股东之间的信息交流和沟通,提高公司治理的效率和效果。若从沟通交流以及尽可能减少境内投资者和存托凭证发行人之间的信息壁垒角度看,《上海证券交易所试点创新企业股票或存托凭证上市交易实施办法》第19条就已经有相关的规定表述:"红筹公司应当建立与境内投资者、监管机构及本所的有效沟通渠道,按照规定保障境内投资者的合法权益,保持与境内监管机构及本所的畅通联系。"这也是借鉴电子股东论坛经验并应用于存托凭的重要依据。但是,在存托凭证中引入电子股东论坛应当更注重其对于存托凭证持有人参与公司治理的功能性帮助,而不仅仅将其当做一个沟通交流的平台。如果单纯从交流平台而言,目前我国互联网上类似于电子股东论坛的平台非常普遍,如在各大证券信息网站都可见的"股吧",而且一些上市公司也在其内部网站建立了供公司股东交流发帖的论坛。但客观来看,这些论坛中的绝大多数并没有起到帮助投资者更优质、更高效参与公司治理,更多只是投资策略的交流学习,甚至直接是股票推荐的平台。而公司董事和高级管理人员对于股东在论坛中提出的质询或意见,也往往敷衍了事或置若罔闻。

具体而言,存托凭证的发行人应当和存托机构共同建立和维护"存托凭证持有人电子论坛",其功能性不仅包括存托凭证持有人的发帖交流以及与公司管理人员互动问答,更重要的在于信息披露以及围绕提高存托凭证持有人参加股东大会的权利行使的效果,以保护存托凭证持有人的合法权益。其中,电子股东论坛中一项重要的功能应当得到重视,即提案功能。提案权是公司股东参与公司经营管理活动的一项重要且基本权利,其对于公司治理的重要性不亚于股东的表决权。显然,存托机构作为发行人公司登记在册的股东原则上也享有提案权利,但是显然提出

---

❶ 洪秀芬.股东交流平台建立之探讨——以德国股东论坛为例[J].兴大法学,2007(1):30-31.

❷ 侯诗筠.我国电子股东论坛制度研究[D].保定:河北大学,2017:5.

何种议案应当根据存托凭证持有人的意愿。当然,即使是公司股东也并非能够随意进行提案,相关法律法规或公司章程可能会对提案的条件进行约束。但是,这并不能完全排除存托凭证持有人也可能符合相应的提案条件而且也有意愿进行提案。因此,借助论坛的多元功能,存托凭证持有人可以互相讨论有关公司经营管理的议题,形成更为成熟的提案,并通过论坛系统提交给存托机构,经存托机构审核符合提案要求之后即可以在股东大会召开前向公司董事会提交。因此,存托凭证持有人参与公司治理的方式应当更加多元,围绕参加股东大会行使表决权这一核心仍可以借助各种制度形式来帮助存托凭证持有人更高效也更有效地参与发行人公司治理,显然存托凭证持有人电子论坛就是一项具有实践价值的制度规范。至于在立法经验方面,德国甚至在先后通过并生效的《企业完整与撤销权现代化草案》和《股东论坛规则》中对电子股东论坛的建立、内容、注册、登录、可登录的邀请内容、费用等做了详细的规定,这也是世界范围内公司治理电子化立法的典范之一。

第五章　存托凭证投资者的退出路径及其制度保障

第一节　存托凭证投资者退出的规范意义及其特殊性

一、投资者退出："用脚投票"与投资者保护

(一)证券"流通"与"流动"对投资者保护的影响

证券市场的存在和发展离不开各类市场主体的参与,且依赖于市场主体之间相互开展的各种证券交易活动,以此促成市场资本的不断流动和市场整体氛围的活跃。假若证券市场中的投资者受制于各种原因而难以开展证券交易活动,整个市场的交易投资气氛极为低落,那么证券市场对于投资者以及社会经济发展的价值必然大打折扣,甚至是失去了证券市场存在和发展的基础。毋庸置疑,不同类型的证券在同一市场中的交易投资活跃程度并不一致。通常来说,股票是证券市场中交易最为活跃、投资者涉及面最为广泛的证券品种,而诸如债券、金融期货等类型的证券产品的投资者覆盖面相对较窄。当然,这种现象是由于多方面因素综合影响而造成,例如证券产品自身的专业性、投资者的熟悉程度以及相应证券产品出现和发展先后等。但是,无论一种证券在彼此之间相比较是否属于"主流",其存在于证券市场之中并要对投资者产生相应价值,就必须具备一定的基础条件,其中就包括证券的流通性和流动性。

"流通性"是指一项资产在公开市场中易手的可行性和便利性,完全不允许流通的资产因与投资性资产定义相悖,其投资价值接近于零。[1]因此,对于一种证券而言,如果在整个市场中永久性地不具有流通性,也就意味着持有相应证券的投资

---

[1] 吴晓求.中国资本市场:股权分裂与流动性变革[M].北京:中国人民大学出版社,2004:29.

者完全无法将其售出变现,这种证券显然就已经丧失了几乎全部投资价值。当然,对于极个别投资者投资某种证券本身就不存在将其流通变现从而获取增值收益的目的,证券是否具备流通性对其几无影响,这也是可能存在的。此外,还确实存在一些限制流通转让的证券类型,例如流通性受限的股票。这种限制可能来源于股票发行人对特定股票种类的设计,也可能是由法律对特定市场主体赋予法定义务而产生,例如在特定情形下禁止公司控股股东、实际控制人、董监高减持公司股票。

但是,从证券市场的基本功能发挥和市场投资者整体的参与目标来看,证券的流通性对于投资者而言至关重要。[1]而"流动性"则是指"证券资产因变现成本和变现速度(两者合称变现能力)差异而导致的价格差异"。[2]在金融学对证券流动性的研究中,具体概念被描述为"流动性溢价",是指由于证券受到市场环境中各种客观因素影响而产生的价格差异。而市场投资者通过购买证券获取价值增值带来的溢价收益,正是表现为证券的这种"流动性溢价"。从证券流通性和流动性的关系角度来看,流通性更强调证券的可交易性,即投资者是否有权利将所持证券进行自由交易,这也是证券市场交易活动能够开展的基本前提;流动性更侧重于相应证券在市场上流通交易的价格以及难易程度,流动性更高的证券通常意味着市场需求更高,也从侧面反映出证券价值的大小,因此金融学中也有专门研究证券流动性与溢价及其价值相关性的研究。证券的流通性和流动性是对针对证券交易活动表现出不同层面特点的两项指标,它们之间既有联系又存在区别,其中既包括了市场投资者对于特定证券享有的交易权利的内涵,也涉及对证券价值决定要素的衡量。因此,证券的流通性和流动性是市场投资者购买、交易特定证券的重要动因,同时也构成了证券市场交易活动开展的重要基础。

当然,无论是证券的流通性还是流动性,它们作为证券市场运行和证券价值实现的重要条件,最终都指向投资者的证券交易行为。由于直接影响到相应证券的价值实现,所以这也成为市场投资者实现投资价值时首要关心的两个方面,即相应证券的流通交易以及流通交易过程中产生的市场价格差异。与此相联系,投资者将所投资购买的证券进行交易售出,从特定角度而言就是投资者"退出"相应证券

---

[1] 刘力,王汀汀. 不应忽略股票的流通权价值——兼论中国股票市场的二元股权结构问题[J]. 管理世界,2003(9):46.

[2] 廖士光. 中国证券市场流动性价值问题研究[D]. 上海:上海交通大学,2007:9.

的投资领域。或者说,投资者将所持有的证券进行出售,当实现特定投资价值时就意味着对于特定证券投资的退出。所以,如果一种证券不具有流通性或是其流动性极差,这些都将成为阻碍投资者顺利退出的因素。市场投资者通过对证券流通性和流动性的指标衡量,判断投资相应证券的价值大小,而且很大程度上会着重考量投资退出的难易程度,从而做出相对理性的投资决策。当投资者不能在常规情况下根据自己的投资判断及时退出来实现投资价值或规避投资风险,特定证券也就丧失了在证券市场上存在和交易的基础。从宏观角度看,如果不能有效保障证券市场投资者的退出权益,这不仅客观上会降低市场整体对投资者的吸引力,显然也背离了投资者保护的证券法律制度目标。

因此,应当向市场投资者提供顺畅的投资退出渠道,以及当投资者遭遇非正常的退出阻碍时向其提供必要的机制保障和救济。当然,证券投资者的退出属于市场行为,相应证券的流动性或流动性也是受市场因素的影响,所以法律制度对投资者退出的介入也是适度且区分不同情况。例如,受上市公司经营业绩表现较差影响而出现的公司股票流动性低以及股票下跌(流动性折价)状况,多数情况下这对于投资者属于正常的投资风险范畴。因此,在市场投资者退出权益的保障方面,需要对正常的市场和投资风险进行甄别,以避免对市场正常交易秩序造成干扰,如上市公司强制退市时中小股东持有的股票如何处理等特殊情形之下,其中蕴含诸多可能对投资者利益造成损害的问题,也就需要相关法律制度对其提供有效规范或是向投资者提供必要保障。

(二)投资者退出的动因分析及其重要功能

证券投资者退出机制的完善意味着作为投资人的社会资本能够在面临不可抗力或违约事件时顺利退出或者在短期时间内收回投资成本、获取收益,而且也涉及在投资者退出过程中避免其遭受侵害以及遭受侵害之后的必要救济等。对于投资者,能够使短期资金与长期资金顺利衔接,从而加快资本流动和资产增值。证券投资者的退出,一般是指投资者卖出所持有的证券。当然这种意义上的投资者退出并非真正的"退出",因为投资者的这种"退出"不过是将其所持有的证券转让给了其他投资者,理论上市场上的投资者数量可能并没有减少。因此,所谓投资者退出是针对特定投资者,当投资者将所持有的存托凭证进行交易转让,也就意味着暂时退出了相应证券(存托凭证)的投资活动。

从投资退出的动机方面考察,证券投资者选择"退出"并卖出证券的动因通常较为复杂,把握其动机将有助于理解针对相应问题设计合理的投资退出机制以达到保护投资者的目的。

其一,投资者的退出是实现证券投资原始目的的基本途径。投资本身就是功利性和经济性目的极强的一项社会活动,它是经济主体为获得经济效益而垫付货币或其他资源用于某项事业的经济活动。而且,投资活动侧重于在未来一定时间段内获得某种比较持续稳定的现金流收益,是未来收益的累积。因此,获取收益是投资活动的基本特征,证券投资作为一项典型的资本活动更是如此。投资只有在动态过程中才能具有生命力,这是通过一系列投资决策和交易使投资标的不断增值的综合性过程。通过在投资过程中一系列有目的的活动,使投资资金遵循一定途径不断循环与周转运动,才能取得预期的效果。可以预见,在我国存托凭发行初期,必然会产生浓厚的市场投机氛围,甚至优质境外公司发行的存托凭证会出现"奇货可居"的现象,而且大多数存托凭证投资者也会是抱着投机获利的动机购买存托凭证。对于短期投机和长期投资的价值评判暂且不论,上述我国存托凭证市场的现实状况,就使存托凭证投资者退出权益的保障更为凸显,也是我国存托凭证市场健康发展的重要基础之一。

根据投资者退出所带来的投资价值实现,资金循环周转实现增值的过程,要依次经过不同阶段,在不同阶段会表现出不同的功能,从而最终使其价值达到增值,并在最后又回到原来的出发点进行新一轮的运动,开始新的循环过程。总而言之,资金只有在连续不断的投资活动中才能实现价值的增值。从证券投资的角度观察这一过程,即投资者必须在不断的进入和退出证券投资过程中寻求资本的增值,而对于每一个证券投资阶段,相应证券的价值增值就意味着投资者资产的增长。因此,当达到一定投资目标之后,投资者不仅能够在投资过程中获取相关投资收益,最终也通过"退出"来实现资本的回流与再投资,这才是健康且良性的投资循环过程。因此,投资获利的重要前提就是证券退出渠道的顺畅且有保障,这不仅是投资者参与相应证券投资所必须具备的良好预期,也是一种证券能够获得市场投资者认可的重要标准,否则就会被投资者抛弃而逐渐边缘化,甚至该种证券类型最终会在市场中消失。

其二,投资者退出的一项重要动因在于控制投资风险。风险可以被界定为系统地处理现代化自身引致的危险和不安全感的方式,而证券市场中的投资风险相对于其他投资方式都明显更高,这也是由于资本活动天然的高风险性所致。对于投资者来说,参与证券投资的一项重要能力就是对相应的市场风险进行理性判断并尽可能规避风险。可以说证券投资活动始终都是在价值创造和风险规避两个方面进行权衡博弈的过程,所以投资者建立在一定的信息基础之上会对相应证券的投资风险进行判断,从而决定是否购买相应证券进行投资。而在持有证券的过程中,投资者同样会根据一系列市场信息对投资风险进行评估。例如,根据上市公司披露的定期报告内容,投资者会被所持股票的价值以及一段时期内的价格走势进行预判,通常披露亏损的上市公司股价会在一段时期内持续走低,此时投资者就可能会提前抛售股票,以减少未来可能遭受的折价损失,这就是通过"退出"进行投资者风险的有效控制。而且更重要的是,证券投资风险有时并不是来自于正常的商业风险。

由于证券市场中不同主体之间的优势地位悬殊,投资者尤其是中小投资者随时可能面临来自于上市公司或资本实力强硬的社会资本的侵害,而此时科学合理并具有一定保障性的退出机制在特定情形之下就显得非常重要,如上市公司退市的情。总而言之,无论是对风险的自主控制,还是在被动面对特定外来风险时所需的必要法律制度保障,都从各个方面显示出投资退出机制对投资者权益保护的重要作用。

二、存托凭证投资者退出的不同路径及其特殊性

(一)存托凭证投资者退出的一般方式

存托凭证投资者退出最基本的方式就是在市场中卖出其所持有的存托凭证,类似于股票二级市场中正常的股票交易活动。但由于存托凭证的特殊性,其交易方式与股票存在差异,造成此种差异的原因主要在于存托凭证与基础证券的关联关系,以及基于这种关系而延伸出的特殊交易机制,即转换机制。

根据目前出台的一系列关于我国存托凭证发行和交易的规定来看,存托凭证交易的流程和规则与境内上市公司股票在二级市场的交易状况大体相同,如集中

竞价和大宗交易等规则框架,所以投资者卖出其持有的存托凭证以实现投资退出,相当程度上就像在二级市场上卖出公司股票。当然,存托凭证和股票在本质上仍然具有根本性差别,这首先就体现在存托凭证的产生方面或者说存托凭证的发行环节,进而影响存托凭证的相关交易机制。简要言之,存托凭证的发行需要建立在两个主要步骤之上,第一是基础证券的确定和取得,第二是存托凭证在发行地市场的签发。存托凭证以基础证券为基础,需要由发行人确定基础证券和存托凭证的转换比例,并将一定数额的基础证券"转让"给存托机构,存托机构则是将相应的基础证券交由境外托管机构保管。基础证券数额以及基础证券和存托凭证转换比例的确定,这是存托机构签发存托凭证的前置条件,这也直接决定了存托凭证的签发数额。当上述条件具备之后,存托凭证的发行人和存托机构将会将包括上述信息在内的一系列资料作为发行申请文件的内容向证券监管机构提出发行申请,若相关申请通过审核,存托机构就会按照确定的数额签发相应存托凭证。当然,存托凭证的签发也并非完全可以由发行人或存托机构随意为之,通常受到市场容量、监管水平或证券法律制度等因素影响,监管机构会对一定时期或特定发行人主体可以发行的存托凭证数额进行限制,所以存托机构签发存托凭证也通常需要在一定监管规则限制的范围之内进行。

除了存托凭证的签发环节,当存托凭证成功发行并上市之后,存托凭证进入证券市场进行交易和流通,存托凭证的交易机制在具体运行过程中也和股票交易存在着差异。具体来看,市场投资者做出投资存托凭证的决策之后会向证券经纪商发出购买一定数额存托凭证的购买指令,此时证券经纪商既可以选择在境内市场通过常规方式买入相应数额的存托凭证,也可以通过境外经纪商在基础证券所在地市场按转换比例买入一定数额基础证券,该基础证券将会交由境外托管机构进行保管,托管机构会向境内存托机构发出收到基础证券的信息,境内存托机构将会根据存托凭证和基础证券的转换比例通过境内证券经纪商向购买存托凭证的投资者签发相应数额存托凭证。在不同的交易路径之中,采用何种路径完成存托凭证的交易,原则上具有一定的自由选择性和不确定性,证券经纪商可以根据境内外市场上存托凭证和基础证券的价格表现自行决定采用哪种交易方式。

当然,为了充分保障投资者的投资自由权利,投资者也可以指定证券经纪商通过哪种方式完成存托凭证交易,这往往出现在境内外市场上存托凭证和基础证券之间存在较大价格差异,从而利用这种特殊的交易机制能够获取一定价差收益。实质上,第二种通过直接在境外市场购入基础证券再转换为存托凭证向境内投资者出售的活动,属于存托凭证增发的一种情形。我国台湾存托凭证相关制度规定:"台湾存托凭证持有人可于台湾省内证券市场交易台湾存托凭证,或要求将其台湾存托凭证转换为外国公司股票,在原股上市地点出售或兑回。"显然,台湾存托凭证持有人于台湾省内证券市场交易台湾存托凭证,这就是常规的内部市场交易活动,其交易流程和规则和上市公司股票在二级市场上的交易模式基本相同,而将其台湾存托凭证转换为外国公司股票,在原股上市地点出售或兑回,就涉及存托凭证的增发,具有跨境证券交易属性。

在存托凭证的交易过程中,除了存托凭证的增发,同时也包括存托凭证注销的情况,其同样是存托凭证跨境交易的特点之一。通常情况之下,存托凭证持有人做出投资退出决策后,会向证券经纪商发出卖出存托凭证的指令,证券经纪商原则上即可以按照常规证券交易机制通过集中竞价卖出存托凭证,也可以将相应存托凭证交回存托机构,存托机构收到相应数额存托凭证之后会指令境外托管机构放出对应比例数额的基础证券,境外证券经纪商收到这些基础证券之后会在境外市场上予以出售,出售所得价款也会按照当下的汇率兑换成境内货币后支付给卖出存托凭证的境内投资者。当这一系列跨境交易活动完成后,存托机构就会注销收到的相应存托凭证,从而实现存托凭证在境内市场上的注销。从存托凭证投资者的退出角度看,境内投资者购买存托凭证的行为至少有一方面是伴随着另一方存托凭证持有人的退出,境内投资者卖出存托凭证的行为则直接表现为存托凭证持有人的投资退出,其特殊性就主要表现在存托凭证和基础证券转换模式下存托凭证的跨境交易属性,而这种具有一定选择性的跨境交易行为基本上是以境内外市场证券价格差异为驱动力,是存托凭证投资者或存托机构根据基础证券和存托凭证的市场价格表现和波动情况做出的理性经济人选择。

在一定程度上,存托凭证是否能够在跨境交易过程中进行注销,需要具体根据我国采取的是哪种存托凭证发行方式而有所区别。因此,我国境内的存托凭证投资者能否通过采用转换机制退出存托凭证投资,需要根据存托凭证的发行类型加以区分。简言之,如果存托凭证采用单向不可转换方式,则存托凭证与基础证券不能实现跨境自由转换,也就无法实现存托凭证的注销,存托凭证也只能是在发行地相对封闭的市场环境内进行交易；如果采用单向可转换方式和双向可转换定额发行方式，则若存托凭证持有人无法在国内证券市场出售存托凭证，存托凭证的持有人也能够自主选择注销所持有的存托凭证，实现境内外市场之间通过存托凭证特殊交易的资本流动，这也是存托凭证和其他类型证券之间的区别之一。

(二)存托凭证投资者退出的特殊情形

健康的市场应当具备有效的优胜劣汰循环机制，不仅能够为优质企业提供有效的市场进入机制，同时也可以为那些应当被市场淘汰的主体设置必要的退出机制，对于证券本身同样并不例外。存托凭证作为上市交易的证券，其也需要接受市场优胜劣汰的检验。正如上市公司会以退市方式使其发行上市的股票退出二级市场，存托凭证也可能会面临终止上市的情况。因此，当存托凭证的投资者遭遇存托凭证的终止上市或是基础证券的退市，此时如何有效退出就成为需要解决的问题。对于证券终止上市来说，合理的淘汰制度可以使整个市场成为一个良性循环的市场，一方面可以督促企业谨慎经营，淘汰资质不足或质量下降的劣质企业；另一方面可以吸引市场上有需求的优质公司进场，使得市场上有限的的资源向优质企业倾斜，更大程度地实现市场资源的高效配置。

具体来看，《公司法》中明确规定了对上市公司进行退市处罚的具体情形，同时包括退市的具体标准、退市决定权、退市流程等内容，这是我国退市制度初步确立的标志。1998年颁布的《证券法》延续了《公司法》中的相关规定。中国证监会还设立了上市公司股票特别处理规则和对暂停上市股票的"特别转让"制度，即ST制度和PT制度。2005年新修订的《证券法》中将退市决定权转移给了证券交易所，对暂停、终止上市的情形做了进一步完善。2014年，证监会发布了《关于改革完善并严格实施上市公司退市制度的若干意见》(以下简称《退市意见》)，《退市意见》的颁布，让市场开始意识到政府要完善退市机制的决心。市场上一些不合标准、通过违法手段或者信息隐瞒等不规范操作实现欺诈上市的公司，以及上市后财务恶化达不到相关标准的公司时刻面临退市风险。一直以来，我国上市公司的退市数量非常稀少，大部分应当被淘汰的上市公司都处于"僵而不死"的状态。但是，随着证券市场对退场机制进一步的完善，退市有可能成为一种常态化现象。退市常态化可以保障市场的交易环境，进一步推进我国证券市场的健康发展。

当购买存托凭证的投资者遭遇存托凭证终止上市甚至境外发行人基础证券退市时,是很难对自身权益进行有效维护的。尤其是中小投资者在我国证券市场中作为主要参与者之一,并且具有人数众多、信息获取渠道少、投资分析能力弱等特点。事实上,与机构参与者和控股股东相比,中小投资者对持股公司没有经营决策上的参与权和约束力,也没有重大事项和公司治理方面的话语权。因此,在上市公司退市的过程中,中小投资者权益受到损害的问题就会表现的更加突出,当然在面对存托凭证终止上市这种对证券流通性和流动性都极具打击的情况下,实力较强的机构投资者往往也不能独善其身,只能依靠既有优势尽力减少损失。对于公司退市行为,不管是相应上市公司的主动决策,抑或是其被动接受,在退市过程中都存在着复杂的利益冲突。在处理利益冲突时,广大市场投资者的对抗能力普遍较弱,所以其权益就极有可能被公司大股东或管理层所侵害,如公司大股东转移公司财产实施利益输送等行为。尤其是在强制退市情形下,公司大股东或管理层能够利用信息获取优势,提前在二级市场上利用各种手段操纵公司股票价格,能够最大限度减少其自身的利益损失。然而,恰恰是少部分人的利益"挽回",其中就伴随着绝大对数市场投资者利益的损失,这在多次市场实践中均被验证。从这一点上看,即使绝大多数存托凭证投资者并不在意是否能够或如何参与发行人公司的治理活动,而是只在意其短期的投资回报,那在存托凭证退市这一特殊情况下,其短期的投资利益也会受到极大影响,这时广大存托凭证投资者对于"退市"这种重大经营管理事务的参与热情也就会被激发。从资本市场的各个方面来看,存托凭证被终止上市,遭受最大打击的仍是投资者,尤其是境内外证券转换机制缺失的状况下,这种损失应当获得必要的制度救济。

第二节　存托凭证投资者退出制度的现状、不足与完善

一、存托凭证投资者退出制度的现状与不足

(一)存托凭证转换退出机制的规范缺失

目前,根据我国两大证券交易所针对存托凭证上市交易制定的相关规则,我国以境外创新型红筹企业为发行人主体的存托凭证将会不具备转换功能。例如,《上

海证券交易所试点创新企业股票或存托凭证上市交易实施办法》第42条的规定："红筹公司存托凭证在本所上市期间，不得与境外基础证券进行相互转换，中国证监会或者本所另有规定的除外。"因此，我国初期推出的存托凭证属于不可转换型存托凭证。不可转换存托凭证是指该类型的存托凭证不具备转换功能，存托凭证和境外基础证券不能进行自由兑换，切断存托凭证和基础证券之间的流动性关系，这直接导致存托凭证发行地和基础证券发行地市场相互独立与隔离。由于不可转换存托凭证不具备促使境内和境外两个市场间资本自由流动的功能，所以境内存托凭证和境外基础证券之间的也无法形成动态关联，最显著的体现就是极为可能出现境内存托凭证和境外基础证券间形成巨大的价格差异。与之相类似，我国境内公司在内地和香港市场形成双重上市的A股和H股市场价格往往会存在巨大差距，而这种显著的价格差异现象一直饱受各方诟病，其中存在的不正常或不公平问题同样也引起了市场长久以来的关注。

当然，我国目前采用不可转换存托凭证这种类型的目的并不是为了限缩存托凭证投资者的退出方式，其考量的原因是多方面的，而且主要是基于存托凭证跨境融资证券特性的考量。正是由于存托凭证的跨境融资特性，通过存托凭证和境外基础证券的转换能够实现资本的跨境流动，这就首先涉及不同市场之间的外汇制度、相应资本流向以及用途等问题。外汇管制是一个国家为了平衡国际收支，维持汇率稳定而采取的具有行政性控制特征的限制性措施。资本市场对外开放和选择的币种可以自由兑换是发行美国存托凭证的基础。在外汇管制的国际实践中，各国把外汇资产分为资本项目外汇和经常项目外汇，并分别加以管理。通常情况下，各国对资本项目外汇普遍实行较为严格的管制，对经常项目外汇则实行比较宽松的管制。但至今，我国仍然对资本项目下人民币及人民币汇率仍实行严格的限制。参考美国存托凭证，其以美元为面值单位，并且在美国证券市场自由转换。在投资者的自由转换过程中，货币的自由兑换可以起到连接美国存托凭证与其发行人母国基础证券的作用，进一步讲可以连接两国证券市场，然而我国的外汇制度尚不具备这一功能。

对于利用存托凭证进行融资后资金的流向问题，这就关系到存托凭证与基础证券与之间的转换比例问题。理论上，中国存托凭证市场与其代表的基础证券市场持续地买入与卖出，使两个市场的价格差最小化，即套利的机会最终接近于零，那么就会减少证券市场股票操纵的问题。但是我国目前的高市盈率很可能导致其成为一个投机套利的工具而不是融资的工具。从目前的情况来看，允许基础证券与之间自由转换，或者允许转换成基础证券，可能会引起资金和外汇的流失。但是，完全禁止二者之间的转换，又会使存托凭证丧失大部分流动性。并且，在发行公司要求对增加发行时，其基础证券未按照转换比例相应的增加，那么造成投资者所拥有的发行公司的股权遭到稀释而使其权益遭到侵害。

综合来看，中国存托凭证想要全面实现自由转换并给投资者提供更多元的退出机制选择，目前确实还面临一些障碍。但是，随着我国不断提高交易清算技术、风险管理与监管水平，降低系统性风险，在我国证券市场不断对外开放程度日益加深的过程中，可转换存托凭证必然会成为最终选择。因此，发行中国存托凭证，虽然目前对投资者利用转换机制的退出并没有放开，但其作为存托凭证区别于其他证券的重要特性，仍有充分的必要对存托凭证的转换退出机制进行深入研究，防止市场分割和投机套利对我国证券市场的危害，以此保护市场投资者的利益。

（二）存托凭证终止上市投资者退出的规范不足

根据《存托凭证发行与交易管理办法（试行）》第40条规定："托凭证暂停、终止上市的情形和程序，由证券交易所业务规则规定。存托凭证出现终止上市情形的，存托人应当根据存托协议的约定，为存托凭证持有人的权利行使提供必要保障。存托凭证终止上市的，存托人应当根据存托协议的约定卖出基础证券，并将卖出所得扣除税费后及时分配给存托凭证持有人。基础证券无法卖出的，境外基础证券发行人应当在存托协议中作出合理安排，保障存托凭证持有人的合法权益。"而以上海证券交易所关于存托凭证终止上市的规定为例，即《上海证券交易所试点创新企业股票或存托凭证上市交易实施办法》第21条规定："红筹公司在本所上市股票的退市事宜，适用境内法律、《股票上市规则》和本办法第十条的规定，本所另有规定的除外。红筹公司在本所上市存托凭证的退市事宜，原则上适用《股票上市规则》和本办法第十条的规定，但涉及社会公众持股比例和一定期间内累计成交量的退市指标除外。具体事宜由本所另行规定。红筹公司存托凭证终止上市的，红筹公司、存托人应当按照《存托凭证管理办法》的规定以及存托协议的约定履行相关义务，保障存托凭证持有人合法权益。"

可见,对于存托凭证终止上市的条件基本上准用了上市公司股票退市的相关规定,主要是关于退市应当满足的一系列条件。上市公司退市是指证券交易所终止上市公司股票的上市交易活动。传统意义上而言,退市制度是指实施退市的制度安排和法律规范的总称,包括退市标准、退市程序、配套机制等方面的内容。上市公司通过主动退市和强制退市两种方式,退出主要证券交易市场,进入次一级市场或场外交易市场,或完全退出交易市场。退市是证券交易所根据与上市条件相对应的退市标准,终止触及退市条件的证券标的交易活动,并终止与该上市公司之间的上市协议及交易安排。在健康的证券市场当中,应当形成"有进有出"的良性循环,对种类众多且数量庞大的证券实现优胜劣汰,不断净化市场环境,这既是对市场投资者利益保护的重要体现,也是一个市场健康发展的必要条件。

在健康的证券市场中,任何一种能够上市公开交易的证券都应当具备有效的退市机制,这不仅是市场内在规律的客观要求,也是保障市场长久稳定运行的基础之一。所以,退市行为的实施应当兼具市场化和规范化的标准,一方面遵循市场化标准对不符合上市要求的证券进行处理,及时清退,维护市场环境和秩序;另一方面则是在退市过程中严格遵守科学合理的制度规范,避免出现市场不法行为,维护广大市场投资者合法权益。不可否认,存托凭证的终止上市也可以在相当程度上被认为是存托凭证的退市,这和上市公司股票退市有非常多相似之处,这也是现有关于存托凭证终止上市的规定基本上准用《股票上市规则》的原因。当然,根据存托凭证的特点,一些判断标准或条件也并非一同适用,如涉及社会公众持股比例和一定期间内累计成交量的退市指标。但是,目前的有关规定的重点是明确了存托凭证终止上市时应当参照的条件,对终止上市之后投资者权益的安排则规定得非常粗疏,而且股票退市的相关规定也不一定适合存托凭证的投资者,例如退市的上市公司股票可以转至,而对于存托凭证来说并不可能采用这种方式,所以这就显得非常尴尬。

二、存托凭证投资者退出制度的完善建议

(一)存托凭证退出转换机制的细化与完善

存托凭证的跨境转换,包括将基础股票转换为存托凭证以及将存托凭证转换

为基础股票。中国存托凭证跨境转换业务,是指从事中国存托凭证跨境转换业务的境内证券公司,即我国境内的跨境转换机构,由其在境外市场买入或以其他合法方式获得基础股票并交付存托人,由存托人根据托管人的通知和中国跨境转换机构的指令,签发相应中国存托凭证,或是由存托人根据中国跨境转换机构的指令注销相应中国存托凭证,并由托管人根据存托人的通知将相应基础股票交付中国跨境转换机构的业务。如前所述,存托凭证的跨境转换机制是其与其他类型证券相区别的重要特质,也是发挥存托凭证在强化资本市场跨境关联方面的基础条件,所以具备完整跨境转换机制的存托凭证才是真正意义上的存托凭证。在我国存托凭证推行初期,考虑到我国证券市场的发展程度和监管水平等客观因素,暂时并未放开存托凭证和境外基础证券的转换,这是新事物循序渐进发展的必要过程。但是,从我国证券市场的发展速度和资本市场对外开放不断深化的大环境可以预见,我国存托凭证跨境转换机制的推出和完善将是大势所趋。加之转换退出对于存托凭证的投资者具有重要的保护性功能,也是存托凭证投资价值实现的重要渠道之一,所以应当予以重视和研究。

1. 存托凭证跨境转换的模式构想

出于市场稳定、风险可控以及保护境内投资者的目的,我国存托凭证在放开跨境转换功能的初期,可以考虑采取有额度限制的可转换模式,从而能够对境内外市场的资本流动状况和存托凭证市场交易秩序具有较高程度的把控,避免一时完全放开自由转换之下可能出现的各种市场风险。对存托凭证的发行有定额限制,制约基础证券向存托凭证的转换,在额度范围内,存托凭证与基础证券可以相互转换,境内市场和境外市场上持续买入和卖出存托凭证和基础证券,无论哪个证券价格偏高,都会导致低价证券向高价证券的转换,从而高价证券供给量增多,价格下降,降至低价证券价格时,两者价格趋同达到平衡状,但鉴于我国资本市场市盈率偏高,为避免上市之初在存托凭证价格显著高于基础证券价格的情况下,基础证券向存托凭证过度单向转移导致资本外流,因此当转换比例达到上限时,停止基础证券向存托凭证方向的转换,这就能保证证券监管机构对存托凭证转换过程中的全程监控,当出现市场或交易异常时,能够及时采取监管措施维护市场秩序、防范市场风险。

此外,由于套利机会的客观存在,在供求失衡的情况下,基础证券与存托凭证有可能会大量单向转换,从而造成证券市场的动荡,因此在现行的指令交易驱动制度下,可以通过存托凭证价格波动幅度限制转换条件,例如可以考虑规定只有当存托凭证的单日价格波动幅度超过正负10%时,才允许进行存托凭证与基础证券之间的转换,而当存托凭证连续三天的累计价格波动幅度超过正负30%时,必须暂停存托凭证的交易并停止其与基础证券之间的转换等。

2. 相关转换机构的职责与义务

在投资者保护的方面,首先应当加强的对存托凭证转换相关市场信息的公开。跨境转换机构应当每周向证券交易所报告其在境外市场投资的品种名称、交易记录、持仓信息、资产余额及本所要求报送的其他信息。此外跨境转换机构委托的境内托管人应当于每个交易日日终,向证券交易所报告该跨境转换机构当日跨境转换业务涉及的资金跨境流动情况,并应当每周向证券交易所报告该跨境转换机构在境外市场投资的品种名称、交易记录、持仓信息、资产余额及本所要求报送的其他信息。而且,跨境转换机构也需要在每日开盘前核对当日生成中国存托凭证的份额数量与其实际交付托管人的相应基础股票数量,如发现两者不一致,应当立即向存托人进行报告,以防止签发超量的存托凭证导致投资者利益受损。

而除了跨境转换机构以外,存托机构也在存托凭证的转换过程中扮演着重要角色,其职能的发挥直接影响到投资者是否能够顺利实现存托凭证与基础证券之间的转换。存托凭证的存托人应当在每个交易日的规定时间内,向交易所提供中国存托凭证当日存续份额数量、托管人出具的当日基础股票托管信息和各中国跨境转换机构因当日生成中国存托凭证所交付的基础股票明细数据。如果存托人签发的中国存托凭证对应的基础股票数量超过托管人实际托管的基础股票数量的,存托人及相关中国跨境转换机构应当在短期适当的交易日内注销超出部分的中国存托凭证。

此外,相关中国跨境转换机构持有的中国存托凭证不足应注销数量的,应当及时买入足额中国存托凭证并办理注销;无法在前款规定时间内买入足额中国存托凭证的,应当在次一交易日内补足基础股票。存托人、相关中国跨境转换机构如果未能及时注销超出部分的中国存托凭证或者补足基础股票,应当让存托凭证的托管人也负有一定的报告义务。例如,可以由托管人出具基础股票托管数据,让其直接提请结算机构注销相关超出部分的存托凭证。

（二）存托凭证终止上市的投资者退出保障机制

公司所发行的证券能够上市交易,并不意味着相应证券具备能够一直持续挂牌交易的条件,这是公司经营和市场情况不断变化发展的客观事实。公司经营的优劣会随着自身管理发展的状况、行业发展的规律以及社会经济的整体表现等因素不断变化。而在这一不断变化的过程中,公司可能会随着经营状况的不断恶化而不再满足其所发行证券上市交易的种种条件,如资本规模、财务指标、经营业绩等触及了退市标准的最低要求。如果这种劣质证券依然能够长期堂而皇之的在公开市场挂牌交易,不仅对投资者而言风险巨大,而且可能会造成市场交易秩序的混乱,不利于形成高品质的市场平台和良好的市场环境。而且,发行相应证券并上市的公司也很可能由于一些恶性的违法违规行为丧失市场信用基础,同时也对投资者造成了巨大损害,无论是出于保障公共利益还是维护市场秩序的监管考量,相应公司所发行的证券都可能会被监管机构强制要求退市。此外,公司所处行业和社会经济发展的客观情况变化,也很可能会导致公司发展方向、理念或战略的变化。公司发行证券上市本身就是一项重大的公司发展战略举措,而随着上述变化,公司主动选择将相关上市证券进行退市,也很可能是为了满足新的公司发展要求。

退市意味着公司失去了在集中公开市场融资的权力,同时投资者所持有的退市企业的证券也将失去广阔的交易流通平台,只能在场外进行交易,这对于相应证券的流动性会产生巨大负面影响。发行存托凭证作为公司进行市场融资的重要方式,其在很多方面与公司股票具有相似性。因此,在存托凭证的发行上市和交易过程中同样会面临退市的可能,这对于存托凭证的持有者来说不仅意味着投资退出的渠道将变的极为狭窄,而且在这一过程中也可能遭受到各种侵害。

对于存托凭证的发行人主动选择存托凭证退市,表面上看似并不会牵涉复杂的利益变动。但是,是否主动选择终止存托凭证的上市,其决定权很大程度上受制于存托凭证发行人的大股东。而且,在具有双重股权结构的公司当中,持有特殊投票权的股东对主动选择存托凭证终止上市通常都具有实际决定权。因此,出于不同的退市动机和原因,就会在存托凭证发行人和投资者之间形成巨大的利益冲突。根据当前规定,存托凭证终止上市,存托人应当根据存托协议约定卖出基础证券,存托凭证持有人的利益将从基础证券的卖出中得到弥补和平衡。但是,现有规定没有考虑到存托凭证和基础证券很可能存在两个市场间价格表现的差异,而且当存托凭证发行人主动选择终止存托凭证上市时,类似市场信息的传导很可能造成基础证券价格大幅下跌,此时将基础证券卖出所得按比例折算给存托凭证持有人,显然是不合理且不公平的。

因此,出于投资者保护的目的,应当是以存托凭证终止上市之前一段时期内基础证券的平均市场价格为基准。简单来说,如果当前基础证券的价格低于之前一段时期内的平均市场价格,那差额部分应当由存托凭证发行人对存托凭证的持有人进行补偿,以避免由于境内外市场间的价格差异和负面信息对基础证券价格的打击造成存托凭证持有人利益受损。当然,境内存托凭证和境外基础证券之间存在价格差异也会是一种正常的市场价格表现,这就需要对正常的市场价格差异和由于特定原因造成的价格差异进行甄别,避免对市场正常交易秩序造成干扰。所以,存托凭证跨境转换机制在给存托凭证投资者提供更多投资退出选择的同时,也要注重存托凭证跨境证券监管的协同,证券监管机构应当对存托凭证转换交易的市场表现高度敏感,以防范市场风险和保护投资者权益为目标,否则就可能顾此失彼。

对于存托凭证被强制退市的情形,一般是因为存托凭证发行人经营不善或者存在违法违规行为。面对此类情形,投资者的合法权益更容易受到侵害。多数投资者面临着专业知识掌握不够全面深入、信息获取渠道狭窄、获取信息困难、持有的股票数额较低等方面的问题。当存托凭证发行人实施违法违规行为,如恶性的虚假信息披露,投资者通常都是在这一过程中遭受损失,而且成为退市事件中的利益牺牲者。虽然在存托凭证被强制终止上市之后同样可以通过卖出基础证券来实现投资者的有效退出。但是,在强制退市状况下,面对发行人的违法违规造成退市,投资者还应当获得相应补偿。所以,存托凭证被强制退市的规范中应当明确和强化事后补偿机制。对比我国证券市场中上市公司股票退市的案例,绝大多数市场投资者在上市公司退市后,相关公司并没有出台具体的赔偿方案,事后中小投资者想要追回损失也困难重重。

从实践案例方面考察,我国的证券监管机构对于上市公司退市的监管重点主要集中在退出决定作出阶段和退市实施阶段,至于上市公司退市后的一系列问题则乏人问津。特别是对于上市公司退市实施过程中出现的市场投资者利益受损状况,证券监管机构也很少直接介入处理,这无疑造成相应的利益受损投资者难以获得有效救济以弥补其遭受的损失。在面对自己持有的证券"突然"被退市时,多数证券持有人只能拼运气,可谓"夺命而逃",目的就在于赶在其他投资者之前抛售证券减少损失。而对于这一现实,必然会出现一部分市场投资者"滞留",其中的原因可能是投资者自身造成,但也很可能是受制于各种自己无法左右的客观因素。当证券市场投资者的利益保护成为一种"看运气"的状态,那这一市场显然是不健康的。因此,存托凭证投资者退出的保护同样不能仅仅停留在卖出基础证券的层面,需要规定因违法违规强制终止存托凭证上市的发行人应当对存托凭证持有人进行赔偿。当然,这其中除了发行人自觉履行赔偿义务,也存在由存托凭证持有人通过其他维权方式促使发行人进行赔偿的状况,如诉讼方式,这也是对投资者进行救济的必要保障。

第六章 存托凭证的跨境监管与投资者救济

第一节 存托凭证发行与交易中的跨境监管

监管,从法学的角度来看,是制定规则并加以实施的一种活动。[1]对于证券市场的健康有序发展,科学适度的市场监管必不可少,这是维护市场正常秩序和保护市场投资者最重要的外在力量和保障机制。

证券监管,是指证券监管机构对证券市场上的参与主体及证券的发行、交易等活动,依照法律规定进行监督和管理,以保障证券市场合法有序运行。[2]在证券市场的监管中,监管主体通常是一国或地区的证券监管机构,其权力来源于本国国内法的授权。我国《证券法》第七条和第八条规定了我国证券市场的监管体制,即"国务院证券监督管理机构依法对全国证券市场实行集中统一监督管理"。当然,除了国务院证券监督管理机构以外,还有依靠证券业协会和证券交易所展开的自律性管理。由此,我国形成了政府管理和市场自律相结合的证券市场监管体制,它们各司其职,从不同侧面和方向对整个证券市场展开监督管理工作。但不可否认,在当前的市场发展阶段,我国的市场自律能力相对薄弱,证券市场中绝大多数的监管任务都是依靠政府力量完成,市场秩序的维护和投资者权益的保护对政府机构有着绝对依赖,所以本书对于存托凭证发行和交易过程中存在的跨境证券监管机制将主要围绕政府机构层面的市场监管展开。

一、存托凭证跨境监管的主要模式与问题呈现

(一)跨境证券监管的基本模式

存托凭证是具有跨境融资属性的证券类型,其发行和交易活动过程中均涉及跨境因素,这就向在投资者保护和市场秩序维护目标之下的证券监管提出更复杂

---

[1] 陈岱松.证券上市监管法律制度国际比较研究[M].北京:法律出版社,2009:7.

[2] 王春阁.内地公司香港上市及两地监管合作研究[M].北京:北京大学出版社,2005:4.

的模式要求。当然,存托凭证作为一种典型的跨境融资证券,对其进行必要的跨境监管也是在跨境证券监管的大范畴之下进行讨论。换言之,跨境证券监管问题本身就包括了对以存托凭证为代表的证券进行跨境监管的一系列相关问题。因此,首先从跨境证券监管的基本模式方面考察,大体上包括单边监管模式与合作监管模式。

单边监管模式,是指不同国家或地区对各自市场内的证券跨境发行和交易活动根据各自相关法律法规分别实施监管。实质上看,单边监管模式就是某国或某地区的证券监管法律制度效力向域外扩张并在域外进行适用。在世界范围内,践行单边监管模式的国家以美国为代表,美国是通过各种方式使其国内证券法律制度具备域外效力,从而能够依据国内法对相关跨境证券发行和交易活动实施有效监管。在美国的法院判例中,美国第二巡回法院曾确立"效果标准"和"行为标准"规则,从而逐步形成了美国证券法域外适用的传统。但是,单边监管模式存在着显著弊端。在世界范围内,各国和各地区的证券法律制度基本上都存在巨大差异,这种制度差异的深刻根源在于各国或各地区的实际状况不同且蕴含复杂的利益冲突。因此,在跨境证券法发行和交易过程中可能不仅仅是证券发行人或特定投资者的个体利益问题,其中可能涉及并掺杂着国家利益考量的复杂情形,这就常常会引发政府监管机构在具体监管行为实施方面的相互冲突,即监管摩擦。因此,在缺少平等协商和协调机制的前提下,包括美国在内采用单边监管模式的国家在具体监管行为的实施过程中,常常会面临相关国家或地区监管机构的抵触,更难以获得预期的监管效果。

合作监管模式,这种模式强调各国或各地区证券监管机构的协调配合,不仅具有日常性的监管合作制度,更具备针对具体监管问题处理的协调配合机制。合作监管模式是在经济全球化背景下不断发展而来,面对日益增多的跨境证券违法违规行为,各国或各地区相互独立却又联系紧密的市场环境面临严重威胁。因此,一方面为了在联系越来越紧密的资本市场发展趋势下应对跨境证券活动带来的挑战,另一方面为了减少监管摩擦,降低跨境证券监管成本并提高监管效率,通过建立有效的沟通协调机制,加强不同层次和方面的证券监管合作,这也成为当前证券监管发展的基本方向。值得注意的是,合作监管模式并不只具有单一表现形式,合作监管更像是一种监管理念,在此理念指引下国际范围内的合作监管主要有三种表现形式,即双边监管合作、区域性监管合作和全球性监管合作。

伴随着经济全球化进程,资本市场作为全球市场的重要组成部分,世界范围内不同国家或地区的资本市场不仅在开放程度上不断提升,而且相互之间的资本往来活动也越发频繁,证券跨境发行和交易就是其中一种典型表现。当证券发行和交易活动突破一国或地区市场的固有范围,单一市场环境之下的证券监管可能就无法满足跨境因素带来的各自问题,特别是跨境证券法违法犯罪活动,其中涉及的利益保护需求、责任追究方式等都可能会在不市场环境下产生矛盾和冲突。因此,纯粹的单边监管模式显然已经不能适应当前的跨境监管需求,即使是长期奉行单边监管模式的美国,也在实践中不断调整自己的跨境监管方式,所以现在也很难将美国归于纯粹的单边监管模式。

在合作监管模式中,双边监管合作是最为普遍和常见的类型,双边监管合作主要是"一对一"的形式,两个国家之间对有关证券监管合作的事项达成一致意见并以特定形式加以确认,并在两国跨境证券发行和交易活动的监管方面产生一定约束性效力。双边监管合作的通常表现为签署司法互助协定或谅解备忘录。具体来看,司法互助协定是指缔约双方通过外交途径订立并涉及国际证券监管的双边条约。通过签订司法互助协定,一方可以请求另一方在双方约定的民事、刑事等方面提供相关协助,特殊情形除外。❶在国际交往和证券监管跨进合作方面,司法互助协定都是备受重视的一种外交手段和方式,其主要原因就在于司法互助协定是经过正式外交途径订立,这就对协定签署双方具有相当程度的法律约束效力,所以能够尽力保证司法互助协定中的内容被签署双方遵守和践行,从而确保跨境证券监管的实际效果。跨境证券监管方面的司法互助协定,其内容通常涉及法律文书的跨境送达、跨境证券案件调查协助机制、判决跨境执行规则等,这对于打击跨境证券违法犯罪活动具有重要的现实作用。除了签署司法互助协定之外,谅解备忘录则是相对更为灵活的双边监管合作方式。谅解备忘录是指有关国家或地区的证券监督管理机构之间签署的、约定双方就某些具体事项进行协作的意向性文件。谅解备忘录的主要内容一般包括市场监管信息的共享机制、相关案件的调查磋商机制、监管权力分配等。谅解备忘录的签署是建立在签署双方的互利互惠基础智商,其灵活性主要表现在签署双方能够根据具体监管目标与合作需求对备忘录的具体

❶ 李金泽.跨国公司与法律冲突[M].湖北:武汉大学出版社,2001:137.

内容进行相对自由的协商确定。根据国际证券委员会1991年发布的《谅解备忘录的准则》的规定,谅解备忘录的内容主要包括以下几个方面:主题事项、协助种类、被调查者的权利、磋商、信息的使用以及保密责任等。

如果说双边监管合作是跨境证券监管的基本模式类型,那么区域性监管合作和全球性监管合作则是相对高级并逐步升级的模式类型。区域性监管合作是以区域性证券监管合作组织的建立为基础,它们也是区域性经济组织的延伸。以加强区域内跨境证券监管为目标,当前世界范围内主要的区域性证券监管合作组主要有欧洲证券和市场管理局、亚洲暨大洋洲交易所联合会、北美证券管理协会等。客观来看,在世界经济发展的过程中,区域性经济组织的功能发挥一直都处于"不稳定"的状态,不仅不同区域的相应组织在区域经济发展中产生的影响大小不一,而且不同历史时期的区域经济组织的地位强弱也存在差异。因此,在跨境证券监管方面,区域性监管合作的现实功能相对并不突出,并没有在相应区域内的跨境证券监管方面发挥出引人注目的效果。与此不同,证券市场国际化进程推动下的全球性证券监管合作组织却有着相对突出的表现,并在世界整体市场范围内发挥着愈发重要的协调和引导作用。全球性监管合作是以国际性证券监管合作组织的建立为基础,国际性证券监管合作组织是通过一定数量的国家签署国际条约共同建立,从而在签署或加入国之间建立起国际性统一的监管合作平台,以协调和解决相关国家之间在证券监管方面遇到的各种问题。目前,最主要的证券监管国际性组织是国际证券委员会(Internationale Organization of Securities Commissions,IOSCO)。IOSCO是由世界银行和美洲国家组织于1974年发起设立的,成立最初致力于推动拉美地区证券市场发展。20世纪80年代,IOSCO的影响逐步扩大,成为一个常设性国际组织,在国际证券监管合作方面发挥着独特作用。IOSCO章程序言中提到:各国或地区的证券监管机构决定通力合作,从而实现对国内、国际市场更好的监管,保证证券市场的公平、公正与有效。❶IOSCO主要通过制定一系列的准则、标准来开展证券监管的国际协调与合作,陆续出台了《金融合并监管》《国际会计标准》《证券监管的目标与原则》等。这些相继出台的准则或标准借助IOSCO在国际资本市场中的影响力,客观上拓展了其在各国或各地区证券市场中的传播度和适用性。具体来看,相关内容或是直接被有关国家或地区直接认可在其内部市场实施应用,

---

❶ 贾忠磊.证券市场监管[M].北京:中央广播电视大学出版社,2005:307-308.

或是由有关国家或地区对其进行参考借鉴,将其中部分规则或标准纳入国内法之中加以转化和适用。然而,无论是哪种适用方式和转化路径,世界范围内证券监管规则的逐步趋同作为证券法律制度趋同的表现之一,在客观上大大减少了跨境证券监管中的监管摩擦,有力推动证券市场国际化进程,为跨境证券监管领域的国际多边合作奠定坚实基础。

(二)跨境证券监管的主要问题

在类似存托凭证的跨境证券发行和上市活动中,资本的流动和交易已经突破国家界限,传统上以国家或地区市场为界限的证券市场监管划分也发生根本性改变。在这种情况下,如果不能在不同市场之间及时调整监管策略和理念,仍然延循传统的本国或本地区内部市场监管路径,就会产生具体监管过程中的矛盾和冲突,以至于均无法达到预期的监管目的。因此,世界范围内各国证券市场的国际化发展趋势不可阻挡,与之相匹配的证券监管国际化同样至关重要。如果说以存托凭证为代表的跨境证券发行和上市活动使不同国家或地区的证券市场联系更为紧密,甚至相互融合,那传统证券监管方式就是在此背景下强行于监管过程中再将相应市场进行分割,这既不能符合证券市场对外开放的大趋势,也不能适应现实问题的解决,从而产生各种矛盾冲突。这些矛盾冲突主要可以划分为积极性冲突和消极性冲突。大体来看,积极性冲突主要表现为监管重叠,消极性冲突主要表现为监管漏洞,这在存托凭证的跨境发行和上市活动过程中同样存在,有必要予以明确。

1. 监管重叠

监管重叠属于积极冲突,是因不同国家的监管者依据不同的管辖依据对同一监管对象实行监管所致。[1]从证券监管角度看,通过发行存托凭证,发行人能够实现跨境双重上市,这意味着存托凭证发行人需要接受存托凭证的发行地市场和基础证券所在地市场的双重监管。一方面,无论是存托凭证的基础证券所在地市场,还是存托凭证发行地市场,相应证券监管机构都可以依据属地管辖权实施证券监管;另一方面,伴随着通过存托凭证方式进行跨境双重上市,存托凭证发行上市和交易过程中对两方市场的影响具有互通性,所以在面对某一具体监管问题时,一方

---

[1] Buxbaum H L. Conflict of Economic Laws: From Sovereignty to Substance[J]. Virginia Journal of International Law. 2002,42(11):940-941.

的证券监管机构就可能将自己的监管权限延伸到另一方市场内,这就是所谓的监管长臂。当然,很多时候依据属地管辖权实施的证券监管和监管长臂情形是交织在一起,这是各自国家证券监管机构根据市场和国家利益为出发点的监管行为,也是监管主权相互博弈的表现。法律的模糊性和企业的活动跨越多个监管者的自主裁量管辖范围,非常容易导致监管重叠问题的发生。❶

具体来看,两个甚至两个以上不同国家对存托凭证的发行人实施证券监管,首先就极易出现监管法律制度上的冲突,这会给相关公司造成相当巨大的跨境证券发行和上市成本。境外公司在我国境内发行存托凭证并上市交易,必须符合我国境内关于存托凭证发行和上市的有关规范。显然,我国境内的有关制度规范并不可能完全和存托凭证的基础证券发行地市场的制度规范相一致,这就要求存托凭证的发行人必须同时遵守不同市场制度环境下的有关监管规范,从而产生各自合规性成本。因此,在监管重叠的状况下,跨境上市过程中会给上市公司带来高昂的成本负担,不仅降低上市公司的市场竞争力,而且使上市公司面临更多的法律风险,从而降低其他公司在跨境证券发行市场选择时的动力和相关市场的吸引力。当然,这种成本负担造成的负面效应不仅是针对跨境证券发行的上市公司。对于证券监管机构,监管重叠同样会产生相当大的监管成本。在监管主权博弈和竞争的情况下,各市场的监管机构的监管行为很可能仅仅是"一厢情愿",很难获得有效的支持和配合,重叠的监管措施甚至会出现相互矛盾的情况,这会使受监管的市场主体无所适从。此外,跨境证券监管本就需要付出相较于国内市场监管更多的监管成本,在竞相监管的状态下,本可以完全由一方监管机构处理和完成的监管问题就会被不同监管主体反复"争夺",造成监管资源的极大浪费,监管效率低下也就不言而喻了。需要注意的是,监管重叠本身并不会直接产生消极效应,监管重叠是在市场分割的客观条件下的正常现象。假若不同市场间的证券监管机构能够有效协同、相互配合,通过明确有效的制度规则处理可能出现的监管重叠问题,那以上各自消极效应也会得以避免。但如果仅仅是根据本国监管资源的多少来被动寻求另一方市场监管机构的介入,在缺乏有效沟通和配合机制的情况下,各国市场监管机构很可能都处于置之不理的状况,从而造成监管漏洞。

---

❶ Coffee J C. Competition Versus Consolidation: The significant of Organizational Structure in Financial and Securities Regulation[J]. The Business Lawyer. 1995,50(2):447.

2. 监管漏洞

监管漏洞属于消极冲突,在跨境证券监管方面需要引起足够重视,其源于世界范围内各国市场联系越发紧密背景下,诸多跨境问题缺乏监管机构有效处理。监管漏洞问题普遍存在,这与各国的监管者所拥有的监管资源有限性、监管的外部性等相关。[1]而且,在缺少世界范围内统一分配监管成本和收益的有效机制前提下,各国出于自身利益考量,显然难以对所有的跨境监管问题都进行有效的主动处理,不同国家证券监管法律制度的不同也会存在个别方面的制度空白地带。由此,或是产生监管盲区,或是对于具体监管问题互相推诿,从而造成监管漏洞的产生。此外,监管漏洞产生的原因不限于此,除了客观原因造成的躲避麻烦或搭便车心理,也存在监管机构为特定利益和目的主动采取的监管收缩策略,从而造成监管漏洞。例如,证券监管机构为了吸引和鼓励境外公司在本国境内市场发行存托凭证,出于提高市场吸引力的目的,监管机构可能会刻意减少监管覆盖面,这也就是所谓的"监管短臂"。

一直以来,监管漏洞都是跨境证券活动过程中相关市场主体肆意妄为的主要原因,包括跨境证券发行人、国际证券机构投资者等在内的市场主体往往就是利用跨境监管漏洞在不同国家市场中牟取不正当利益,扰乱市场秩序、损害投资者利益,甚至引发金融危机。从监管套利的方面看,监管重叠同样也会引发各种形式的跨境套利行为,但是在监管重叠状况下实施套利活动的成本和风险远远要高于监管漏洞,所以跨境套利者更愿意寻求和利用监管漏洞来达到自己的利益目标。一个理性的发行人会选择接受某国的监管系统,该系统使发行人承受最佳的监管,该监管既能降低投资者遭受欺诈的风险,同时又不会使发行人承担高额的监管成本,不会减少公司的投资价值与削弱公司的盈利能力。[2]因为各国间的证券监管制度是有差异的,有些国家的规定要相对其他国家要更严格些,在理性选择下,结果本该遵守严格监管制度的公司会选择接受监管宽松的国家管辖,必然出现监管套利

❶ Wai R. Transnational Liftoff and Juridical Touchdown: The Regulatory Function of Private International Law in An Era of Globalization[J]. Columbia Journal of Transnational Law. 2002,40(3):251-252.

❷ Carney W J. The Costs of Being Public After sarbanes-Oxley: The Irony of"Going Private"[J]. Emory Law Journal. 2006,55(1):152.

问题。●鲁思·V.阿奎莱拉认为在不同的公司治理间,跨国企业会利用这些制度的比较优势会进行法律套利。❷因此,监管套利固然在跨境证券活动中不可避免,但是对于那些可能危机投资者利益、扰乱市场秩序的套利活动,监管漏洞显然不应当成为其不断滋生的土壤,监管机构有必要不断减少监管漏洞。

此外,世界范围内不同国家之间资本市场的竞争愈发激烈,虽然一国资本市场的整体发展水平是其竞争力的来源和基础,但相应市场监管的宽严程度也是重要的竞争要素。通常监管相对宽松的市场会对世界范围内的市场资源具有更强吸引力,从而在国家和市场的竞争中获得比较优势,但这也很可能造成各国市场监管"朝底竞争"的局面。当在跨境证券监管方面形成"朝底竞争"的普遍趋势,将会进一步促使各国在跨境证券活动中的监管权力收缩,这就可能会造成更多的监管漏洞,并不利于各国证券市场整体的健康发展和投资者利益的保护。大体来看,如果国家足够强大,他们会设法对那些逃避严格监管的公司行使管辖权,向那些监管宽松的国家输出本国的监管制度,如果监管宽松的国家弱小的话,就有可能放弃监管,甚至接受这些强国的制度输出,从而避免出现监管宽松的"竞底"结局。❸因此,在对于存托凭证的跨境监管方面,其中可能产生的监管漏洞固然也是难以完全避免,但仍然需要具备有效的监管权力协调配置机制,在面临具体问题的处理时既能够在确保监管效率的条件下避免监管重叠,又能够由合适的监管主体及时发挥应有的监管功能。

(三)我国证券跨境监管的基本状况

跨境证券发行和上市必然会牵涉不同国家或地区市场的相关法律制度,无论是对于证券发行人遵守不同的法律制度规范,还是各自证券监管机构行使监管权力,都很可能需要面对制度冲突和监管摩擦问题。对此,有效地解决路径通常是一方面对内不断完善本国国内的相关法律制度,以适应跨境监管过程中产生的各种

---

❶ Gilbert W M. Global Harmonization of Securities Laws: The Achievements of the European Communities [J]. Harvard International Law Journal. 1990,31(1):189-190.

❷ Aguilera R V.Corporate Governance and Director Accountability: an Institutional Comparative Perspective [J]. British Journal of Management. 2005,16(1):40-41.

❸ Macey J R. Regulation Globalization As Response to Regulatory Competition[J]. Emory Law Journal. 2003, 52(1):1353-1356.

问题,另一方面则是对外建立强化有效的跨境监管合作机制。总的来看,这两种路径相互配合才能达到跨境监管的预期目标。但是,单纯强调国内法的完善显然不能解决跨境监管冲突和摩擦,新的法律制度很可能会产生新的冲突点。因此,只有在互利互惠、合作对话基础之上的跨境监管,才能使一国的国内法真正在境外市场发挥监管效力或是通过其他方式达到监管目的,否则只能沦为自说自话。对于我国证券跨境监管,由于我国证券市场对外开放进程相对缓慢,跨境监管基本集中在我国境内企业到境外上市的情形,证券监管机构不仅对我国境内企业境外上市推出了一系列监管法规,而且也根据境外上市过程中遇到的一些具体问题推出了涉及跨境监管合作的相关规定,以此作为我国跨境证券监管的有益探索。

1. 法律依据与评析

在我国各项法律制度当中,《证券法》是为了规范证券发行和交易行为,保护投资者的合法权益,维护社会经济秩序和社会公共利益,以及促进社会主义市场经济的发展所制定的证券市场领域的基本法律制度。证券监管作为《证券法》的重要内容之一,对于证券跨境监管的法律依据或相关规范也应首先在《证券法》中进行考察梳理。

根据我国《证券法》第178条、第179条的规定,中国证监会依法履行证券监管职责,并可以与其他国家或者地区的证券监督管理机构建立监督管理合作机制,实施跨境监督管理。此外,根据《证券法》第8条的规定,我国境内公司如果要在境外发行证券或者上市交易,必须经过中国证监会的批准。由此可见,目前对于我国证券跨境监管基本上是原则性和授权性规定,而且主要针对我国境内公司在境外实施证券发行和上市的情况。因此,在我国《证券法》中,类似于存托凭证这种境外公司在我国境内开展证券发行和上市活动的监管依据并未明确,而且当前诸多具体规定的缺失更让证券跨境监管显得空洞,如我国证券法的域外效力、跨境证券监管的相关程序性规定、证券监管合作的具体机制等。相较之下,证券市场发展水平较高的国家通常会在其国内法中对证券跨境监管事项进行详细规定。例如,美国通过《内幕交易和证券欺诈执行法》(1998年)、《国际证券执行合作法》(1990年)等专门立法形式对证券监管的国际合作进行规范。目前,我国的证券跨境监管合作一般是通过证监会和对应国家证券监管机构以签署谅解备忘录形式来表现,但是这些谅解备忘录的内容通常过于原则性,其意向性和象征性意义远大于实际操作性。

2. 基本状况

伴随我国社会经济的快速发展,我国证券市场的发展水平也在不断提高,且在不断提升我国经济对外开放水平的大背景下,我国证券市场和世界范围内其他国家的市场联系程度也越发紧密。因此,在跨境证券活动愈发频繁的过程中,证券跨境监管越来越重视跨境合作机制的作用发挥,并通过不同形式加以展现。

双边监管合作方面,我国主要是通过由中国证监会和境外相关证券监管机构以签署证券监管合作备忘录来促成跨境监管合作。据有关数据显示,中国证监会已经与包括美国、新加坡、意大利等在内的59个境外证券(期货)监管机构签署了监管合作备忘录。通过和相关国家证券监管机构签署谅解备忘录,有助于我国监管机构在施展跨境监管权力时获得对方认可与协助。当然,谅解备忘录确认的合作机制都是建立在签署双方互利互惠的基础之上,所以相应的认可与协助也通常是相互的。毋庸置疑,与世界主要证券市场的监管机构之间建立常态化的跨境监管合作机制,有助于提升我国的证券市场影响力和竞争力,使我国证券市场国际化进程更加规范可控,降低国际资本活动中的各种风险冲击,有效维护我国境内投资者合法权益。如前所述,除了签署谅解备忘录之外,在双边监管合作中还有通过签订司法互助协定的方式,而后者主要是在跨境证券诉讼和打击跨境证券违法犯罪行为中具有重要作用。目前,我国已经与包括法国、西班牙等在内的大多数国家签订了司法协助条约,还加入了20多项含有司法协助条款的国际公约。从维护跨境证券投资活动中投资者权益的角度看,打击跨境证券违法违规行为是维护投资者权益最为直接的监管行为体现。尤其是对于已经遭受跨境证券违法违规行为侵害的受损投资者,其损害能否获得有效补偿,很大程度上也取决于监管机构和司法机构能否对相关境外责任主体进行有效追责并促成责任实现。对此,一方面需要依靠一国的国内法对跨境证券责任和责任实现制定出具体且可行的制度规范,另一方面也需要类似于司法互助协定的跨境监管合作机制在跨境司法实践领域的辅助支持,这对于包括存托凭证在内的跨境证券活动中的投资者保护具有积极意义。

区域监管合作方面,我国也一直积极寻求合作契机,在不同阶段和不同国家或地区达成证券跨境监管合作的有关文件。由于特定历史和政治原因,我国属于多法域国家。所以,在我国证券跨境监管合作方面,我国境内市场监管机构也积极通过各自形式与我国香港、澳门和台湾地区的监管机构建立沟通协调渠道,探索区际性的监管合作路径。值得注意的是,区际性监管合作与区域性监管合作既有联系又有区别,区际性监管合作是指在一个主权国家的领域范围内,不同地区之间建立的监管合作。因此,在语意范畴上,区际性监管合作可以包括在区域性监管范围之内,但实质内涵却又有所差别。正是主要由于我国的多法域国情,才产生了我国境内市场和香港、澳门和台湾地区在彼此证券跨境活动过程中的监管冲突,也就产生了缓和或消除相应冲突的监管合作必要。早在1993年,中国证监会和上交所、深交所就已经和香港证监会、香港联交所签署了《监管合作备忘录》。2009年,海峡两岸相关机构签署了《海峡两岸证券及期货监督管理合作谅解备忘录》。此外,在我国的区域监管合作方面,比较有代表性的应当是我国和东盟之间的监管合作进程。由于特殊的地缘和政治因素,我国和东盟之间的经济联系不断紧密,包括资本市场在内的各方面市场资源都往来和交易频繁,这就为监管合作机制的构建奠定坚实的经济基础。例如,1999年发表的《东亚合作联合声明》以及2002年签署的《中国—东盟全面经济合作框架协议》,其中都涉及证券领域的监管合作问题,强调我国与东盟国家间的证券监管协调与合作的重要性。当然,无论是相关声明,还是框架性协议,虽然确定了证券跨境监管合作的一致意向,但仍然是原则性表达,缺少实际操作层面的相关规定,这对于跨境监管措施的实施和具体监管活动的开展是不利的。

全球性监管合作方面,我国主要是以IOSCO成员身份参与各项全球性的的监管合作,而且方式也多种多样。总的来看,我国一方面积极履行IOSCO成员国应当履行的各项义务性规定,另一方面也严格遵照IOSCO的组织目标、原则或理念,积极探索全球证券市场国际化、规范化的有效路径,以维护各国应有的合法权益和世界市场的整体秩序。1995年7月,中国证监会正式加入IOSCO,积极履行相关义务,并于1998年当选为执行委员会成员。在加入IOSCO后,中国证监会引进了IOSCO的监管目标、原则和理念,用以进一步规范我国的证券市场。❶随着我国资本市场影响力的增强,2007年我国成为IOSCO《多边备忘录》的签署方,2009年成为IOSCO技术委员会的成员。可见,在我国证券市场对外开放程度不断加深的过程中,我国也越来越重视全球性监管合作,这主要是通过加强和境外相关证券监管机构的沟通,了解、遵守和借鉴有关国际规则,不断增强我国监管主权在世界市场之上的影响力和执行力,这对于其他跨境监管合作机制的功能发挥也大有助益。

❶ 万国华.证券法前沿问题研巧[M].天津:天津人民出版社,2002:425.

二、存托凭证跨境监管优化的不同路径及其建议

有效的证券跨境监管合作机制能够为跨境证券发行和交易提供诸多积极作用和影响,这一点对于存托凭证的发行和交易同样不例外。在有效的证券跨境监管合作机制之下,我国存托凭证的境内投资者能够根据相对统一或协调的境内外监管标准对相关市场信息进行判断,特别是对于存托凭证发行人在境内外市场披露的相关信息,将大大降低普通境内投资者的获取和认知难度,这显然有利于存托凭证投资者的利益保护。此外,有效的证券跨境监管合作机制能够为存托凭证的发行人节省大量证券发行和上市过程中的合规成本,不同市场之间的监管机构通过高效的信息沟通和分享,能够大大提高各自对于存托凭证发行人的监管效率。特别是针对存托凭证发行和交易过程中错综复杂主体构成,对发行人、存托机构和托管机构等应当充分考虑跨境因素来合理分配监管权力,减少不必要的程序和标准要求,对于监管重叠部分进行协调配置,节约监管资源,以合理精准的跨境监管权力行使达到应有的监管目的。最后,存托凭证的转换机制为其利用境内外市场相关证券差价套利提供了更广阔的空间,但这也可能成为利用监管漏洞实施跨境证券违法违规行为的土壤,其直接损害的就是境内外广大普通投资者的利益。对此,有效的证券跨境监管合作机制能够使各国证券监管机关和司法部门协调一致,并通过共享信息和协助执行,将预防和打击国际证券违法犯罪活动的效果大大提高。❶

1. 以存托凭证为合作主题的双边谅解备忘录

双边谅解备忘录是两个国家或地区的证券监管机关就监管合作的某些具体事项而达成直接合作法律文件,是各国或地区证券监管机关之间签署的一种声明和陈述。❷所以,双边谅解备忘录并不是以国家为签署主体而产生的一种国际法律文件,其签署的程序相较于国际条约而言要更为宽松和简便。早在1991年9月,国际证监会就发布了《谅解备忘录的准则》,目的在于为会员提供签署谅解备忘录的一些通用性指南,以帮助签署方更好地实现监管合作目标。根据该准则,谅解备忘录的基本内容包括:"合作的主题、保密责任、执行的程序、被调查者的权利、磋商、公

---

❶ 邱永红. WTO框架下国际证券监管的合作与协调[J]. 湖北经济学院学报,2007(4):50.

❷ 谭福梅. 我国金融自由化进程中跨境监管问题的研究:瑞银——中石油事件反思[J]. 金融与经济,2008(3):45.

共政策的保留、协助的种类、信息的共享、请求方的参与、费用的承担"。❶但总的来看,双边谅解备忘录的内容并没有完全固定或统一的模板,其展现的格式或包含的条款通常会根据签署方的具体诉求而有所区别,这也是谅解备忘录在国际关系交往中灵活性优势的重要体现,所以在存托凭证的跨境监管合作中也应当进一步发挥这种优势,以减少监管合作过程中可能产生的各种阻力。

诚然,双边谅解备忘录并不像经过严格外交程序所签署的双边国际条约那样会产生必须被遵守的国际法上的权利义务关系。但是,作为国家或地区政府部门之间签署的成文性国际文件,签署方也还是需要遵守国际交往中的"禁反言"传统和接收"善意"的国际道义约束,这是国家间交往的基本原则。正因如此,在证券监管合作领域,双边谅解备忘录凭借灵活性和简便性成为各国或地区证券监管机构都广泛采用的一种方式,其既可以在跨境监管合作方面达成一些可供继续补充的框架性内容,成为日后监管合作开展的重要现实基础,又可以在具体监管过程中为各自留有协商余地,灵活掌握监管权力的扩张或收缩,以符合其自身利益与监管目标。

伴随着国际合作的不断强化和证券市场国际化进程,双边谅解备忘录所涉及的主题和内容也越来越多,这对于证券市场国际化发展过程中出现的各种新事物、新问题都是一项有利的应对方式,显然中国存托凭证的酝酿和推出正契合这一点。

---

❶ 根据国际证监会《谅解备忘录的准则》的规定,一份完备的谅解备忘录应包含的主要内容如下。(1)合作的主题:证券监管双边合作的主题,在各自的法律所允许的范围内,涵盖内容越多越好。对于主题的相关请求事项被请求方不得要求构成"双重违法",应在其权限范围内提供尽可能的协助。(2)保密责任:请求方应对经由被谅解备忘录而获得的信息予以本国同类信息同等的保密程度,且保密程度须使被请求方满意。(3)执行的程序:谅解备忘录中应规定符合双方法律规定的程序,应至少清楚规定提出请求和执行协助请求的所应依照的程序。(4)被调查者的权利:根据谅解备忘录所进行的调查不应改变有关人士在被请求方所在国原本享有的法律权利。(5)磋商:在签署谅解备忘录时、请求执行的过程中以及双方中任何一方的法律制度发生变化可能影响到双边合作时,双边应随时磋商,商讨解决对策,以达到最佳合作效果。(6)公共政策的保留:被请求方有权拒绝违反其公共政策的协助请求事项,公共政策包括侵犯到一国主权、影响到国家安全或其他根本利益等。(7)协助的种类:谅解备忘录应规定被请求方应在其权限范围内采取一切合理措施提供请求协助,包括获取有关文件和证人证言、提供被请求方的非公开文件、展开调查等。(8)信息的共享:除非被请求方所在国的法律禁止,请求方可将所获得的信息向其所在国的其他机构如司法机构等共享利用。(9)请求方的参与:为确保协助事项的有效进行,被请求方可以提供请求方直接参与协助的可能性,即允许请求方直接参与调查和文件的收集等工作。(10)费用的承担:若请求的执行费用较大,双方可进行磋商,被请求方可以要求请求方分担其因提供协助而产生的费用。

我国作为新兴资本市场国家,在新时代深化改革开放的历史进程中,目前正处于证券市场对外开放的关键时期,积极推进中国存托凭证正是我国证券市场国际化的重要举措之一。当然,证券市场对外开放是大势所趋,但在这一过程带来诸多正面作用的同时也必然会对我国长久相对封闭的市场环境、制度环境产生冲击,其中各种金融风险的防范和境内市场投资者的保护必然将成为最为引人关注的问题。目前来看,在中国存托凭证推行初期,试点企业范围相对较小,基本上都集中于在美国上市的红筹企业,而且初期推出的存托凭证在个别交易机制方面也尚不完全,如境内存托凭证和境外基础证券的双向转换。但是,我国存托凭证推出之后,随着存托凭证发行和交易实践的不断累积,存托凭证的相关制度和监管经验也会随之增加,这也会促使我国存托凭证的形态或交易机制等方面逐步发生变化,从而带来新的监管问题。因此,利用相对灵活的双边谅解备忘录协调在存托凭证推出初期可能出现的各种跨境监管问题是较为可行的方式之一。

通过双边谅解备忘录实现跨境证券监管合作的路径主要包括信息共享、协助调查和联合视察等,这些具体措施或机制对于存托凭证跨境监管的有效性同样具有非常重要的正面作用。其中,信息共享是开展跨境证券监管合作最重要的基础,包括存托凭证在内的各种证券监管工作都必须建立在监管者对相应证券和市场掌握必要信息的基础之上,否则就好比盲人摸象,无法直击监管痛点。对于存托凭证来说,存托凭证发行和上市阶段的审核信息是不同市场监管机构之间应当着重共享的信息类型。尤其是相较于存托凭证发行和上市所在地监管机构,存托凭证发行人的基础证券上市所在地的证券监管机构对其信息量的掌握远超前者,这其中就包括存托凭证发行人在基础证券上市以来的公司治理状况、上市管理状况以及基础证券市场表现等。当然,上述信息也可以由发行人自主进行提供和报告,但是从信息的时效性、全面性和客观性考量,特别是监管机构主动进行调查时,由不同市场监管机构在事先确定的程序之上进行信息的共享和互补,显然能够有效弥补由当事人自主提供时可能产生的缺陷或不足。

此外,在非公开信息的共享方面,谅解备忘录提供的共享机制和互惠互信价值将更加明显。例如,中国证监会、国家保密局和国家档案局曾联合发布了《关于加强在境外发行证券与上市相关保密和档案管理工作的规定》,其中规定了关于境外外形证券与上市过程中财务审计底稿的保密原则。简而言之,未经批准,相关审计底稿和信息不得传递给境外机构或个人。出于国家利益和经济利益的维护需要，不同国家或地区监管机构对于非公开信息的都有相应规定，虽然属于非公开信息的具体类别可能有所差别，但基本都会对该类信息设置一些限制性规定。在存托凭证的发行和交易中，跨境上市属性赋予其在不同制度环境下接受不同国家行使监管权的问题，所以涉及的非公开信息类别会更复杂，可能根据不同国家相关规定中有规定重合部分，也可能存在有规定不同部分。特别是存托凭证转换机制可能涉及的外汇管理问题，直接关系到一国的外汇管理政策和金融安全，所以其中涉及的信息披露管制将更加复杂和严格。所以，针对存托凭证的这些特点，在采用谅解备忘录形式时，应当在谅解备忘录中对相应信息共享交换后的使用范围、接触非公开信息的人员范围以及其他保密措施等进行明确，防止信息的滥用，这也是不同市场证券监管机构互惠互信的重要基础。甚至对于特定事件调查时，完全可以要求信息需求一方针对具体调查情形以书面形式明确非公开信息的适用范围、途径等，信息提供一方对此进行评估以决定是否提供相关信息。

以信息共享为基础，证券跨境监管的一大任务就在于对跨境证券违法行为进行有效防范和打击。因此，跨境证券市场的联合视察和协助调查就成为防范和打击相应违法行为的有效方式。联合视察是针对证券监管机构的监管能力提升所设定的一种学习交流机制，通过不同市场之间证券监管机构对监管经验、监管知识的互相交流和学习，以及对不同市场内金融机构或证券服务机构的考察研究，能够有效帮助监管机构熟悉其他证券市场的运行状况和监管态势，对先进的监管理念或方式加以吸收运用，从而提升本国或本地区的证券市场监管水平。此外，协助调查通常是建立在信息共享的基础之上，但除了具体信息方面的共享，协助调查通常还包括各种实质性的调查行为配合，如协助执法方面。不可否认，我国是较晚引入和推行存托凭证的新兴资本市场国家，考虑到我国证券市场之前长期处于相对封闭的市场环境，所以在市场监管方面难免存在不足。尤其对于跨境监管合作，由于我国的金融管制和资本限制相对较为严格，许多市场要素并没有完全与国际市场对接，对国际规则的应用经验也相对不足，因此在证券跨境监管合作方面的经验也会相对薄弱。因此，这就更加显示出不同市场间证券监管机构互相交流学习的重要性，特别是对于存托凭证基础证券市场的考察研究，能够获取存托凭证基础证券所在地市场的一手信息资料，同时也可以实地了解存托凭证基础证券所在市场证券监管机构的日常监管态势,这有助于我国证券监管机构在存托凭证的日常监管中与境外市场监管机构相互了解,为日后具体监管问题的协调配合、协商对话奠定基础。

2. 强化利用包含存托凭证的司法互助协定

在国际上,跨境证券监管合作还有一种重要的方式就是签署司法互助协定。不同于证券监管机构之间签署的谅解备忘录,司法互助协定属于通过严格程序而正式签署的国际条约。通常来说,国家间签署的司法互助协定的内容并不单单针对证券监管问题,而是在一系列的司法互助机制中包含或涉及跨境证券监管,而且是集中在证券监管中的司法操作环节。在证券监管方面,司法互助协定主要是针对跨境证券违法行为中涉及刑事的相关部分,如移交相关犯罪嫌疑人。

在当前证券市场愈发国际化和开放化的大环境中,跨境证券违法犯罪活动也越来越频繁和常见。一般来看,跨境证券范违法犯罪活动主要是利用不同证券市场之间的制度差异和市场环境差异,通过寻找监管漏洞从而实施跨境证券违法犯罪活动并谋取暴利。毋庸置疑,跨境证券违法犯罪活动具有隐蔽性高、辐射面广以及危害更大等特点,在世界各国资本市场之间联系不断加强和紧密的背景下,跨境证券违法犯罪活动已经成为扰乱世界金融秩序和危及国家内部金融安全的重要负面因素。在我国证券市场进一步对外开放并与国际主要证券市场联通接轨的同时,打击跨境金融犯罪、维护金融秩序和防范金融风险将会是时刻不能放松的重要任务。

在这一背景之下,推行中国存托凭证作为我国证券市场对外开放的重要举措,也不能忽视证券跨境监管中对相应证券违法犯罪行为的打击。但是,跨境证券违法犯罪打击的主要难度就在于跨境因素的影响,不同国家之间对相关违法犯罪行为有着不同的定性和规制方式,或是各个国家出于本国利益的考量也会对特定案件有所保留,所以不同国家之间能否对打击证券违法犯罪达成一致意见就成为关键。显然,司法互助协定就是预先在不同国家之间搭建和创造解决司法冲突的机制和渠道。对于司法互助协定中跨境证券案件的双边监管合作,一般是通过协助请求来实现,而协助请求的程序包括三个步骤,即协助请求的提出、审查和执行。当请求方提出相应的跨境司法协助请求,被请求方就会根据已经签署的司法互助协定对相关请求进行审查,以确认相关请求是否符合司法互助协定的约定内容。

对于协助请求的审查机关,世界上大多数国家及地区采用的是司法部门和行政部门的双重审查制度❶。对于请求方的协助请求能否获得通过,需要根据双方互利互惠的信任基础,更重要的是依据双方在司法互助协定中对于相关问题是否有着明确的约定。因此,在借助存托凭证使我国证券市场更加开放和融入世界的同时,有必要进一步强化对司法互助协定的利用和实施,从而达到有效遏制和震慑企图利用存托凭证来实施跨境证券违法犯罪的行为。

3. 积极探索多法域信息披露制度

不同于相对灵活简易的谅解备忘录和具有强制性法律效果的司法互助协定,在国际证券监管合作领域还存在着一种更高层次的合作方式,即多法域信息披露制度。多法域信息披露制度是美国和加拿大两国之间形成的一种互惠合作制度,其目的就是最大限度降低两国之间跨境证券发行人的证券发行和上市成本,具体方式就是两国相互对对方的证券发行、上市以及相关信息披露等标准或制度予以认可,在一定程度上形成相对统一的跨境证券管理和监督。通过多法域信息披露制度,一国的证券发行人只要符合本国关于相应证券发行上市的条件,就能够在多法域信息披露制度对应国家的市场(拟发行和上市所在地)直接适用,而且无须经过拟发行上市所在地监管机构的严格审查。从另一个角度看,多法域信息披露制度不仅仅是局限于证券信息披露制度的直接适用,它甚至是让一国的证券法律制度能够在它国地域管辖范围内同样且直接具有法律效力。在这种安排之下,跨境证券发行人的发行上市成本将会被大幅降低,相关的监管程序也会大大简化,从而让两国的证券监管机构能够以更高效率实施有针对性地监管工作。虽然总的来看世界范围内各国的证券法律制度有着不断趋同的态势,但是国际经济活动和国家利益的复杂交织,使这一过程仍然较为缓慢甚至障碍重重。对此,多法域信息披露制度并不是要求不同国家来统一各自的证券法律制度,而是以一种互利互惠的态度有条件地给予对方制度认可,根本目的也是求同存异来最大化自身利益。

面对存托凭证发行上市和交易过程中由市场分割引发的各项制度差异,当前规定主要是依据同时披露和差异披露原则要求境外存托凭证发行人进行调整。例如,我国证监会发布的《创新企业境内发行股票或存托凭证上市后持续监管实施办法(试行)》第十五条规定:"境外已上市红筹企业已经按照境外上市地规则要求的

---

❶ 黄进. 区际司法协助的理论与实务[M]. 武汉:武汉大学出版社,1994:52.

格式披露年度报告、中期报告或者季度报告的，在确保具备本条前三款要求披露的内容、不影响信息披露完整性的前提下，可以继续按照境外原有格式编制对应的定期报告，但应当对境内外报告格式的主要差异作出必要说明和提示，以便于境内投资者阅读理解。"所以，存托凭证发行人获得一定的披露简化优惠或豁免并不是无条件的，按照境外格式进行信息披露的前提是必须在其内容中涵盖我国相关的信息披露内容要求，具体涉及《证券法》《上市公司信息披露管理办法》《存托凭证交易管理办法(试行)》《公开发行证券的公司信息披露内容与格式准则第2号——年度报告的内容与格式》以及《创新企业境内发行股票或存托凭证上市后持续监管实施办法(试行)》。而对于一些关键性的信息披露类别，如公司财务信息，则必须符合我国境内的相关披露要求。例如，"红筹企业应当按照中国证监会关于红筹企业财务报告信息披露的规定编制、披露财务报告信息。红筹企业首次申请境内公开发行股票或者存托凭证时已经按照中国企业会计准则编制财务报告的，境内上市后应当继续按照中国企业会计准则编制年度报告等涉及的财务报告信息"[1]。

客观来看，基于保护我国境内市场投资者利益和强化存托凭证信息披露有效性的目的，当前的一系列有关规定已经大体上能够满足我国存托凭证阶段性的特定监管目标。使我国境内投资者和监管机构尽量直接且全面对境外发行人进行价值评估和风险预测，这也是进行投资决策和开展市场监管工作的重要基础。但是，相较于多法域信息披露制度带来的便利和效率，严格标准和审慎监管带来的成本压力可能会在激烈的国际市场竞争中带来不利。不可否认，美国和加拿大能够形成和构建起较为有效的多法域信息披露制度，是有多重因素共同作用的结果，如两国的证券法律制度差异性较小、证券市场均相对成熟、证券市场监管理念相近且能力较强等，甚至也包括地缘性和国家利益等政治因素的影响。当然，上述影响因素在其他国家之间可能并不具备甚至大相径庭，这就给多法域信息披露制度的"复刻"带来了难度。值得注意的是，这并非是主张对多法域信息披露制度进行照搬，而是在我国逐步深入开放资本市场的过程中需要更高层次的证券监管合作机制来应对可能出现的各种市场问题，这一需求以中国存托凭证为发端而愈发紧迫。显而易见，如果能够逐步建立起这种更高层次的跨境监管合作机制，不仅对我国存托凭证的跨境监管带来全新的路径选择和实际效果，也能够适用于其他各种形式的

---

[1] 《创新企业境内发行股票或存托凭证上市后持续监管实施办法(试行)》第十四条。

跨境证券活动之中,提升我国整体的证券市场监管水平和资本市场吸引力。因此,多法域信息披露制度更多是为我国的证券跨境监管合作提供参考和思路,强化国家之间互利信任的基础,形成更自由简便和宽严适度的制度互认,辅之以灵活的谅解备忘录和有效的司法互助机制,以更高层次的证券监管合作方式应对各种机遇和挑战。

第二节 结合跨境监管优势的投资者救济及其优化

证券诉讼制度是证券制度的重要组成部分,证券诉讼制度的完善是证券制度完善的重要标志。[1]实现投资者保护是一项较为复杂的系统性制度工程,它需要多方面、多领域的制度规范或法律机制合力完成。因此,在存托凭证的发行上市和交易过程中,无论是事前的防范规制、事中的市场监管,抑或是事后的权益救济,这些环节以及与其相匹配的法律制度都是不可或缺的。某种意义上而言,证券民事责任的实现是中小投资者保护的最终目的。[2]从另一个方面看,以投资者保护为目标的各项法律制度无论多么完备,也都不可能完全杜绝或消除侵害市场投资者合法权益的现象。因此,当市场投资者的合法权益遭受侵害而蒙受损失时,法律应当为其提供行之有效的救济途径,以最大限度弥补投资者因不法侵害所遭受的各种损失。存托凭证的投资者作为证券市场投资者群体中的一部分,当然也不能有所例外,特别是在面对跨境证券融资活动带来的特殊风险时,更需要给予投资者富有针对性且有效的权益救济路径。

不可否认,当前各国证券市场的发展虽然愈发成熟,且相关法律制度也愈发完善,但是以证券欺诈为代表的证券违法现象却并没有显著减少,甚至在特定的市场环境中呈现出愈演愈烈的态势。而伴随着各国证券市场国际化的程度不断加深,证券违法行为也不再局限于一国境内的单一市场。通过利用不同国家间市场环境或相关制度的差异,或是证券监管的重叠和漏洞等现象,相关市场主体可以更加隐蔽但也更加猖獗地对境外市场投资者进行侵害以谋取资本暴利,这是跨境证券活动及其监管的客观状况。所以,基于投资者保护的目标,我国存托凭证除了需要对

❶ 沈贵明.证券诉讼的证券法规范[J].法学家,2013(7):15.

❷ 蓝冰,陈立群.保护证券中小投资者权益的支持起诉机制[J].证券法律评论,2018:377.

其发行上市以及交易环节进行有效规范,同时也需要充分考虑到当存托凭证投资者合法权益受到侵害时如何得到有效救济。在处理相关市场纠纷并对投资者利益进行弥补的各项制度中,证券诉讼制度是非常基本且重要的途径,投资者能否通过诉讼方式获得权益伸张是反映一国证券市场中投资者保护水平的重要标志。因此,应当着重研究存托凭证发行和交易过程中涉及的投资者跨境救济,以适应存托凭证投资者的基本特点和风险特性,积极探寻与存托凭证适配的证券民事责任实现机制。

一、存托凭证投资者跨境救济的主要方式及其困境

对比一般的民事侵权案件,涉及侵害市场投资者权益的证券违法案件与其存在显著区别,并因而呈现出不同的特点。这主要是由于证券市场有着自身独特的交易规则和运行机制,所以投资者遭受侵害的整体表现也有所不同。第一,证券违法案件中受到侵害的投资者通常人数众多,所以会具有典型的群体性特征;第二,受到侵害的投资者人数不仅众多,而且在空间分布上也通常极为分散,很难出现受侵害的投资者都处于同一地域范围内的情形;第三,证券违法案件中受到侵害的投资者,他们遭受的损失各有不同、有大有小,而且对于整体的涉案损失数额来说,其中投资者的个体损失数额通常都微不足道。基于以上三点,我国证券诉讼制度在对于受侵害的市场投资者提供救济或者说实现证券民事责任方面,目前主要是依靠证券群体诉讼方式,即代表人诉讼来实现。在民事诉讼方面,代表人诉讼是共同诉讼的一种具体类型,其法律依据是《民事诉讼法》第52条,即"当事人一方或者双方为二人以上,其诉讼标的是共同的,或者诉讼标的是同一种类、人民法院认为可以合并审理并经当事人同意的,为共同诉讼"。而对于共同诉讼中一方当事人人数众多的情形,《民事诉讼法》第53条则规定了代表人诉讼制度,即"当事人一方人数众多的共同诉讼,可以由当事人推选代表人进行诉讼。代表人的诉讼行为对其所代表的当事人发生效力,但代表人变更、放弃诉讼请求或者承认对方当事人的诉讼请求,进行和解,必须经被代表的当事人同意"。根据《最高人民法院关于适用〈中华人民共和国民事诉讼法〉的解释》第七十五条规定,适用代表人诉讼方式的"人数众多"标准一般是指10人以上。显然,对于绝大多数证券投资者维权的案件来说,都需要通过代表人诉讼方式来追究不法侵害人的民事责任。

因此,在不考虑其他跨境因素复杂影响的状况下,按照当前我国证券诉讼制度的规定,我国境内的存托凭证投资者受到侵害时,也将主要采用证券群体诉讼方式来获得必要救济。存托凭证的投资者作为一般证券投资者的组成部分,假若其因存托凭证发行人的证券欺诈行为遭受损害,也需要通过在满足法定条件之下提起民事诉讼并选出代表人参加诉讼,从而通过胜诉来实现证券民事责任的追究并弥补所受损失。

众所周知,长久以来我国的代表人诉讼制度在证券民事责任实现方面并没有展现出应有的良好效果,这让该项制度能否有效应对存托凭证发行交易环节中投资者的利益保护更加令人存疑。在实际执法的过程中,根据《证券法》的相关规定,中小投资者由于上市公司的违法行为而遭到损失的,相关的人员都必须承担责任。但需要认识到的是相关法律制度只是在原则上明确了市场投资者确实会遭受权益侵害的可能,而且非常粗略地描述了实践中可能出现的投资者受损的情形。但是,这种原则性的承认和粗略描述并不能满足现实中保护投资者合法权益的需要。换言之,相关的法律制度规范并没有能够落到实处,实际解决相应情形下投资者保护的具体问题。所以,在这种情况下一味以行政处罚代替民事责任的惩罚性赔偿,并不在意针对于投资者损失的有效赔偿,后果不仅是惩罚的效果不可同日而语,而且对于受处罚的相关当事人而言,其付出的代价和获取的巨额利益相较简直不值一提,这就助长了其实施证券违法违规行为的气焰,对投资者是一种极为不公平的制度规范设计,必然需要加以改进和完善。我国学界对于代表人诉讼制度在证券领域应用的研究和讨论一直未曾停止,对于其制度缺陷或不足也有较为透彻的分析和论述。其一,对于人数众多的代表人诉讼,起诉人数通常难以在短时间内确定,所以受侵害的证券投资者的人数通常难以明确。根据《民事诉讼法》的规定,需要由人民法院以公告形式通知权利人向法院履行登记程序,人民法院作出的判决、裁定,仅对参加登记的全体权利人发生效力。但是,为了照顾无法或未能及时履行登记程序的权利人,也可以在诉讼时效期间内提起诉讼从而自动适用相应的生效判决或裁定。显然,这种以公告和登记方式"召集"受侵害权利人的方式不仅效率非常低下,而且规定必须在诉讼时效期间内另行起诉才能适用生效判决或裁定,无疑是高估了市场投资者普遍的维权意识和维权能力,势必会导致尤其是中小投资者无法获得应有的救济。其二,代表人的产生机制主要是推选和商定相结合,即向人民法院登记的权利人可以推选代表人进行诉讼,推选不出代表人的,人民法院可以与参加登记的权利人商定代表人。毋庸置疑,在人数众多且利益诉求各不相同的市场投资者中想要通过形成合意的方式推选合适的代表人参加诉讼是非常困难的。对于人民法院"可以"参与商定,不仅进一步延长了案件审理前这些程序所耗费的时间,而且参与商定并非人民法院必须履行的职责,这就非常容易造成代表人诉讼的僵局。退一步讲,由法院推荐甚至直接指定的代表人是否能够完全代表或有利于实现群体利益目标,这都值得商榷。其三,关于代表人的权限范围也一直饱受诟病,虽然出于保护全体被代表当事人的利益,代表人在诉讼中的权限并非绝对,最重要的限制就是代表人变更、放弃诉讼请求或者承认对方当事人的诉讼请求,进行和解,必须经被代表的当事人同意。但在这种情况之下,同样出现了诉讼效率和群体利益保护的冲突,而在现实中似乎诉讼效率低下导致的救济困境更为凸显。

总体来看,在我国证券市场的长期发展历程中,通过代表人诉讼方式实现证券民事赔偿目标的案件少之又少,相较于频频出现的侵害市场投资者权益的违法违规现象,现有的代表人诉讼制度已经显得力不从心。回到存托凭证本身,存托凭证在我国证券市场中作为一种较为新型的证券投资品种,市场中大多数投资者对存托凭证的专业知识掌握程度相对较低。证券领域的民事责任纠纷本就具有极高的专业性和复杂性,这对于一般的市场投资者是难以要求他们在诉讼中能够高效推进诉讼进程以实现自己的利益主张,如举证困难。所以,这不仅使其更容易遭受来自包括境外存托凭证发行人在内的不法侵害,而且专业性的陌生无形中也会降低投资者维权成功的概率。此外,涉及存托凭证而可能出现的跨境诉讼对于绝大多数投资者来说都是维权成本极高的一种方式,在当前我国证券投资者的诉讼维权成本远高于最终可获得民事责任赔偿数额的普遍情况下,只会让更多的市场投资者在遭受侵害之后选择无奈的沉默。诚然,我国证券投资者的维权意识总体上较为淡薄,但无疑是市场和制度环境造就了投资者的普遍心理和行为选择,法律应当为其提供良好的制度设计以鼓励和支持受害者积极维护自己的合法权益。简而言之,证券领域的代表人诉讼制度在传统的证券维权方面尚且不能发挥应有的制度效果,当那些阻碍或者影响其效果发挥的消极因素在存托凭证这种跨境证券中进一步放大,它只会被市场投资者更加摒弃而无法真正帮助境内存托凭证投资者实现应有的维权诉求。

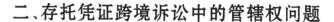

二、存托凭证跨境诉讼中的管辖权问题

（一）证券跨境诉讼管辖的一般分析

如前所述,证券监管绝非是投资者保护的终极手段,通过证券监管措施的有效实施,能够对证券违法违规行为进行纠正、处罚和震慑,维护市场运行秩序,创造良好的投资环境。但是,对于受损投资者,他们希望对违法违规行为的实施者进行有效制裁,更关注的是自身受损利益能否得到补偿。能够让受损投资者的利益得到及时和合理的补偿,这才是投资者事后保护的落脚点和重点。在存托凭证的发行和交易过程中,投资者应当能够对包括存托凭证发行人、发行人公司经营者、存托机构、托管机构等主体的违法违规和侵权行为,通过有效的诉讼渠道获得赔偿和救济。因此,在证券诉讼方面,对投资者诉权的保护就显得至关重要。然而不同于境内一般证券诉讼案件中投资者诉权的实现和保障,存托凭证正是由于独特的涉外因素,使其在证券民事责任的实现方面首先需要考虑到涉外管辖权以及相关法律适用的一系列问题。从存托凭证的法律关系角度看,存托凭证的发行人属于境外公司,而且无论是登记在发行人公司股东名册上的存托机构,还是实际享有相应股东权益的存托凭证持有人,它们对于发行人公司来说都属于境外股东。此外,在存托凭证的发行和交易过程中,无论是存托凭证的签发、变更抑或是转换和注销,都需要牵涉境外其他相关主体,这不仅使得存托凭证的法律关系更为复杂,而且在相关诉讼的提起、进行和执行方面也更为复杂,并且首先要厘清和解决诉讼管辖权,进而明确法律适用,才能顺利展开诉讼救济。如果从存托凭证的法律关系属性方面来理解,存托凭证的法律关系具有信托属性。但是,传统英美法中以信托财产地、信保管理地、受托人营业所在地等为管辖根据的做法难以适用于存托凭证法律关系,由此带来的法律适用也存在重大差异。因此,对存托凭证的诉讼管辖权问题需要在跨境监管合作的基础之上给予特别处理。

存托凭证的管辖权问题,是指一国法院受理存托凭证案件的权限范围和法律依据,所涉及的核心问题是要依据什么标准和原则来判定一国法院对存托凭证案件是否有权受理。管辖权不仅决定了在存托凭证的涉外诉讼中应当由哪国法院运用司法主权管辖并审理案件,同时也决定了相关诉讼案件在审理过程中适用何种法律。毋庸置疑,诉讼案件审理时所适用的法律若是有所差别,其最终得出的判决结果就极可能大为不同。而且,结合证券跨境监管中司法领域的合作机制,管辖权对于案件最终结果是否能够获得对应国家证券监管机构和司法机构的配合、承认和执行,都具有非常重要的影响,可以说涉外司法管辖权的分配也是国家间司法主权博弈的重要体现。而且,国家间的司法主权在多数情况下都会产生碰撞,由于存托凭证发行和交易过程中牵涉两个国家的市场,那相关国家的司法机构在面对和自己均有关联的证券诉讼案件时,就很可能会争相行使管辖权,从而出现涉外管辖权冲突。当然,涉外管辖权冲突的出现并不完全是相应国家的司法机构单纯发挥其职能所致,更多是其背后蕴含的国家主权、国家利益和本国投资者利益保护的多元利益竞争。进一步讲,这也是在经济全球化和资本市场国际化的大背景之下,目前世界范围内也并没有形成统一且被各国认可的国际民商事案件管辖权制度。因此,世界各国出于各项国家利益的考量,在其国内法中确定本国法院对特定案件的涉外管辖权,在不同的司法管辖制度之下,必然难以避免管辖权冲突的出现,这对于具体涉外案件的及时有效审理以及涉案当事人利益的救济非常不利。

在涉外管辖权的规定方面,世界各国对于包括证券诉讼案件在内的涉外民商事案件管辖权都有着不同规定。具体来看,英国、美国、法国等国家在判断对具体案件是否具有司法管辖权时,一项基本的判断原则就是“有效控制原则”,而且进一步根据相关诉讼是对人或是对物有所区分,再依据不同规则进行管辖权的实际判断。当诉讼对人时,也要区分相应诉讼当事人属于自然人或是法人。对于相应诉讼当事人属于自然人的情况,“有效控制”主要是指能否向相应诉讼当事人有效送达法院的传票,即使该当事人属于外国人,甚至也不在本国境内居住,内国法院也可以根据“有效控制”的客观情况对相应案件行使管辖权。对于相应诉讼当事人属于法人的情况,“有效控制”判断的标准主要是看相应法人是否在本国境内进行了注册登记或实施了商业活动,只要以上标准具备其一,内国法院就可以根据“有效控制原则”对相应案件行使管辖权。当诉讼对物时,只要有关财产处于内国境内或被告的住所处于内国境内,内国法院就对案件具有管辖权。当然,在国际商业活动中,当事人之间通常都会事先约定纠纷解决机制,如诉讼或者仲裁方式。如果约定以诉讼方式解决日后可能遇到的纠纷,也都会事先以约定方式明确由何地法院享有管辖权,以避免管辖权不明造成的冲突和不便,而通常各国法院对于当事人之间的这种约定也都会予以认可。

(二)存托凭证跨境诉讼管辖的确定原则与分类探讨

针对存托凭证跨境诉讼中的管辖权问题,考察域外相对成熟存托凭证市场的有关规则经验,美国的相关法律制度实践显然具有相当程度的代表性。当然,美国存托凭证的涉外管辖问题与其存托凭证的分级制度密切相关,不同分级之下的存托凭证具有不同的管辖权规则。如前文所述,一级存托凭证属于非融资型存托凭证,不通过发行新证券对应存托凭证以进行融资,而且这类存托凭证也不在证券交易所上市交易,而是在场外柜台市场进行交易,所以也被称为场外存托凭证。二级存托凭证和一级存托凭证的区别就在于它可以在全国性证券交易所上市交易,所以其发行和上市标准就相对严格,不仅需要满足美国证券交易委员会的常规注册、申报以及持续信息披露要求,还要遵守相应证券交易所关于存托凭证的各项上市规则。三级存托凭证属于融资型存托凭证,这类存托凭证不仅伴随着新证券的发行,而且可以在全国性证券交易所上市交易,所以需要满足最为全面且严格的审查和监管要求。对于能够在美国主要证券交易所上市交易的二级和三级存托凭证,发行人在美国市场发行存托凭证并上市,其本身就需要按照有关程序和实体性规定以符合相应的发行和上市条件,以及遵循美国证券监管机构制定的一系列监管规则。换言之,在发行人和相关市场主体遵循监管规则的各种内容中,通过国内法的确定,美国法院顺理成章对在国内市场发行二级和三级存托凭证享有相关案件的管辖权。但是,对于在场外柜台市场进行交易的一级存托凭证,美国法院是否享有相应的管辖权则是存在不同观点,并在司法实践中不断产生变化。由于一级存托凭证并不涉及新证券的发行,对发行人来说也不具备融资功能,所以一级存托凭证不仅在整个存托凭证市场中所占的比例很小,而且对整个证券市场的影响也远远不能和二级、三级存托凭证相比。所以,最初的主流观点认为,为了最大限度发挥一级存托凭证的自身优势,为境外发行人提供更灵活自由的发行选择,一级存托凭证的相关涉外诉讼可以不受美国法院管辖。但是,随着市场投资者受侵害的案件越来越多,境内投资者保护的需求也逐步在一级存托凭证中被司法界和业界所重视。能否让违反美国相关法律法规并导致投资者利益受损的境外发行人接受美国法院管辖,这对美国存托凭证市场投资者的利益救济有着直接影响。因此,在司法实践中,美国联邦巡回法院在著名的"罗奇公司案"中确认了对境外发行人公司的管辖权限,使其依据美国法律制度接受裁判并对国内投资者提供诉讼救济。

当然,在目前世界范围内缺少统一的涉外民商事案件司法管辖权规定情况下,各国还是主要基于一定因素的考量来制定各自特定涉外案件的管辖权规定。毋庸置疑,在各种复杂的因素之中,维护本国的国家利益仍然是各国首要考虑的因素。当然,诸如维护司法主权和本国投资者的合法权益,这些都能够涵盖在国家利益的范畴之内,属于国家利益在特定方面和领域的具体表现。而除了国家利益的考量,诉讼效率也是重要的技术性影响因素。不同的管辖权,会直接影响诉讼当事人应当在哪国法院参加诉讼。特别是在涉外诉讼中,不同国家的管辖法院不仅很可能形成不同的判决结果,也会对参加诉讼的相关当事人直接带来不同程度的诉讼成本。不同的诉讼成本会影响当事人参加诉讼的动机和动力,也决定了是否能够便利相关当事人及时和顺利参加涉外诉讼,这就进而对诉讼效率产生影响。从投资者利益保护角度看,受损投资者一方面更重视自己获得救济的诉讼请求能否得到法院判决的支持和肯定,但另一方面获得救济的便利性和及时性也直接影响受损投资者获得司法救济的实际效果,这与"迟来的正义非正义"的内涵相契合。

合理确定存托凭证涉外诉讼管辖权,一方面需要充分考虑国际上关于涉外民商事诉讼管辖的一般原则,以尽量符合国际惯例并减少可能出现的管辖权冲突;另一方面则需要根据存托凭证法律关系特点及其跨境因素,以适应存托凭证投资者权益救济的实际需求。在国际原则方面,主要的原则包括发行地利益优先原则、诉讼便利原则和互惠合作原则。发行地利益优先原则,主要是依据传统的属地原则并基于尊重他国司法主权所衍生的。简而言之,在确定和行使管辖权时,应当首先尊重存托凭证发行地的司法主权,这不仅是对发行地法院便于对案件进行审理的考虑,也是避免因管辖权冲突造成司法资源的浪费,更是国际交往中礼让互助的表现。诉讼便利原则和发行地优先原则既有联系也有区别,针对存托凭证发行地市场关联密切的诉讼,为便利法院审理和诉讼当事人参与诉讼,让发行地法院享有管辖权也能够达到便利诉讼的目标,可谓一举两得。但是,对于存托凭证基础证券所在地关联更为密切的诉讼,诸如境外托管机构或证券经纪商作为主要诉讼参与主体,按照便利诉讼原则,就可能更适合由基础证券所在地的法院行使管辖权。最后,互惠合作不仅在管辖权确定方面有着重要的指导价值,而且也是主权国家在国际交往中普遍遵循的基本原则。管辖权冲突通常难以避免,减少、缓和与解决管辖权冲突的重要方式就是司法互助合作,这也是证券跨境监管的基本内容和必然要求。在互利互惠的基础之上协商解决可能出现的管辖权冲突,这对于存托凭证投资者的涉外诉讼救济顺利进行也具有非常重要的现实意义。

因此,根据存托凭证法律关系的构造和运作过程,存托凭证相关的涉外诉讼管辖应当根据不同情形并遵循上述几项原则分类考虑。其一,存托凭证发行和交易的多数环节都需要依据存托协议和托管协议约定的内容展开,所以对于相应的协议纠纷完全可以根据当事人约定优先原则来确定管辖法院。存托机构和托管机构可以在托管协议中就基础财产托管事项产生的纠纷事先约定诉讼管辖法院,通常既可以是存托凭证机构所在的存托凭证发行地法院,也可以是托管机构所在的基础证券所在地法院。存托协议的协议当事人包括存托机构、存托凭证发行人和购买存托凭证的投资者,所以存托机构和发行人、发行人和投资者、存托机构和投资者,它们之间产生的相关协议纠纷,也可以在存托协议中约定诉讼管辖法院。在这种情况下,一旦出现纠纷,相关当事人就可以直接依据协议约定向相应法院提起诉讼,有效提高纠纷处理和诉讼审理的效率。然而,在没有协议事先约定的情况下,应当针对不同情况分别处理。对于存托机构、托管机构以及存托凭证发行人之间发生的协议纠纷,在当事人选择采用诉讼方式解决时,可以按照传统的国际私法惯例,由被告住所地法院管辖。而对于存托凭证的投资者,当其作为受损一方当事人涉及存托协议中有关内容产生纠纷时,诉讼中的被告一方可能是存托机构,也可能是发行人,抑或两者皆有。考虑到存托凭证投资者的人员分布较为分散,经济和专业实力相较于发行人与存托机构也通常处于劣势,其维权难度本身就较大。所以,出于保护投资者目的,遵循发行地利益优先和诉讼便利原则,应当由原告住所地法院享有管辖权。其二,存托凭证作为一种证券投资产品,在其发行和上市交易过程中产生的多数诉讼案件应属侵权性质,典型的包括传统证券违法行为,如虚假陈述、内幕交易、操纵市场、欺诈客户,而且受侵害一方基本上是广大市场投资者。通常,在涉外侵权诉讼的管辖权方面,是以侵权行为地或被告住所地的法院享有管辖权。但是,对于涉外侵权诉讼案件,让投资者在侵权行为地被告住所地国家的法院提起并参加诉讼,不仅成本巨大,而且很难一开始就激发受损投资者的维权动力。所以,根据发行地利益优先和诉讼便利原则,此种情形下应当是由原告住所地法院享有管辖权,便于存托凭证投资者提起并参加诉讼。其三,对于存托凭证投资者,除了可能会在存托凭证发行和交易过程中因证券违法违规行为受损而产生诉讼纠纷,因其享有存托凭证承载的一系列权益,所以也可能会和存托凭证发行人就公司事务产生纠纷。根据国际惯例,因法人或其他非法人组织成立的有效性、解散、清算或者法人与股东之间、股东与公司董事或经理人员相互之间就公司事务提起的诉讼,由法人的注册登记地或主要办事机构所在地管辖。因此,根据现实案情,可以遵循国际惯例由被告住所地法院享有管辖权。值得注意的是,之所以于此没有再强调投资者的诉讼便利或发行地利益优先,主要是考虑到存托凭证的发行人在境外市场发行存托凭证,其公司经营管理各方面适用的公司法律制度仍然是其登记注册地的相关规定,并非转换为存托凭证发行地的公司法律制度。所以,此时的诉讼便利内涵就更侧重于哪国法院更熟悉相关公司法律制度,能够更熟练且妥善审理相关公司纠纷,这显然让被告住所地法院享有管辖权更为适宜。

三、结合跨境监管优势的诉讼救济优化:支持诉讼的引入与适用

支持诉讼在证券诉讼领域的实践源于著名的"匹凸匹公司虚假陈述案"。2016年7月,中证中小投资者服务中心有限责任公司(以下简称"中证投服中心")接受因匹凸匹公司金融信息服务(上海)股份有限公司(曾用名上海多伦实业股份有限公司,以下简称"匹凸匹公司")虚假陈述行为而遭受民事侵权并产生损失的9名中小投资者委托,将鲜言(系匹凸匹公司的原实际控制人)列为第一被告人,并将其他7名公司的管理人员列为共同被告,要求其赔偿经济损失215万元人民币。2017年5月20日,上海市第一中级人民法院对上述案件进行一审宣判:支持原告全部诉讼请求,判决被告赔偿233万元人民币。●由此,证券支持诉讼在证券投资者权益保护,尤其对处于维权弱势地位的中小投资者而言,具有非常有效且突出的现实价值。

与欧美等证券市场上以机构投资者为主的特点不同,中国证券市场以自然人

---

❶ 上海市第一中级人民法院对原告刘斌等诉被告匹凸匹金融信息服务(上海)股份有限公司及实际控制人鲜言等证券虚假陈述纠纷一案作出宣判,一审支持原告全部诉讼请求。据悉,该案系全国首例证券支持诉讼,即首次由证券金融类公益机构——中证中小投资者服务中心支持投资者向上市公司及其实际控制人提起证券赔偿诉讼。本案宣判后,中证中小投资者服务中心负责人表示,下一步将进一步研究丰富支持诉讼的案件类型,持续创新维权方式,扩大支持起诉的覆盖面,更好地维护广大中小投资者的合法权益。

投资者为主的市场结构,在促进市场活跃度的同时,也由于存在的信息不对称、专业知识缺乏、短期逐利心理较重等"散户现象",中小投资者的利益更容易因上市公司的欺诈行为而受到损害。高位套牢、亏损割肉等现象屡见不鲜,上市公司通过讲故事、炒概念、规避不利事项披露等炒作公司股票的行为也不少见。因此通过开展证券支持诉讼,接受中小投资者委托,提供全面、高效、便捷、免费的服务,从时间、精力、经济上有效降低了中小投资者维权成本,提升了维权的积极性。同时,针对典型案件提起支持诉讼,可以为同类型案件的受损中小投资者明确诉讼预期,提升中小投资者的参与意愿,提高权益保护的效率和效果,便利中小投资者诉讼维权。证券支持诉讼的提起和推进,受到了各方关注,无论是基于规避潜在诉讼风险的考量还是对声誉损失的担忧,都起了促进作用。

存托凭证的跨境证券属性使境外发行人或实力较强的资本"大鳄"等具备资本或权力优势的主体,客观上更加具备实施侵害中小投资者权益的行为,而且在国际资本市场上,利用不同市场间制度差异或制度漏洞实施的侵害行为通常难以察觉,即使被相应证券监管机构进行调查通常也难以根据本国法律制度加以认定或是有效追责。证券监管机构尚且可能遇到此等窘境,对于境内市场的投资者来说,想要凭借一己之力顺利维权简直困难重重。因此,借助支持诉讼机制,可以尽可能地利用一切可利用的优势资源和能力,帮助存托凭证的投资者能够减少维权阻力,即使面对跨境诉讼这种可能旷日持久且复杂度极高的诉讼类型也能够积极维权。否则,无论是红筹企业各方面优势所造成的诉讼能力严重不平衡,还是客观跨境因素造成的诉讼成本和诉讼难度过高,都会进一步降低境内证券投资者的维权动力和信心。由此,当受损投资者自身都不具备维权的动力和信心,证券诉讼制度就无法通过必要的司法实践不断加以完善和发展,最终陷入证券诉讼制度沦为鸡肋的境地。因此,支持诉讼制度在证券诉讼领域能够找到新的价值现实方式。换言之,证券诉讼制度能够在证券投资者保护的目标之下发挥更重要的功能。利用专业的证券诉讼介入机构的独有能力,可以有效帮助诉讼当事人不再考虑诉讼能力悬殊或是跨境诉讼成本过高等因素的影响,从而弥补与其他诉讼当事人之间的诉讼能力差异,这是对绝大多数证券投资者提供最大限度利益保护的重要体现。如前所述,证券民事责任的实现是证券投资者自身最为关心的利益重点。从根本上来看,证券投资者自身的利益实现和市场整体利益或国际经济利益并不完全一致。但是,假若在国家经济发展和经济秩序维护的立场上能够兼顾市场投资者的利益保护，这将是最为高效的制度设计，即以最少的制度建设投入，收到最大化、最广泛的正面制度作用效果。所以，对于存托凭证投资者，需要给其提供良好的维权制度预期，让其放心进入存托凭证投资领域，在正常投资风险之外能够具备有效的制度供给解决其权益救济问题，在这一点上证券支持诉讼就提供了一种可供利用的有效路径。显然，证券支持诉讼虽然在司法实践和学术研究中逐步凸显其特殊价值，但基于当前的法律制度规范，支持诉讼制度仍然缺少明确的法律依据。与之相关，支持起诉则是我国民事诉讼法上的一项基本原则，其法律依据在于《民事诉讼法》第15条，即"机关、社会团体、企业事业单位对损害国家、集体或者个人民事权益的行为，可以支持受损害的单位或者个人向人民法院起诉"。支持起诉制度来源于苏联和东欧社会主义国家民事诉讼法中所规定的社会干预主义理论，通过法律移植的方式引进，并经我国立法机关改造后所形成。❶无论是支持诉讼还是支持起诉，其共同的核心要点在于"支持"。简单来说就是借助提供支持一方优于受支持一方的专业水平和诉讼能力，从而帮助受损害的单位和个人能够顺利通过诉讼方式获得权益救济。当然，支持起诉和支持诉讼的差别就在于提供"支持"的诉讼阶段不同，支持起诉强调仅对当事人提起诉讼提供辅助性的程序外帮助，而支持诉讼原则上则涵盖整个诉讼过程。可见，支持诉讼必然包括了对当事人提起诉讼的支持环节，支持起诉则仅仅是支持诉讼中的一个部分。但是从已有的司法实践，特别是近来的证券支持诉讼实践来看，支持诉讼虽然尚未有明确的法律依据，但是却借助支持起诉已经在司法实践中有所体现。长久以来，检察机关的支持起诉工作也不仅仅是局限在对"起诉"的支持，还参与了诉讼其他环节，所以实务界对支持起诉的理论早已有所突破。❷

因此，既然支持诉讼已经在证券诉讼领域对投资者维权起到积极作用，所以在探讨和研究与存托凭证投资者保护相关的证券诉讼维权路径时，应当进一步发挥和完善支持诉讼对于我国证券市场投资者权益保护的功能性。如前所述，存托凭证的特殊属性致使境内市场投资者在维权时的困难程度显著提升，这主要体现在存托凭证专业性较强和跨境维权成本过高两个方面。特别是当前我国存托凭证试

---

❶ 陈刚.支持起诉原则的法理及实践意义再认识[J].法学研究,2015(5):87.

❷ 段厚省.论检察机关支持起诉[J].政治与法律,2004(6):129.

点的境外发行人限于境外红筹企业,境外红筹企业通常都具有复杂的运营架构,典型表现是通过 VIE 使境外公司和境内运营实体之间保持着依靠一系列合同约定的权利义务关系。在这种情况下,境外存托凭证发行人如果实施证券欺诈侵害境内投资者利益,境内投资者将更难以通过起诉境外红筹公司来获得应有赔偿。所以,当面对存托凭证相关的投资者维权呈现出复杂度更高、成本更高、周期更长等特点,支持诉讼机制能够在一定程度上消减这种负面效果,从而为存托凭证投资者的利益保护和维权之路提供最大便利。当然,支持诉讼机制和存托凭证的风险特性相匹配并不是单纯的理论推演所得,支持诉讼机制能够对境内投资者提供有效保护的正面功能或是有效帮助可以从具体的诉讼进程中略窥一二。

参照"匹凸匹公司虚假陈述"案的审理过程,中证投服中心全程参与了整个诉讼进程。其间,中证投服中心作为支持诉讼机制中提供"支持"的主体,在诉讼中是以受侵害的证券投资者即原告一方的诉讼代理人身份参加诉讼。具体来看,中证投服中心派出律师并联合其他单位律师为投资者提供专业的证券法律服务,而且中证投服中心利用自身在证券市场中的特殊功能,不仅展现出强大的证据搜集和提供能力,而且在证券投资专业内容的表达和分析方面也表现出远超一般证券投资者的能力。例如,中证投服中心提供的虚假陈述行为实施日、揭露日以及各种损失的利息计算方法和标准,都得到审理法院的审查确认,这对于人民法院最终认定侵权损害行为和确定具体损失标准及其数额都具有重要的作用。因此,对于证券诉讼和证券民事责任实现来说,支持诉讼机制产生的高效、专业和对中小投资者的综合支持都是存托凭证投资者保护所需要的积极因素。对此,我国证券监管部门其实也已经有所关注和重视,在证监会发布的《存托凭证发行与交易管理办法(试行)》"投资者保护"专章,即第37条第3款规定"中证中小投资者服务中心有限责任公司可以支持受损害的存托凭证持有人依法向人民法院提起民事诉讼"。可见,我国监管机构在考量存托凭证境内投资者保护方面,已经预先将支持诉讼制度进行了"引入",虽然在具体规定中仍然坚持了"支持起诉"的表述方式,但这不应当成为影响或制约证券支持诉讼机制最大限度发挥保护境内投资者合法权益功能的障碍。

毋庸置疑,不管是支持起诉还是支持诉讼,相关制度在我国证券诉讼领域都属于起步和探索阶段,大量的法理讨论或具体规范细节的完善都具有相当大的研究空间,于此仅从较为浅显的层面对其进行分析,以期通过支持诉讼机制在证券诉讼领域的良好适用和完善,间接为存托凭证投资者的维权活动提供新的有效路径。所以,关于证券支持诉讼机制主要有以下四个主要方面问题需要加以明确或厘清。

其一,支持起诉抑或支持诉讼的选择,或者说是否应当将民诉法上"支持起诉"制度的内涵扩展至支持诉。回答显然是肯定的,早些年在对公益诉讼案件的讨论中,就已经有学者指出支持起诉的检察机关应当享有调查取证、出席法庭、协调原被告之间关系等程序性权利,这就已经远超对于"起诉"环节本身提供的支持和协助。●而在证券诉讼方面,对支持起诉主体突破"起诉"环节的需求似乎更加迫切,特别是在当前人民法院立案门槛不断降低的情况下,受到权益侵害并遭受损失的投资者不仅仅是为了提起诉讼那么简单,他们的最终诉求在于获得应有赔偿来弥补损失。

囿于种种局限,达到这一目标所需要的"支持"并不仅仅在于开启诉讼程序,更重要的是支持诉讼主体能够对整个诉讼过程提供一系列实质性的帮助。所以,已有学者提出对现行《民事诉讼法》第15条进行修改,以社会管理参与权为法理依据,将支持起诉原则改为社会参与诉讼原则,恢复社会干预理论的原有功能。●但是,在民诉法相关规定修改前,在法律术语方面仍然基于现有规定使用"支持起诉"的表述并非不可,实现法律效果、法律价值以及司法实践对法律制度完善的推动并不应当被简单的术语表达所限制,证券支持诉讼机制完全可以在现有法律规定的框架内进一步进行实践和完善。因此,无论是对于一般的证券诉讼,还是涉及存托凭证投资者受损害的情形,支持诉讼机制都应当成为受损投资者的维权路径选择之一,甚至通过不断的完善成为保护证券市场投资者的有力制度武器和救济方式。

其二,证券支持诉讼的主体应如何确定。根据证券支持诉讼已有的良好经验,完全可以指定中证投服中心作为证券支持诉讼的主体单位。中证投服中心是于2014年12月注册成立的证券金融类机构,归属中国证监会直接管理。中证投资者服务中心的主要职责是为中小投资者自主维权提供教育、法律、信息、技术等服务。具体包括了面向中小投资者开展公益性宣传和教育,或是为中小投资者自主维权提供法律、信息、技术服务以及公益性持有证券等品种。实践方面看,2016年7月

---

❶ 顾问,金晨曦. 检察机关支持起诉制度之构建[J]. 法学杂志,2008(4):105.

❷ 陈刚. 支持起诉原则的法理及实践意义再认识[J]. 法学研究,2015(5):103-104.

和8月,中证投服中心接受相关投资者申请,先后对"匹凸匹""康达新材"虚假陈述行为提起证券支持诉讼,协助受损害的投资者依法索赔,获得普遍好评。2017年3月17日,中证投服中心启动第三例证券支持诉讼,首次在全国范围内公开征集因"上海绿新"(现更名为顺灏股份)虚假陈述受损的投资者,获得广大投资者的积极响应,征集工作进展顺利。2017年4月27日,中证投服中心再次启动证券支持诉讼,在全国范围内公开征集因上海安硕信息技术股份有限公司误导性陈述受损的投资者,帮助相关投资者维护自身合法权益。

简而言之,中证投服中心主要面向证券市场中的中小投资者权益保护,这种保护既包括前期的风险教育和专业支持,也包括后期综合性的维权服务,而且具有显著的公益性质。此外,中证投服中心处于证监会管理下,更易于借助证券监管机构对于特定案件的调查和处罚能力,获取必要的证据以及提供对投资者维权必要的主张内容。对此,有学者主张赋予证监会提供行政处罚相关情况的义务。对于已经作出行政处罚的民事赔偿诉讼案件,证监会应当有义务为投资者提供相关的案件证据,便于投资者拥有充足的案件事实向人民法院提起诉讼。只是在证券支持诉讼中,证监会提供必要证据和情况的对象是证券支持诉讼主体,而不是直接面向受损投资者。❶

其三,应对证券投资者人数众多且分布广泛的特点,当前中证投服中心采取了公告召集的方式。中证投服中心通过公开发布《征集公告》呼吁广大中小投资者及时了解自身权益状况,对照了解相关投资者是否属于适格受损投资者,适格受损投资者就可以向投服中心申请证券支持诉讼,在中证投服中心的专业协助下,行使法律所赋予的索赔权利。但是,对于未能在特定期限内联系中证投服中心并提出申请的适格受损投资者,其权益如何获得保护目前并没有明确规定。对此,为了最大限度保护受损投资者的权益并节约司法资源、提高审判效率,在证券支持诉讼中对于支持主体在召集统计受损投资者时可以考虑采用美国证券集团诉讼中的"选择退出"规则,即受损投资者在得知证券支持诉讼启动时,只有向中证投服中心明确表示退出证券支持诉讼,否则原则上涉案全体适格受损投资者都将受到人民法院最终判断或裁定的拘束。当然,对于那些无心维护自身权益的投资者可以在征集公告阶段明确选择退出,在判决或裁定生效后即使其受到拘束但也不会再行主张

---

❶ 蓝冰,陈立群.保护证券中小投资者权益的支持起诉机制[J].证券法律评论,2018:380.

权利,对其不存在实质影响。唯有在针对那些未能及时向中证投服中心进行申请和登记的适格受损投资者,他们被默认包括在原告范围之内。至于这部分投资者事后民事责任的实现,可以由法律规定让中证投服中心根据生效裁判确定赔偿数额,由人民法院加以确认和执行即可,这也是有学者主张的赋予证券支持诉讼主体以提交赔偿数额的司法建议权的延伸。

其四,证券诉讼支持在维护和实现投资者权益保护目标方面适用性可以更加多元和广泛。证券民事赔偿诉讼案件与商事案件纠纷解决相同之处在于,两者都将效率价值放在重要的地位,证券民事诉讼对效率价值的实现也是不容忽视的。❶对于受损投资者来说,效率价值集中体现在能够快速获得应有的赔偿,而不是通过漫长的诉讼过程仅仅达到胜诉目的。所以,在证券纠纷处理和证券民事责任实现方面,通过调解来尽快使受损投资者获得赔偿也是一种重要的路径。调解在各种纠纷解决方式中具有门槛低、程序便捷、意思自治、和谐解决纠纷等优势,国际国内经验表明调解解决纠纷是纠纷多元化解的重要路径和发展方向。对于调解这一纠纷解决方式来说,调解双方博弈能力的大小直接决定了调解能否顺利成功以及调解的结果如何。存托凭证的境内投资者在面对境外红筹企业时,中小投资者和境外大型企业之间的实力相当悬殊,中小投资者的议价能力和谈判水平显然不能和大型红筹企业相比拟。因此,证券支持诉讼主体接受委托参与调解不失为一项有益尝试。

对此,《存托凭证发行与交易管理办法(试行)》第41条规定:"存托凭证持有人与境外基础证券发行人、存托人、证券服务机构等主体发生纠纷的,可以向中证中小投资者服务中心有限责任公司及其他依法设立的调解组织申请调解。"中证投服中心是我国证监会直接管理的证券金融类公益机构,承担着建设"全国证券期货纠纷调解中心"的重要任务。近年来,中证投服中心一直都是秉持中立、公益、专业、高效的定位,不断推进建设覆盖全国的调解业务网络,已经成为资本市场唯一的全国性全市场调解机构。可见,支持起诉主体能够引导投资者合理选择纠纷解决路径,快速获得赔偿,让投资者节约诉讼成本,这意味着支持起诉机制能够成为证券纠纷多元化解机制的开通路径之一。因此,证券支持诉讼机制不仅对于证券诉讼具有应用价值,在保护证券市场投资者这一核心目标下对于证券纠纷调解同样具有适用意义。

---

❶ 刘珂. 试论证券投资者民事诉讼救济模式择优选择[J]. 河北法学,2015(3):188.

后　记

时光如白驹过隙,转瞬即逝。回顾漫漫求学之路,既有欢笑,也有失落,既有成功,也有挫折,令人感触良多。如今,一切经历都已化为宝贵的人生财富,使我在孜孜求学之路上逐渐成为更好的自己。

博士研究生毕业已有两年,每每看到那本厚厚的博士论文依然内心澎湃。学术道路不易,且行且珍惜,幸而我在此路上得良师益友相伴。博士论文创作的那段时光令人终身难忘,从最初选题的万分纠结,到写作过程中的攻坚克难,直至最终定稿的如释重负,每一个阶段都离不开导师与好友的助力。于我而言,博士论文不仅是辛勤耕耘的毕业作品,更是自己二十余载人生岁月的阶段总结,其中凝聚的智识和情感难以言表。正因如此,我不忍仅仅将其置于书柜之中,故而有了出版成书的念头。

几经完善,本书得以呈现在各位面前,感恩之情溢于言表。首先,我要感谢父母多年的养育之恩,父爱如山、母爱如海,如果没有他们的无私付出和无条件支持,我很难获得这些宝贵的经历和成果。除了父母,我由衷感恩自己的两位导师,赵万一老师和李燕老师。两位导师不仅是出色的教师,也是优秀的学者,他们对学生可谓倾囊相授、关怀备至,本书选题正是受到李燕老师主持完成的一项课题启发而来。至今,我仍清晰记得两位导师在本书原稿创作阶段给予的全方位支持,大到选题立意或框架结构,小到观点表述或标点符号。赵万一老师每次都会提出极具深度的观点见解,令人醍醐灌顶,李燕老师总能够直击文章痛点,不厌其烦、字斟句酌地提出修改意见。饮水思源,师恩难忘,两位导师给予的关怀和帮助令我铭记于心。

继而,我要诚挚感恩西南政法大学以及感谢民商法学院的其他各位老师,感恩母校的培养,感谢老师们多年以来对我的教导和帮助。此外,我要向各位同学、好友致以感谢,特别是高星阁老师、武翠丹老师、谭吉老师、明朗朗老师、卢迎博士、罗政豪博士等诸位同窗，以及聂韶阳、柳渊、贾西贝、李驰、史心炎、张斯尧、罗朗、王超等众位好友，是他们的一路相伴与帮助，让我时刻保持着前进动力和信心。最后，衷心感谢知识产权出版社的编辑，感谢他们的尽心尽责和辛劳付出，为本书出版做出了重要努力。

心怀感恩却并不一定能够表达圆满，这恰似印证人生每一个阶段可能总要留下些许遗憾方显通达。岁月如歌，愿诸位不负韶华，都能在漫漫人生路上找到属于自己的一方天地。

武　晋

于西政毓秀湖畔

2021年11月25日